U0063374

敦煌

石窟全集

敦煌石窟全集 2

敦煌研究院 主編

尊像畫卷

本卷主編　羅華慶

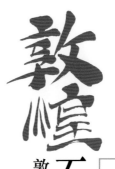

商務印書館

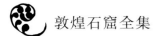

敦煌石窟全集

主編單位 …………… 敦煌研究院

主　　編 …………… 段文杰

副 主 編 …………… 樊錦詩(常務)

編著委員會 (按姓氏筆畫排序)
主　　任 …………… 段文杰　樊錦詩(常務)
委　　員 …………… 吳　健　施萍婷　馬　德　梁尉英　趙聲良

出版顧問 …………… 金沖及　宋木文　張文彬　劉　杲　謝辰生
　　　　　　　　　　 羅哲文　王去非　金維諾　周紹良　馬世長

出版委員會
主　　任 …………… 彭卿雲　沈　竹　劉　煒(常務)
委　　員 …………… 樊錦詩　龍文善　黃文昆　田　村
總 攝 影 …………… 吳　健
藝術監督 …………… 田　村

尊｜像｜畫｜卷

主　　編 …………… 羅華慶

攝　　影 …………… 孫志軍

封面題字 …………… 徐祖蕃

出 版 人 …………… 陳萬雄
策　　劃 …………… 張倩儀
責任編輯 …………… 田　村
設　　計 …………… 呂敬人
出　　版 …………… 商務印書館 (香港) 有限公司
　　　　　　　　　　 香港筲箕灣耀興道 3 號東滙廣場 8 樓
　　　　　　　　　　 http://www.commercialpress.com.hk
製　　版 …………… 中華商務彩色印刷有限公司
　　　　　　　　　　 香港新界大埔汀麗路 36 號中華商務印刷大廈
印　　刷 …………… 中華商務彩色印刷有限公司
　　　　　　　　　　 香港新界大埔汀麗路 36 號中華商務印刷大廈
版　　次 …………… 2002 年 3 月第 1 版第 1 次印刷
　　　　　　　　　　 © 2002　商務印書館 (香港) 有限公司
　　　　　　　　　　 ISBN　962 07 5277 5

前　言
慈悲垂憫　動人心志

　　敦煌石窟壁畫中出現最早、延續時間最長、數量眾多的首推佛教尊像畫。"尊像畫"是中國和日本學者應用的術語,指各類佛的說法圖和說法像,以及各類菩薩、聲聞、佛弟子、諸天護法神像等。它與石窟中的佛教故事畫、經變等相比,具有形式簡約、內容單純的特點,在一個洞窟的整體構想中,既獨自成幅,又彼此關聯呼應,與其他主題的壁畫共同構成一個相對完整獨立的佛國世界。步入其間,猶如走進佛國,人佛交接,兩得相見,在佛教理想的感召和藝術美感的潛移默化中,實現佛教藝術動人心志、誘導信仰的目的和價值。

　　佛教尊像畫的發展經歷了漫長的歷史時期。公元前 6 至 5 世紀是古印度的思想活躍期,產生出與婆羅門教分庭抗禮的沙門思潮,佛教便是其中著名的一支。佛教因創教人釋迦牟尼被尊為佛陀(即覺者)而得名。佛陀涅槃後,其弟子和信徒,按照印度的傳統習俗,將其遺骸火化後,分其舍利,建造墳丘(窣堵波)供養。到孔雀王朝的第三代阿育王時,修造安葬佛陀舍利的窣堵波達到了頂峯。這些窣堵波周圍以石垣圍繞成欄楯,表面以浮雕裝飾,於是佛教藝術誕生了。早期的佛教藝術中沒有佛像和菩薩像,在已發現的遺物中,多雕刻守護佛法的諸神像,至於佛教中的主尊佛陀的形象,只是用一些信徒們所熟悉的象徵物,如菩提樹、法輪、台座、足印等來表示。

　　佛像的製作大約起源於公元1世紀的後半葉,製造的中心據考古發現是在中印度的秣菟羅(Mathura,今譯馬圖拉)和西北印度的犍陀羅(Gandhara),其產生的原因是基於大乘佛教的成立和崇拜的需要。大乘佛教針對局限於個人解脫的傳統佛教(即小乘佛教),將釋迦的存在超歷史化、超人性化,釋迦牟尼在大乘佛教中,與其說是歷史人物,毋寧說是理想的表徵,並將釋迦的種種性格、精神實體化,創造了其他眾多的佛。在這一演進過程中,佛像的創立具有非常重要的意義。同時,大乘佛教作為大眾性的宗教,以慈悲的精神立足於世間,強調解救生活在苦難當中的眾生,在到達彼岸之前,先行拯救他人。凡能實踐這種利他的行者,則稱為"菩薩",不論何人,只要立下濟渡眾生的誓願，都可以成為菩薩。當然，對一般人而言，以慈悲的精神實踐菩薩行為畢竟困難，因此，大乘佛教又強調藉着皈依諸佛、諸菩薩，以彼力量協助自我，由此產生堅定的信仰，作為信仰對象的佛像，遂成為超人的象徵，這種趨向，在三世十方出世的無數佛、菩薩中表現無遺。為了便利信仰和參拜，使人們對佛、菩薩等有實際的概念，遂將其身體形象化，加以崇拜，於是便出現了佛像和菩薩像等。

在佛教東漸的過程中，連接東西絲綢之路的中亞地區起了重要的作用。在公元前後的幾個世紀，東西方文明在中亞地區發生了歷史性的大融合，希臘、伊朗、印度、中國諸文明在此建立起密切的關係，發生了廣泛的接觸和撞擊。在這樣的生活空間下，人們帶着強烈的冒險精神，極力擴展商業、宗教以及各種知識的領域，於是有了商隊、使者、僧侶、遊客等不斷地往返。佛教在這種經濟文化交融的激流中，發揮了強有力的功效，它像一股激流衝過絲路，以慈悲的教義、博愛的精神和天國的幻想，帶給冒險家和當地貧苦人無限的慰藉，中亞也因此成為佛教擴展的中心。

佛教傳入中國的媒介，最初可能不是僧侶，而是一些往來於中國與印度、中亞之間的商人。佛教和佛像傳抵中原的時代，眾說紛紜，其中以東漢明帝時較為流行。史稱東漢明帝永平年間(公元58~75年)蔡愔自天竺攜回經卷及佛像，並有天竺僧人迦葉摩騰、竺法蘭二人隨物之東來，建白馬寺以為僧侶寄居供佛之所。在漢末時有'鑄金佛'之說，而笮融設浮屠祠供人祭祀等。在公元3世紀的漢譯佛經和史傳中屢屢提及佛像之事，然而這些說法尚未得到實物的證明。

中國大量製作的佛像時代，始於十六國和北朝時期。自三國以降至隋統一前的三百餘年間，中原大地動亂紛乘，兵馬倥傯，儒學淪喪，民不聊生。已積累一定基礎的佛教，成為當時人們的希望和寄託，它以很強的涵容性和適應性，把許多抽象的宗教哲理，演繹成無數的象徵和寓言式的故事，並以具象的形象，吸引了眾多的信徒。另一方面，佛教和佛教造像突興於這一時代，與五胡十六國和北朝的統治階層多為少數民族似有密切的關係。他們首先選擇了佛教文化，並以佛教立國，力圖以此與中國傳統文化相抗衡，但最終的結果則是中外文化兼收並蓄。在這種複雜因素的影響下，佛教得到蓬勃發展，佛教造像之風熾盛，造像種類漸繁。

地處浩瀚沙漠邊緣的敦煌，扼居陽關、玉門關，西通葱嶺，東接中原，是絲綢之路的交通樞紐和咽喉之地，也是中國最早接觸西域佛教的地區，具有深厚的佛教基礎。自公元 5 世紀開創石窟以來，歷時千年不絕，作為壁畫重要組成部分的尊像畫，歷經敦煌石窟發展的各個時期，是各個時期壁畫表現的首要題材，在繼承發展的基礎上，不斷完善，不斷出新，形成了龐大的尊像畫系統。根據各個時期尊像畫的特點，可以把敦煌尊像畫的發展分為六個時期，即北朝產生期(公元 421~581年)；隋發展期(公元 589~618年)；初盛唐成熟期(公元 618~781年)，中晚唐持續期(公元 781~907年)；五代、宋復興期(公元 907年~1036年)；西夏、元衰落期(公元 1036~1368 年)。

北朝是敦煌尊像畫的產生時期。北朝時期的尊像畫主要是以佛為主體的各類説法圖，在這些説法圖中，除釋迦牟尼佛為四眾演説妙法的説法圖外，還有三世佛、無量壽佛、千佛、過去七佛等説法圖和説法像，以及作為佛脅侍的菩薩、弟子、護法神像等。這些尊像畫的題材，與當時北方地區流行的佛教有密切的關係。由於國家分裂，南北方在文化上的差異，使佛教也有南、北之分，南方重義理(理論)，北方重禪法(實踐)。敦煌地處北朝轄境，東臨禪法重地涼州，因此，北朝時期的尊像畫題材，多與禪觀有密切關係。修禪必先觀像，《坐禪三昧經》云："若初習行人，將至佛像所，或教令自往，諦觀佛像相好。"觀像猶如見佛，根據修習禪法的經典記載，觀像的種類大致有：釋迦牟尼佛、三世佛、十方諸佛、無量壽佛、過去七佛、彌勒佛和彌勒菩薩等。這些佛和菩薩的形像，正是北朝時期尊像畫的主要內容。

隋代是尊像畫的發展期，在敦煌尊像畫歷史中佔有承先啟後的重要地位。隋統一全國後，佛教也進入南北融合期。隋朝皇帝篤信佛教，大寫佛經，廣造寺塔，奉佛之風猶勝前朝。在敦煌開鑿的洞窟中，出現大量以大乘經典為依據的尊像畫和經變，突破北朝佛教的局限，具備了新的特徵。隋代佛教提倡"定慧雙弘"，要求在實踐方面會坐禪觀像，在理論方面懂得佛教義理。隨着淨土思想流行，追求現世利益的現象日益增多，反映在尊像畫中則是阿彌陀佛、藥師佛、彌勒菩薩等説法圖的出現和流行，追求淨土的無上殊勝和美妙成為淨土信仰的重心。這時觀像的目的，已漸漸由深入禪定、對彼岸成佛的要求，轉為對現世的消災祛難、益壽延年等的渴望和需求。

初盛唐是敦煌尊像畫的成熟期。初盛唐是中國歷史上最富生命力的時期，國勢臻於極盛，東西方文化交流頻繁，佛教活動空前高漲。敦煌的寺院、石窟營造十分興盛，繪畫雕塑藝術不斷創新，風格多樣。許多尊像畫題材和佈局格式成熟於此期，並在以後的石窟中得到進一步發展，同時，也有部分成熟的尊像畫題材匯入經變之中。

中晚唐的尊像畫進入持續階段，是敦煌尊像畫發展歷程中的重要分界線。吐蕃佔領期的中唐，敦煌寺院林立，僧尼日增，開窟造像之風猶盛。晚唐歸義軍張氏家族篤信佛教，尊禮名僧，世家豪族紛紛以"報恩"、"慶寺"為名，營造了不少大型洞窟。中晚唐的尊像畫題材與初盛唐相比較，發生了較大的變化，新經變畫不斷湧現，密佈洞窟四壁，打破了初唐以來形成的尊像畫佈局格式，把尊像畫排擠出洞窟內的顯要位置。隨着經變畫日益成熟和定型，獨立成幅的尊像畫日益減少，初盛唐流行的各類佛說法圖此時基本消失，僅存一些構圖簡單的說法圖，失去了初盛唐那種獨具一格的魅力。後世的尊像畫多遵循中晚唐形成的格局。

五代、北宋時期的尊像畫，出現了許多新題材，擴展了敦煌尊像畫的內容，形成復興的高潮，並具有獨特的風格。五代初沙州長史曹議金接替了張氏歸義軍政權，統治敦煌跨越五代、北宋兩朝。曹氏把佛教視為"聖力"，認為要社會安定，必須"虔誠佛理，仰仗慈門"，所以佛教愈益隆盛。此期敦煌開鑿了為數眾多、規模巨大的洞窟。為了更好地營造寺院和石窟，曹氏還仿照中原設立畫院。由於有一批技藝純熟的畫師統一規劃，集體繪製，所以這時期的石窟藝術風格較統一。

西夏、元是敦煌尊像畫的衰落期。11世紀初，沙州回鶻崛起，沙州回鶻長期受佛教"善國神鄉"的薰陶，"奉釋氏最盛"。在敦煌重修重繪的洞窟，藝術風格深受高昌回鶻佛教藝術的影響。黨項族建立的西夏，以"佛國安疆"，在敦煌開鑿、重修和妝鑾了許多前代洞窟。元朝時期的統治者崇信佛教，開鑿和重修了部分洞窟。

西夏、元時期的敦煌尊像畫，多承襲前代傳統，數量逐漸減少，題材範圍日趨狹窄，形式較單調。隨着石窟開鑿的結束，源遠流長、延續千年的敦煌尊像畫，至元代後不再繪製。清代雖又一度增補和重修，但其內容已與尊像畫無涉，就敦煌尊像畫的發展歷程而言，為數不多的元代壁畫正是敦煌尊像畫藝術的絕響。

目　錄

妙相莊嚴

——佛陀

　　佛陀（梵文 Buddha），略稱佛，意為“覺者”，亦可稱為“悟得真理之人”。在佛教創立的原始佛教時代，佛教尚不是嚴格意義上的宗教，至部派佛教時代，佛教的創始人釋迦牟尼逐漸脫離歷史的人格轉變為宗教崇拜的對象。隨着大乘佛教的興起，佛教向着注重精神的理想化發展，其歷史性漸趨淡薄，一方面將釋迦推向超歷史化、超人格化的地位，另一方面又將宇宙的終極在“如來”(真理) 的精神實體化，並將如來作為釋迦的稱號之一。由是導衍出釋迦佛、阿彌陀佛、藥師佛、彌勒佛等三世十方諸佛。

第一節　　佛國聖尊——釋迦牟尼佛

釋迦牟尼（梵文Sakyamuni），意為釋迦族的聖人，簡稱釋迦。釋迦為古印度剎帝利種姓，其母親家族姓喬達摩，自己名悉達多，公元前560年誕生於北印度迦毗羅衛城，為國王淨飯的長子。母親摩耶夫人在生下釋迦之後不久便離開人世，由姨母將他扶養成人，過着養尊處優的生活。十六歲時迎娶王妃，並生一子，名羅睺羅。但是，悉達多·喬達摩始終無法自足於他的生活方式，在經過多年的深思和苦惱後，二十九歲時終於出家成為修行者。他在山林中度過了六年，未能覺悟真理，最後放棄苦修。又在摩揭陀國境內的一棵菩提樹下沉思瞑想四十九天，終於開悟，成為覺者，即佛陀，是年三十五歲，被尊稱為釋迦牟尼。而後，佛陀前往波羅奈斯城的鹿野苑，教化舊日對他有恩益的五位修行者，使他們成了佛陀的第一批弟子和信徒。之後，佛陀繼續遊歷各地，教化眾生。八十歲入滅，即涅槃。

在整個佛陀的藝術世界中，描寫釋迦生涯的造像佔有很大比重，而且就時間上來說，也是佛教藝術中較早出現的內容。講述釋迦生涯的故事，主要由本生故事和本行故事兩大部分組成。本生故事是有關釋迦前諸世積習功德果報的傳說。描寫釋迦的生平事迹，即由誕生直至涅槃一生各階段發生的事件，則稱為本行故事，又稱為佛傳故事。敦煌石

窟壁畫中有大量本生故事畫和佛傳故事畫。

作為尊像畫的釋迦佛像，主要表現形態為釋迦成佛後的各種說法圖和說法像。在犍陀羅雕刻中佛陀說法像有《鹿野苑初轉法輪》、《帝釋窟說法》等時定場景的表現。在印度阿旃陀石窟壁畫中，有國王和各族信眾聆聽佛陀說法的場面。而在敦煌的說法圖和說法像中，則沒有場景的變化和相應的故事情節的出現，不能確指為釋迦生涯的某一階段或某一地點發生的事情，而只是作為超歷史化、超人性化的崇拜對象出現。

印度佛教藝術中釋迦的造像，以表現釋迦生涯的四相和八相題材最為盛行，其中又以"說法相"更為突出。但在這些說法相的藝術作品中，由於佛的各種形態基本相同而難以辨識，因此多根據印相來分別諸佛。印（梵文Mudra），原意為印章、手勢、表情、姿態，漢譯佛經通常譯作印、印相或印契。印相的外在形態是佛的手姿，它顯示佛的誓願和精神。印相的意義，佛教解釋為標識，即諸佛的"徹悟"、"與願"、"功德"的標識，也即是諸佛"大悟"的外在表現，是以間接、象徵的方式來表達複雜的精神內涵，也是佛陀特定行為中的神態所產生的。釋迦佛的印相主要有五種，即禪定印、降魔印、說法印、施無畏印、與願印。敦煌尊像畫中的歷代釋

迦佛説法圖和説法像，無論是坐像或立像，常見的印相是施無畏印和與願印的尊像。

敦煌尊像畫中的佛陀諸像，表現最普遍、延續時間最長的是釋迦佛的説法圖，貫徹各個時期。

北朝時期的釋迦佛説法圖，多繪於洞窟南、北壁前部人字坡下的空間和後部千佛圖像中間，根據説法圖中釋迦佛脅侍眷屬的組合情況，有以下九種形式。

北朝釋迦佛説法圖中組合形式

説法圖組合				幅數
一佛	二菩薩			22 幅
一佛	二菩薩	四弟子		2 幅
一佛	二菩薩	八弟子		1 幅
一佛	四菩薩			6 幅
一佛	六菩薩			1 幅
一佛	八菩薩			2 幅
一佛	多菩薩			5 幅
一佛		一弟子	一天王	2 幅
一佛		四弟子		1 幅

北朝的釋迦佛説法圖，説法姿態以結跏趺坐為主，間有少量立姿和交腳坐式，佛座有蓮花座、台座、獅子座等，佛的服裝分為右袒袈裟和通肩袈裟兩種，印契以施無畏印、與願印、説法印為主。

隋代的釋迦佛説法圖，由於洞窟形制的變化，多繪於洞窟的南、北壁千佛圖像中央和東壁門兩側壁上，或滿佈洞窟四壁。隋代的釋迦佛説法圖有以下十種組合形式。

隋代釋迦佛説法圖組合形式

説法圖組合			幅數
一佛	二菩薩		86 幅
一佛	二菩薩	二弟子	53 幅
一佛	二菩薩	四弟子	2 幅
一佛	二菩薩	六弟子	2 幅
一佛	二菩薩	八弟子	1 幅
一佛	二菩薩	十弟子	2 幅
一佛	四菩薩		6 幅
一佛	四菩薩	四弟子	3 幅
一佛	六菩薩	二弟子	2 幅
一佛	六菩薩	十弟子	1 幅

隋代的釋迦佛説法圖，釋迦佛的説法姿態仍多為結跏趺坐姿，由於説法圖中缺乏場景的描繪，表現的內容難以確認，與北朝時期的釋迦説法圖相比，數量增加，説法圖的組合形式漸趨定型，相對集中在上述 (1) (2) 類型上，畫幅的尺寸變化較小，大幅的説法圖已不多見。

初盛唐的釋迦佛説法圖，由於經變畫的發展，已漸次退出石窟的主要壁面，多繪於東壁門上和西側壁上，仍以結跏趺坐姿像為主，有少數立姿像。釋迦佛的脅侍多沿襲前代的菩薩和弟子，個別的説法圖中出現了護法的金剛力士像，其組合形式有以下八種。

初盛唐釋迦佛説法圖組合形式

説法圖組合				幅數
一佛	二菩薩			23 幅
一佛	二菩薩	二弟子		25 幅
一佛	二菩薩	二弟子	二金剛力士	1 幅
一佛	四菩薩			6 幅
一佛	四菩薩	二弟子		5 幅
一佛	四菩薩		二金剛力士	1 幅
一佛	六菩薩	二弟子		1 幅
一佛	八菩薩	二弟子		1 幅

　　初盛唐除釋迦佛説法圖外，還出現
獨尊式的釋迦説法像，繪於洞窟東壁門
兩側壁或西壁佛龕外兩側壁上，呈對稱
佈局。盛唐晚期洞窟在西壁龕內盝形頂
四坡畫連續的釋迦佛説法像，數目多達
十五至二十身。這類釋迦佛説法像，均
為立姿，或稱為經行式説法像，服裝有
通肩袈裟和右袒袈裟兩式，印契多樣。

　　中晚唐的釋迦佛説法圖，構圖簡約，
內容單一，且多繪於洞窟窟頂四坡的千佛
圖像中央，其組合形式有以下三種。

中晚唐釋迦説法圖組合形式

説法圖組合			幅數
一佛結跏趺坐			88 幅
一佛	二菩薩		44 幅
一佛	二菩薩	二弟子	16 幅

　　此外，在少數洞窟的龕內盝頂四坡
上仍繪有立姿的釋迦佛説法像（36幅）和
趺坐説法像（74幅）。

　　五代、宋的釋迦佛説法圖，新開鑿
的洞窟仍繪於窟頂四坡千佛圖像中央，

補繪前代洞窟中的説法圖，相對集中於
洞窟甬道兩側壁上，這些説法圖有以下
五種組合形式。

五代、宋釋迦佛説法圖組合形式

説法圖組合				幅數
一佛	二菩薩			42 幅
一佛	二菩薩	二弟子		22 幅
一佛	二菩薩	二弟子	二天王	5 幅
一佛	四菩薩	二弟子	二天王	2 幅
一佛		二弟子		2 幅

　　此外，在安西榆林窟五代中心佛壇
窟內，主室正壁出現一種通壁的大型釋
迦佛説法圖（4鋪）。釋迦佛結跏趺坐
姿，兩側脅侍弟子、菩薩、帝釋、梵
王、四大天王和天龍八部等像，場面宏
大，人物眾多，多有榜題題名。

　　沙州回鶻、西夏、元的釋迦佛説法
圖，除少數繪於洞窟南、北壁外，多數
位於洞窟前室和甬道上，畫幅較小，極
少有説法背景的描繪，形象單一，其組
合形式有以下五種。

沙州回鶻、西夏、元釋迦佛説法圖組合
形式

説法圖組合			幅數
一佛	二菩薩		16 幅
一佛	二菩薩	二弟子	28 幅
一佛	四菩薩		2 幅
一佛	四菩薩	弟子	2 幅
一佛	六菩薩	二弟子	7 幅

　　敦煌尊像畫中的釋迦佛說法圖和說
法像，極盛於北朝、隋代和初盛唐。中
晚唐以降，由於經變畫佔據了主導地
位，尊像已不再作為壁畫的主要內容，
只五代有短暫復興。

　　敦煌的說法圖和說法像中，常見的
是釋迦佛施無畏印和與願印，而較少有
禪定印和說法印等。由此可知，佛教傳
入中國和傳播，儘管歷代高僧大德們在
佛學哲理的研究上碩果纍纍，但在特定
社會環境中與傳播佈教過程中，仍着重
於施無畏印和與願印所顯示的慈悲的佛
及其精神，而忽視了釋迦修行的歷程，
如苦修、降魔、成道等，社會對佛教的
信仰、認識的趨向，仍是偏重於以簡易

的方法祈求救濟，即利益現世的一面。
尊像畫中的釋迦佛像，本應是對信眾的
說法相，但印相則多為施無畏印和與願
印，而不是說法印。多表現這兩種印
相，蘊涵了大乘佛教倡導的利他精神，
以施無畏印消除眾生的不安，給予無所
畏懼的力量，以與願印福佑生靈，滿足
眾生的願望和要求。施無畏印和與願印
的釋迦佛像，既然是基於大乘思想所解
釋的釋迦，慈悲在大乘佛教就成為釋迦
的中心精神。敦煌尊像畫中的釋迦佛像
多以施無畏印和與願印表現的事實，也
說明一般民眾接受佛教、理解佛教的基
本心態。

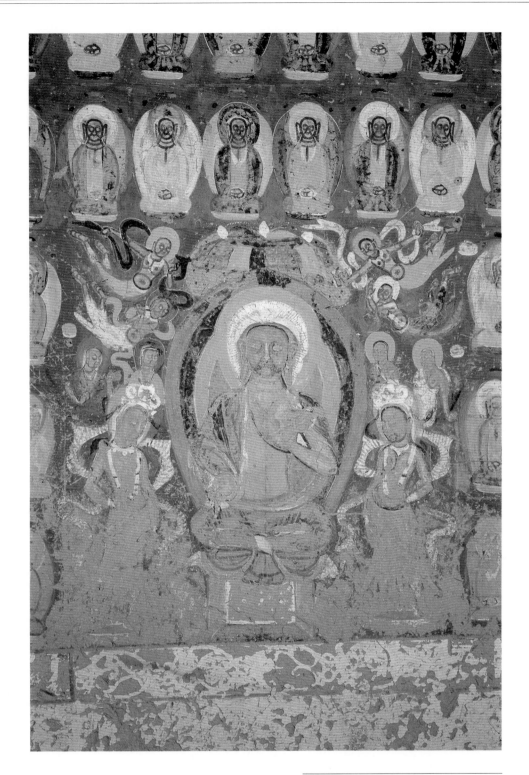

1 施無畏印釋迦説法圖

釋迦佛右袒袈裟,右手當胸施無畏印,
左手握袈裟一角,結跏趺坐金剛座上。
兩側菩薩、弟子脅侍。佛上懸華蓋,飛
天環繞飛翔。作為莫高窟壁畫中最早的
一幅説法圖,其構圖和人物配制已相當
成熟。

北涼 莫272 北壁中央

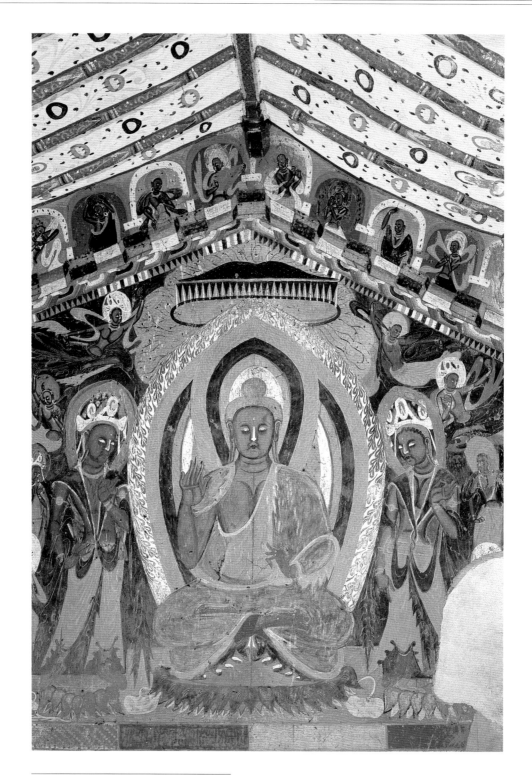

2 施無畏印釋迦説法圖

在人字坡下的山形空間，畫一佛、二脅
侍菩薩和四供養菩薩、四飛天。釋迦佛
施無畏印，手握袈裟，結跏趺坐在蓮花
座上演說佛法，二菩薩立於蓮花上，低
首傾聽。華蓋之上，天宮中的伎樂為此
奏樂歌舞。

北魏 莫251 北壁東側

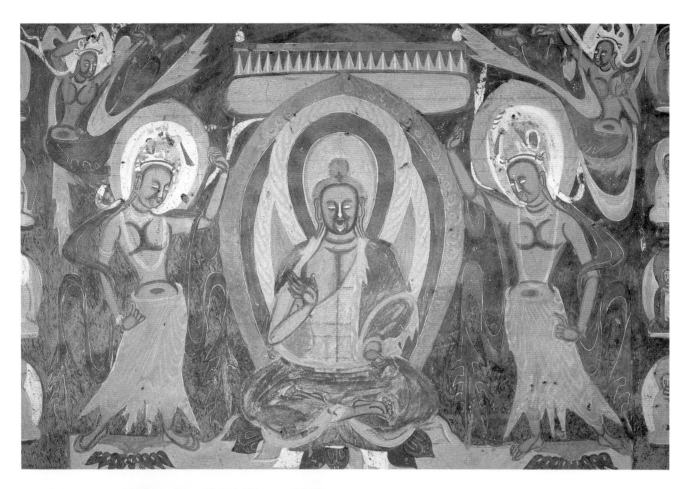

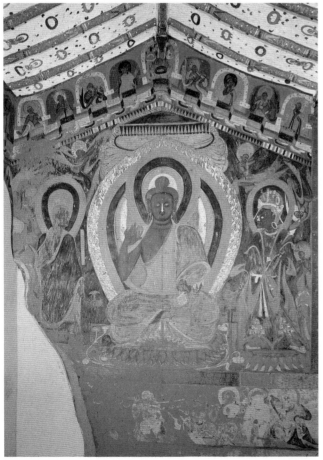

3 施無畏印釋迦説法圖

釋迦佛內着僧衹支，外覆袈裟，手施無畏印，結跏趺坐蓮花座上。兩旁脅侍菩薩，服裝為裙披式，披巾搭肩順臂而下，單層長裙，裙擺成尖角下垂。上面兩飛天，身體屈折，飄帶翻捲流動。
北魏　莫251　北壁西側

4 蓮花座釋迦説法圖

釋迦佛結跏趺坐蓮花座上，作説法相，佛左側為裙披式菩薩妝天王，左手持金剛杵，右側為袒袈裟的弟子像，組合形式為一佛一天王一弟子，有別於其他説法圖，樣式獨特。
北魏　莫251　南壁東側

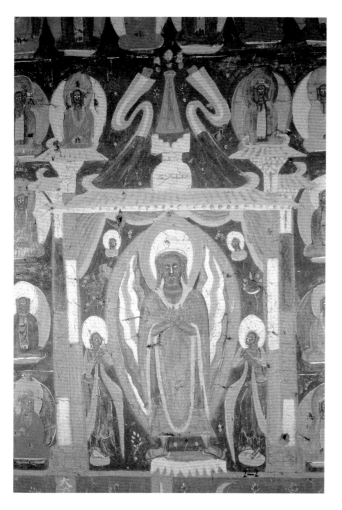

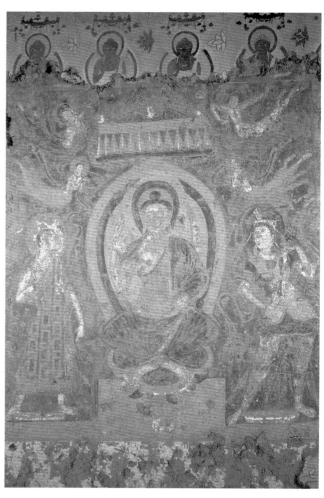

5 闕廟釋迦說法圖

寺廟為闕形建築，屋脊上立覆鉢塔，塔
頂上懸彩幡，翻捲飛舞。闕內懸帳幔，
佛立於蓮花上，着通肩袈裟，雙手當胸
結印說法，脅侍菩薩侍立兩旁，表現釋
迦教化說法的場面。此說法圖畫在闕形
寺廟內，形式不同一般。

北魏 莫257 南壁西側

6 交腳釋迦說法圖

釋迦佛交腳端坐於寶池蓮花座上，右袒
袈裟，作說法印，左側為天王，右側為
弟子，組合形式特殊。華蓋兩側的飛
天，秀勁飄逸，翱翔自如。此圖是將外
層西夏壁畫剝去後顯露的北魏原作，形
象完整，線描精緻。

北魏 莫263 北壁西側

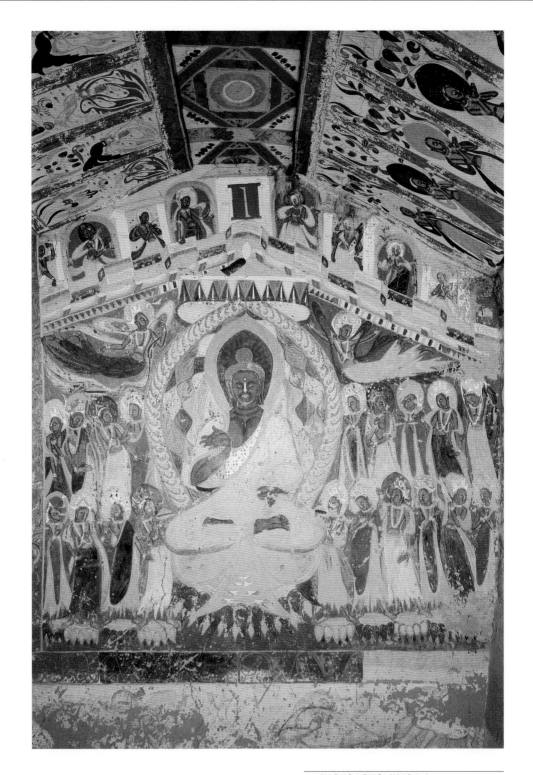

7 縵網相釋迦説法圖

華蓋下釋迦佛結跏趺坐蓮花座上，手掌
朝外，手指間生縵網，為佛三十二相中
的縵網相。兩側脅侍菩薩十九身，着袈
裟或半裸束裙，兩種衣飾相間交替，表
現出聽法時歡喜讚嘆、手舞足蹈的心
情。此圖是敦煌早期洞窟中保存最完整
的大型説法圖。

北魏 莫248 北壁東側

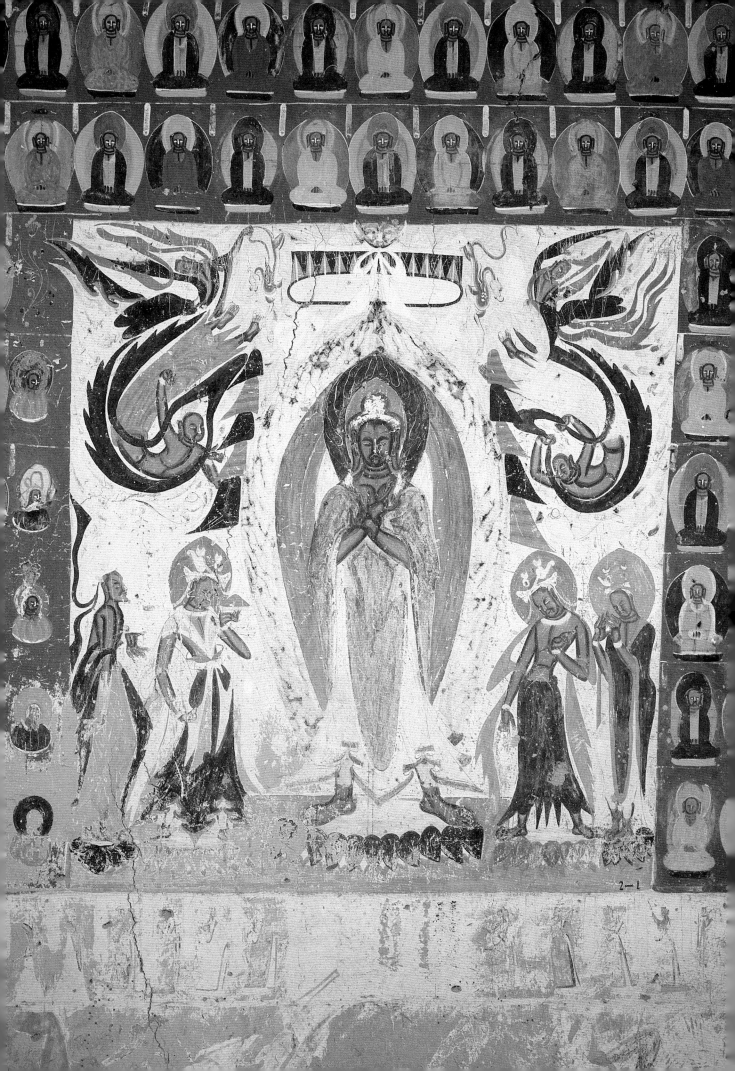

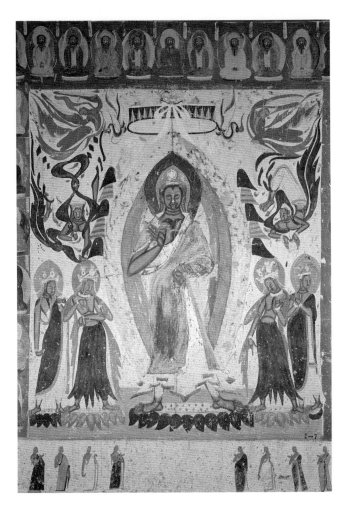

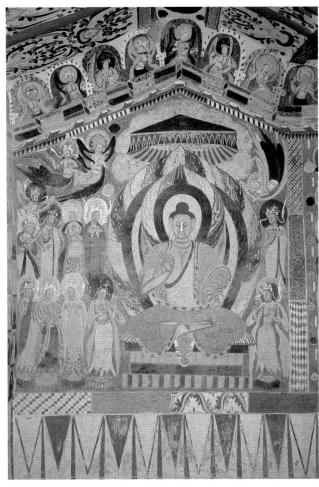

9　立姿釋迦説法圖

立佛居中，兩側各二菩薩，立於寶池中的蓮花台上。佛光上方為飾獸頭和雙鳳的華蓋，兩側各二身飛天，上面的一對是穿大袖長袍的中原式飛天，下面的一對，半裸，帔巾長裙，手捧蓮蕾或作散花狀，雙腳倒垂頭上，屬西域式飛天。

西魏　莫249　北壁中央

10　一佛十菩薩説法圖

釋迦佛相貌莊嚴，額上生白毫，白鼻樑，白眼瞼，白身輪，均為西域賦彩技法。由於人字坡的兩坡不均衡，造成説法圖左右難以對稱，畫師便以佛像兩側的供養菩薩和飛天進行巧妙配置，從而保持了構圖的完整和穩定。

西魏　莫288　南壁東側

8　交手釋迦説法圖

釋迦佛、菩薩立於寶池蓮花上，佛身修長，右袒袈裟，左手扼右腕，交於胸前。脅侍菩薩戴三珠寶冠，着披巾長裙或穿袈裟，體態優美含蓄。上方為飾有獸頭和雙龍的華蓋，兩側飛天起舞。

西魏　莫249　南壁中央

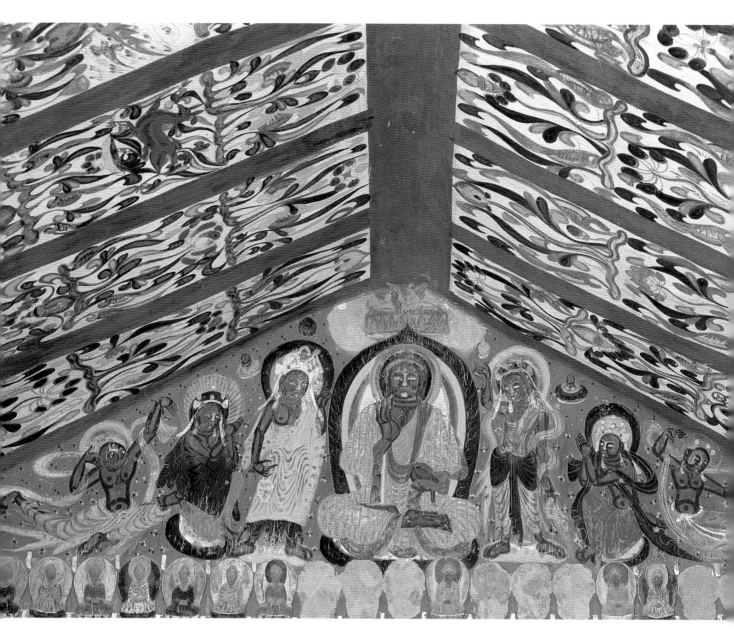

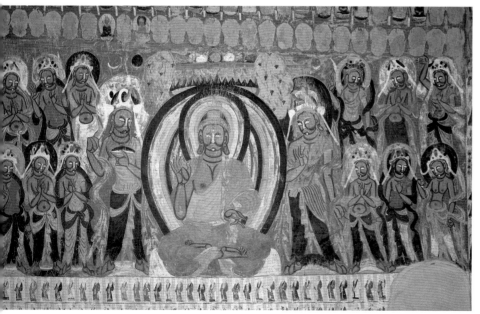

11　一佛四菩薩説法圖

在人字坡下三角形空間，繪釋迦佛結跏
趺坐説法圖，兩側菩薩合掌侍立和胡跪
供養，飛天散花起舞。整個構圖，簡潔
明快，變化節奏有序。

北周　莫428　南壁東側上部

12　施無畏印釋迦説法圖

花樹華蓋下，釋迦佛結跏趺坐台座，右
祖袈裟，手施無畏印説法。佛像面相豐
圓方頤，莊嚴肅穆，兩側菩薩侍立。人
物面部眼睛、眉骨、鼻以及下頦處塗白
色，有明顯的西域風格。

北周　莫428　北壁東側

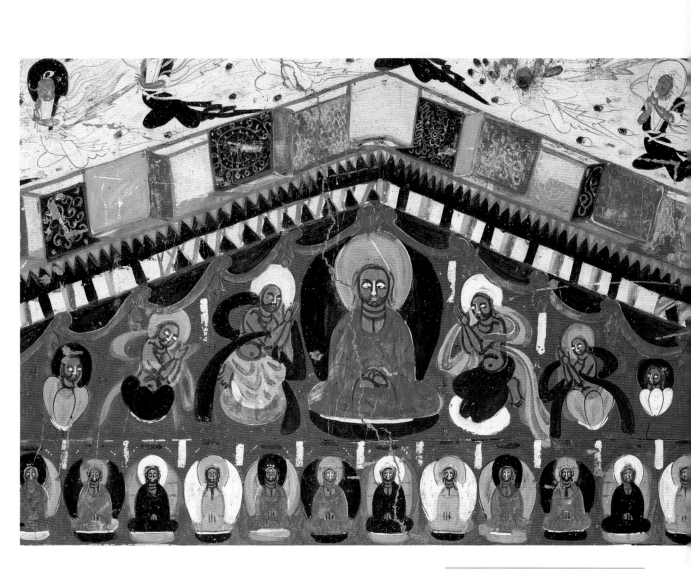

13 蓮花化生釋迦說法圖

在人字坡下的三角形空間,以一佛二菩
薩居中,兩邊畫蓮花化生,從蓮蕾到從
蓮蕾中剛出頭,到露出上半身,直到跪
坐聽法的菩薩像,似乎表現出化生的過
程,妙趣天成。

北周 莫290 南壁東側上部

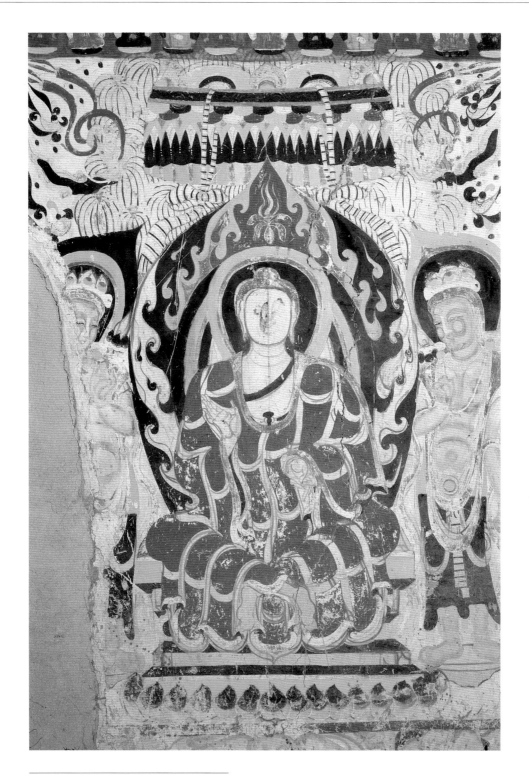

14 大紅袈裟釋迦説法圖

釋迦佛交腳而坐,身着大紅田相紋袈
裟,作説法相,頭光和背光使佛像更穩
健莊重。兩側的菩薩,仍為北朝時的裙
披式服裝。菩薩面部暈染採用濃重的西
域式暈染法,仍保留着早期人物畫的風
格特徵。

隋 莫301 南壁

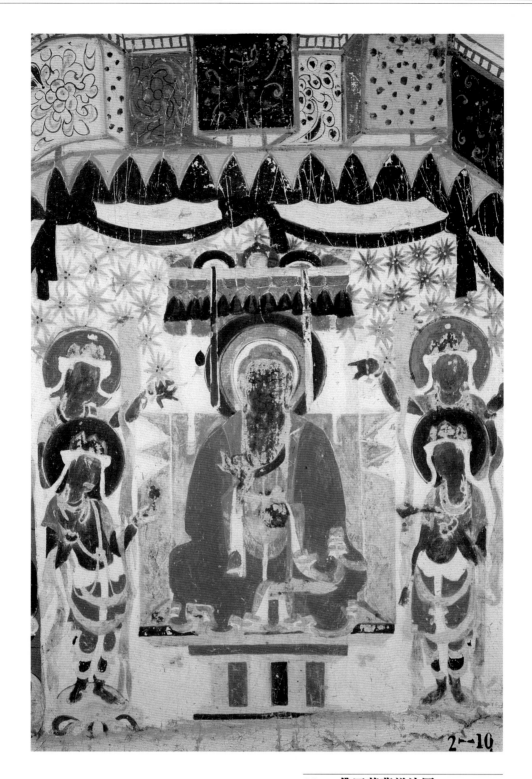

15 一佛四菩薩説法圖

樹下釋迦佛結跏趺坐須彌座上説法,面
相豐滿,額低而寬,體態雄健。侍立四
菩薩,頭戴花蔓冠,裸上身,繫長裙,
披巾下垂橫於腹前兩道,或持香爐或執
蓮蕾散花供養。這些菩薩像比例適中,
腰部微彎曲,表現了女性的曲線美。

隋 莫302 東壁門上

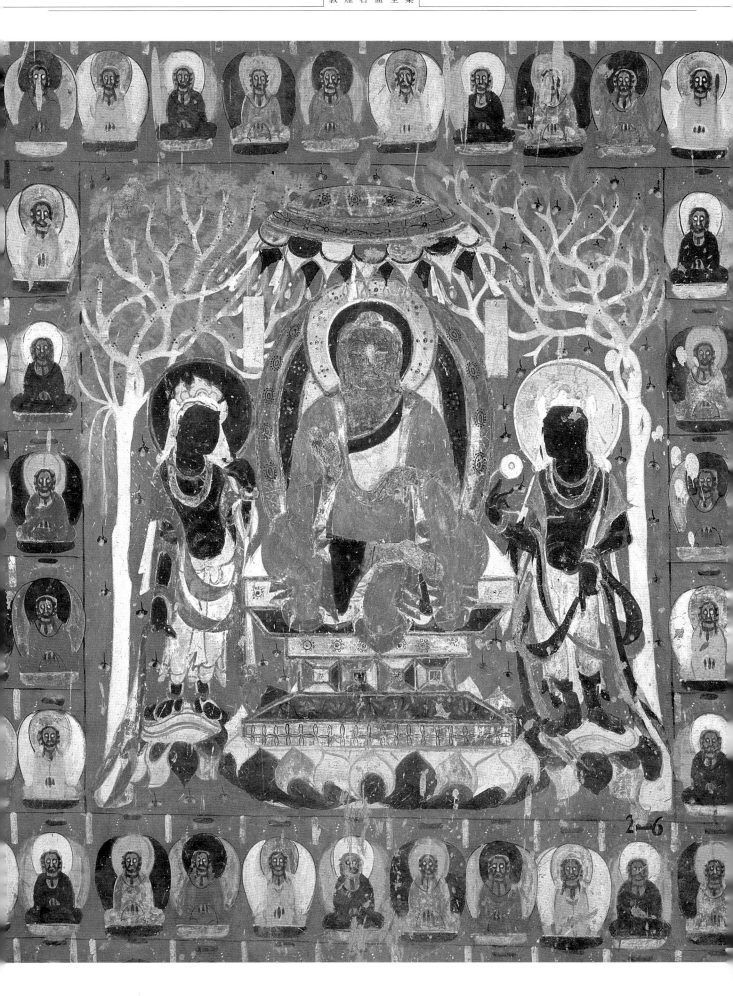

16 蓮花須彌座釋迦說法圖

釋迦佛結跏趺坐須彌座上說法，面相方圓，體態豐圓，兩菩薩脅侍。上有華蓋，下有蓮花，背後為雙樹和散落的天花。佛身體肌膚和菩薩的瓔珞手鐲等仍殘留着塗金的痕迹，看來當年有着金碧輝煌的色彩。

隋 莫302 北壁西側

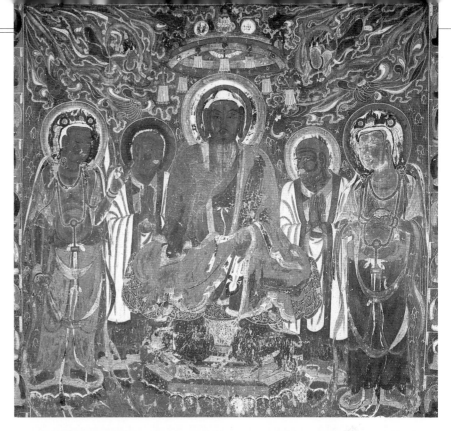

17 寶池蓮座釋迦說法圖

釋迦佛結跏趺坐於水池中蓮花須彌座；弟子迦葉蹙眉毛垂目，仿佛正在悟道沉思；弟子阿難面含微笑，聰慧俊秀。脅侍菩薩體態窈窕豐滿，面目圓潤清秀，恬靜安祥。飛天起舞，彩雲飄飄，渲染出佛說法時歡快熱烈的氣氛。

隋 莫407 東壁門上

18 雙樹釋迦說法圖

釋迦佛說法圖構圖簡略，沒有脅侍或會眾作陪襯，但是華蓋、背光、八角形須彌座和雙樹、蓮花的描繪呈現出豐富的變化，色彩統一於赭紅為主、間以青綠的基調之中。

隋 莫314 東壁北側

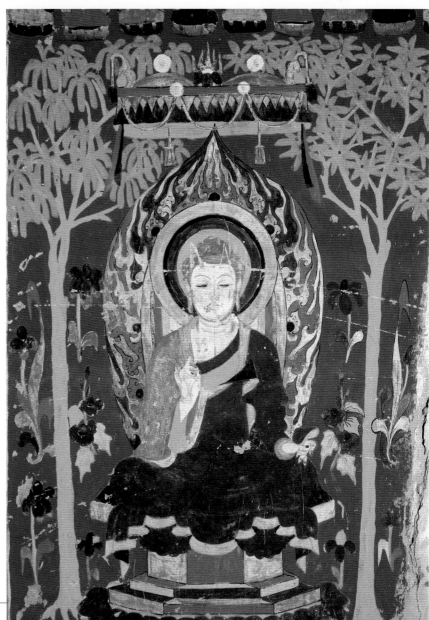

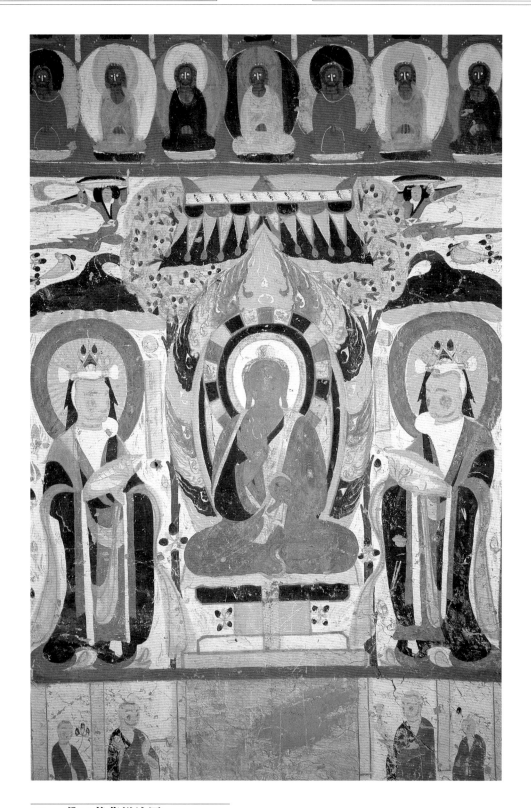

19 一佛二菩薩說法圖

釋迦佛於須彌座上結跏趺坐說法，後有
火燄紋背光。兩側菩薩侍立，雙手捧蓮
花供養。菩提樹上懸掛垂帳形華蓋，從
菩提樹上生出的大蓮葉作為菩薩的華
蓋，形式新穎別致。

隋 西8 東壁北側

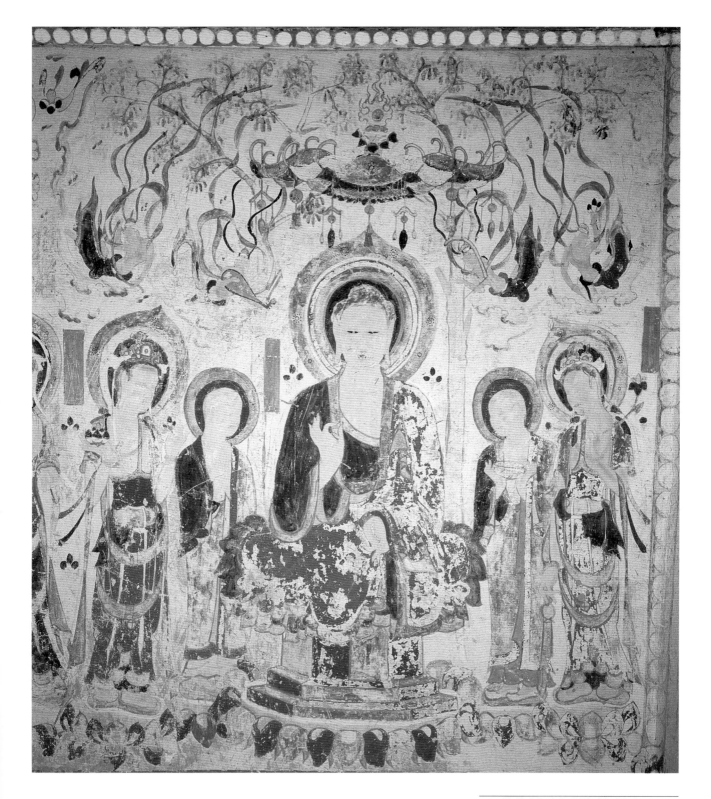

20 蓮花須彌座釋迦説法圖

釋迦佛結跏趺坐蓮花須彌座，兩側脅侍
弟子、菩薩，有華蓋和菩提樹。四身飛
天伎樂，體態輕盈，飄帶細長多轉折，
富有表現力，增強了畫面的動勢。

隋 莫394 南壁西側

21 第390窟立體圖

本窟為覆斗頂方形窟，正面壁開雙層
龕，內塑佛、菩薩像。窟頂藻井為纏枝
蓮花圖案，四坡畫千佛。全窟四壁環繞
南北壁中央的彌勒菩薩說法圖繪上中下
三層釋迦佛說法圖，共計三十三幅。此
窟竣工於唐武德初年（約公元618年），
但仍保持隋代晚期的特點。

隋 莫390

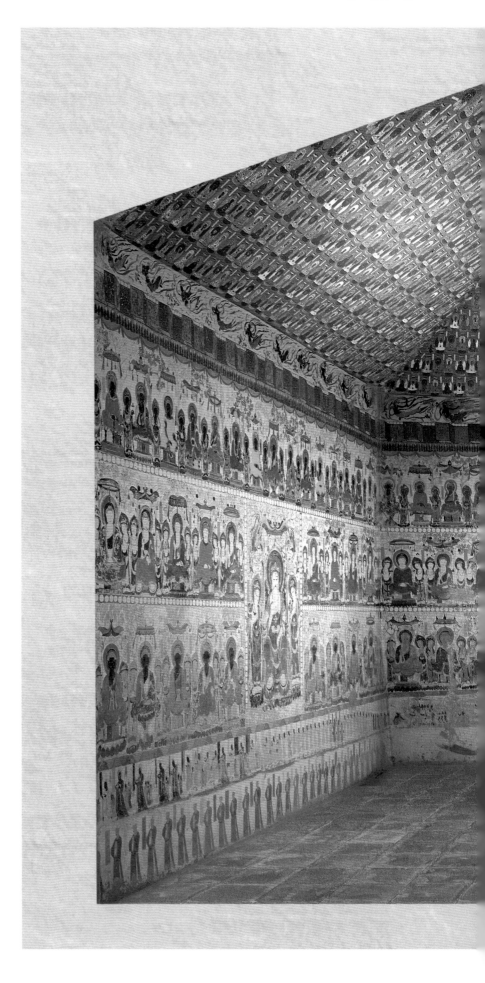

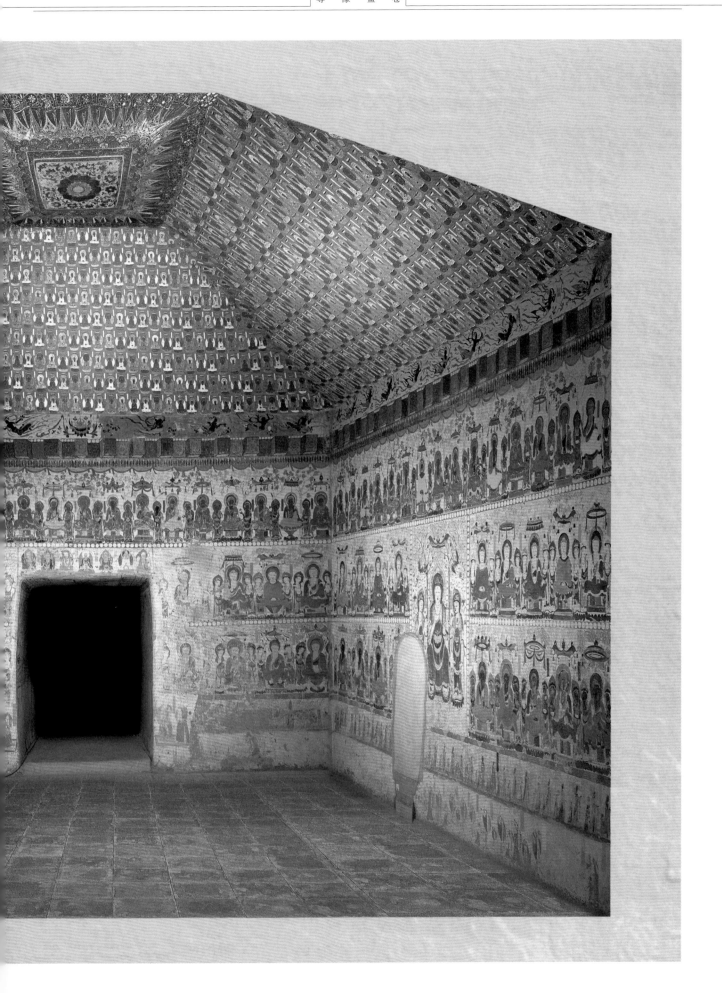

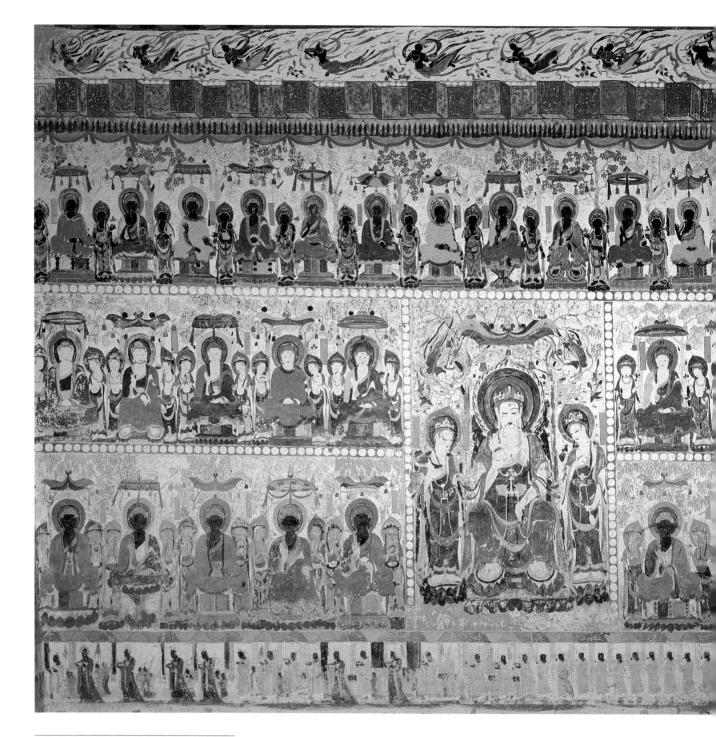

22 釋迦説法圖

北壁的釋迦説法圖尤為完整，三層釋迦
牟尼佛均坐於須彌座上，作説法相，間
有禪定相，左右有菩薩脅侍，上有華
蓋，後有雙樹。畫面簡潔，統一中又富
於變化。

隋　莫390　北壁

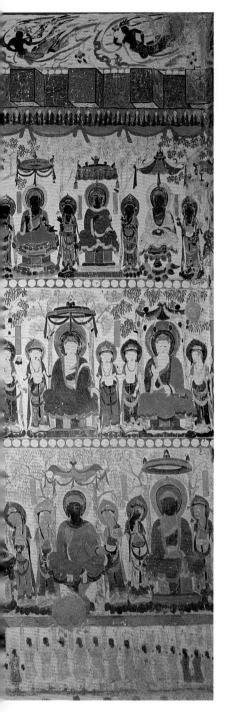

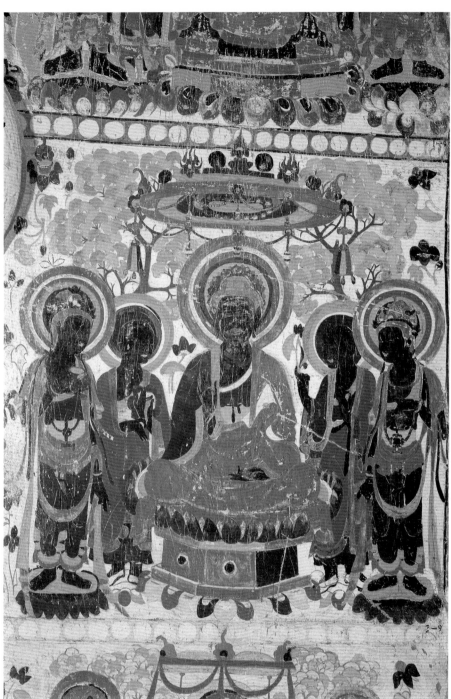

23　雙樹釋迦説法圖

釋迦佛施無畏印，結跏趺坐八角須彌座
説法，兩側侍立弟子和菩薩，手持蓮
花、經卷。華蓋旁是雙樹，枝繁葉茂，
青翠鮮麗。構圖謹嚴，畫面精緻細膩，
設色純厚樸實，清新明朗。

隋　莫244　北壁東側

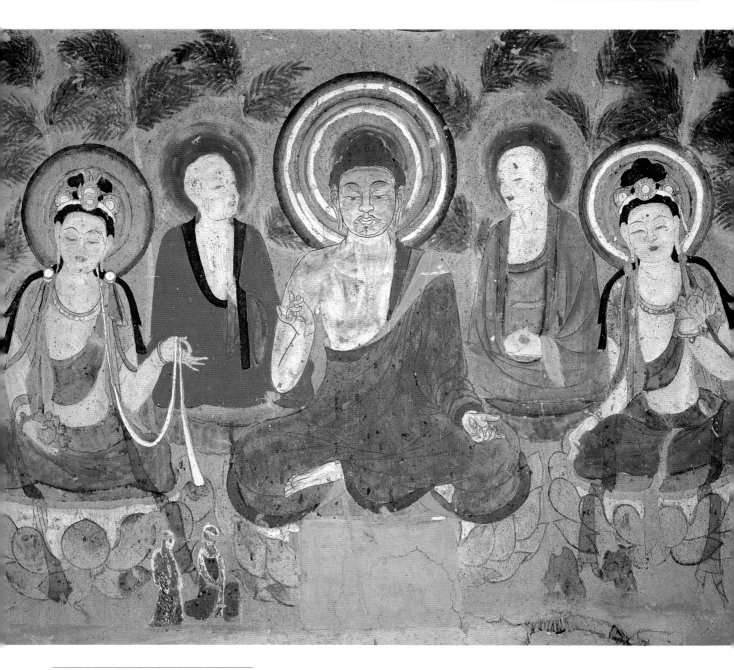

24 竹林釋迦説法圖

竹林中，釋迦佛與菩薩、弟子結跏趺坐
蓮花上，意境恬淡，格調清新。佛陀莊
嚴靜穆，弟子虔誠沉靜，菩薩沉浸於神
思遐想中。人物造型真實，線描輕快流
暢，色彩鮮豔明麗。

初唐 莫322 東壁門上

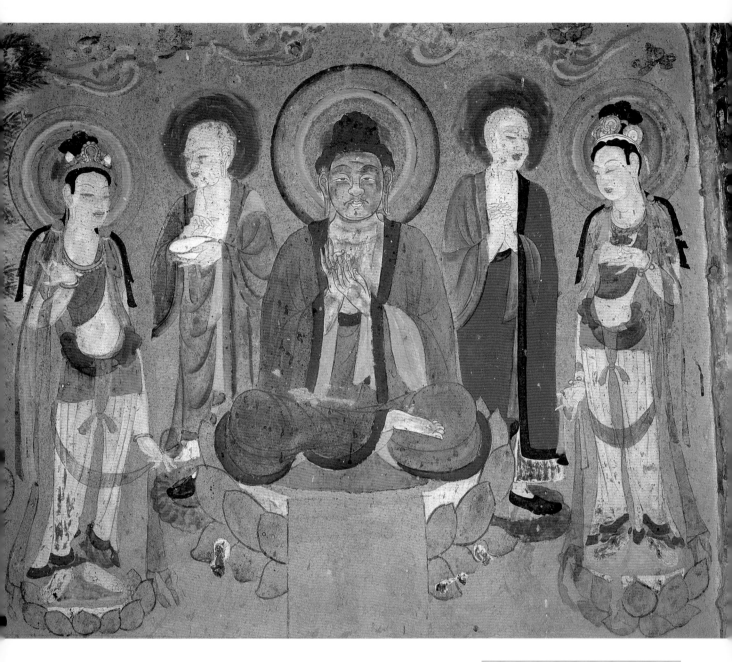

25 一佛二菩薩二弟子說法圖

釋迦佛結跏趺坐蓮花座上，兩個弟子面
向菩薩正在交談，使畫面有了變化，突
破了向心式構圖。此圖沿用一佛二菩薩
二弟子固有模式，人物造型準確，線描
簡練，色彩明快，特別是人物的肌膚，
白色中略施淡赭暈染，顯得潔白如玉。

初唐 莫322 東側門上

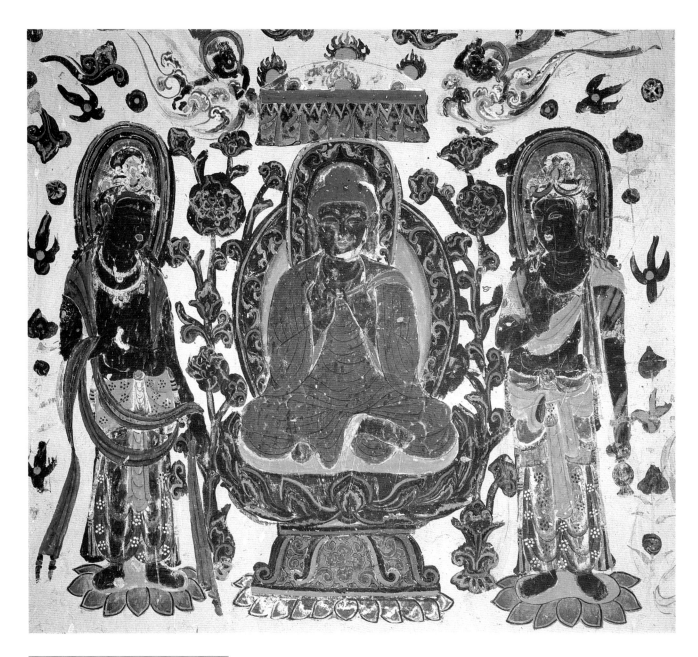

26 施說法印釋迦說法圖

釋迦佛施說法印,結跏趺坐束蓮座上說
法,兩側侍立菩薩,姿態優雅。華蓋兩
側的飛天,一身雙手前伸俯首前衝,舞
帶順勢飄動;另一身黑髮蓬鬆,張臂翱
翔,頗具創意。

初唐 莫329 東壁門上

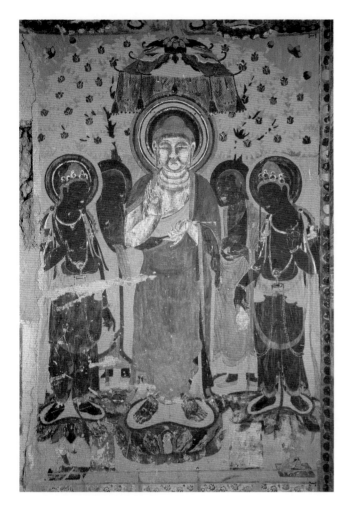

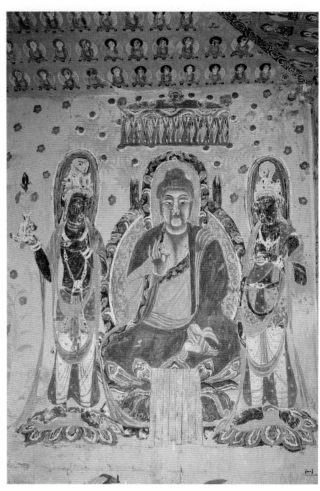

27 經行式釋迦説法圖

釋迦佛作經行式説法狀，足踏蓮花，其
面部和肌膚部分的暈染，既表現了面容
和肌膚的色澤，又有很強的立體感。弟
子默默停立，沉靜莊嚴，菩薩體態健
康，變色後的色彩，顯出一種自然古樸
的立體感。

初唐 莫329 東壁南側

28 束蓮座釋迦説法圖

釋迦佛結跏趺坐束蓮座説法，面部暈染
色彩極為鮮麗。脅侍菩薩面相圓潤，神
情莊重，頭挽高髻，長髮覆肩，手托花
瓶，披帛嚴身，羅裙透體，風姿輕盈瀟
灑。

初唐 莫321 東壁南側

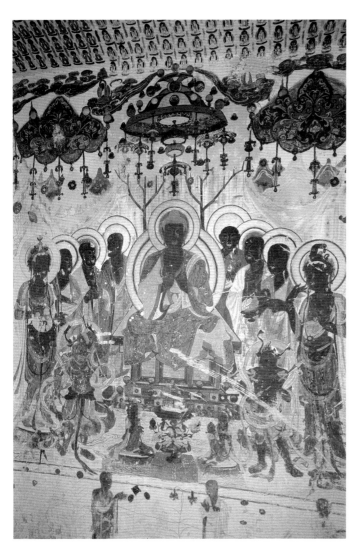

29 靈鷲山釋迦說法圖

靈鷲山山峯聳峙，山前釋迦佛身披大紅
袈裟，施說法印，坐須彌座上，兩側弟
子菩薩脅侍，力士赤身裸體，腰圍戰
裙，手持金剛杵，威武勇健。須彌座前
寶池清波蕩漾，蓮花綻開，化生、鴛鴦
遊戲其中，悠然自在。

初唐 莫332 東壁北側

30 釋迦說法圖

釋迦佛結跏趺坐，面相豐滿，左手與願
印，右手施無畏印。寶珠華蓋，垂懸瓔
珞，菩提雙樹，鬱鬱葱葱。弟子、菩薩
脅侍左右，人物造型比例適度，線描流
暢，賦彩輝煌。

初唐 西4 北壁門上

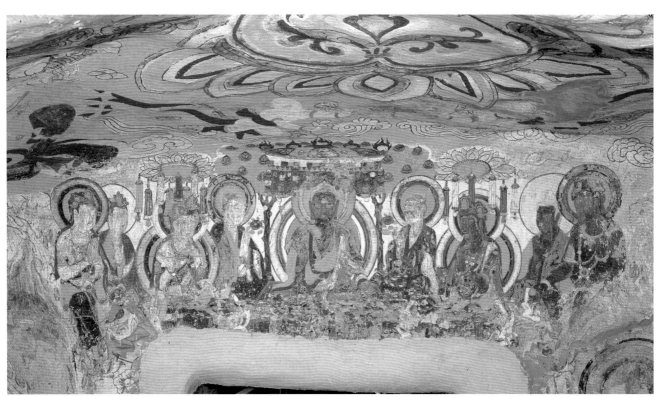

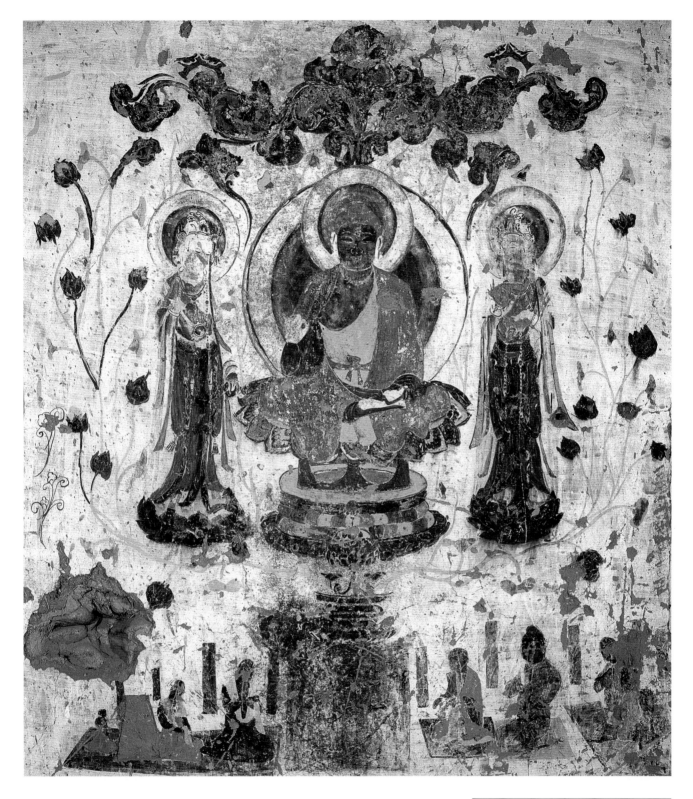

31 紀年題記釋迦説法圖

釋迦佛結跏趺坐説法，兩側脅侍菩薩，
菩薩足下的蓮台與佛的蓮花座枝蔓相
連，上端枝繁葉茂，鮮花盛開，直上雲
端。構圖嚴謹，描繪精細，技巧純熟。
圖旁有唐如意元年（公元692年）的題
記。

初唐 西9 南壁東側

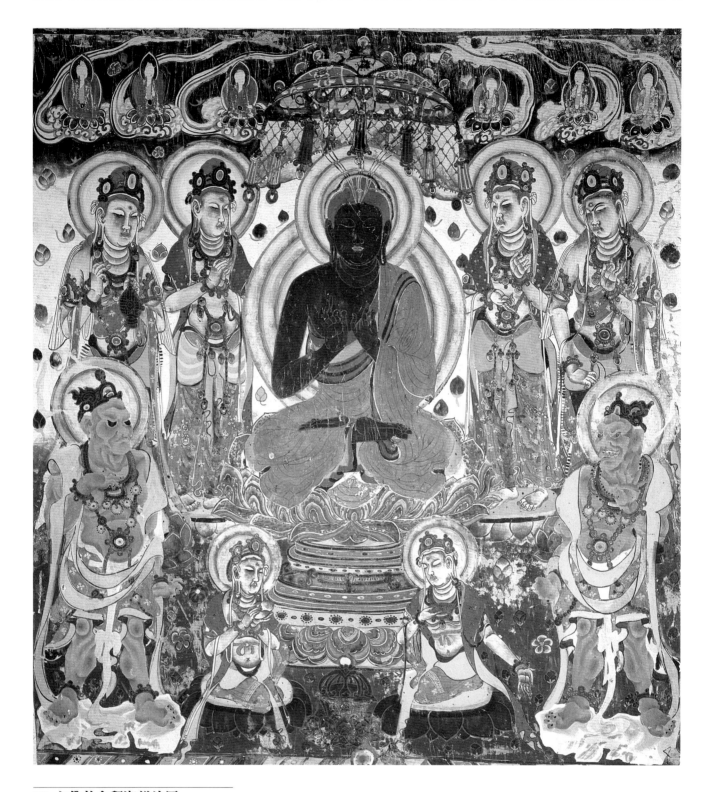

32 六佛赴會釋迦說法圖

釋迦佛結跏趺坐蓮台上，作說法印，額
間白毫發光，上有化生佛六身前來赴
會。四菩薩脅侍，護法金剛力士分立左
右，供養菩薩胡跪座前，中央供有香
爐。畫面保存完好，用筆遒勁，色彩細
緻，暈染柔和。

盛唐 莫205 北壁西側

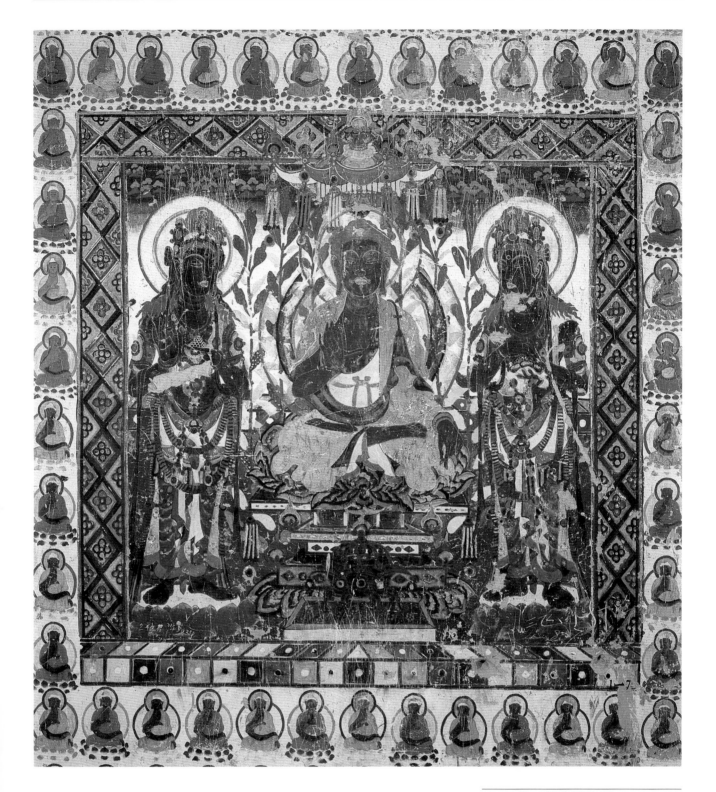

33 一佛二菩薩說法圖

釋迦佛施無畏印,結跏趺坐,座上為仰
蓮,下為覆蓮,座前供有香爐。兩側菩
薩遍體嚴飾,捲髮披肩,手執鮮花、石
榴侍立。四周邊飾為菱形圖案,使畫面
更加完整,顯得富麗堂皇。

盛唐 莫444 北壁中央

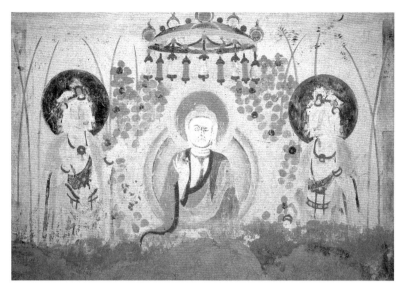

34 紀年題記窟釋迦説法圖

此窟北壁有兩條墨書"開元十四年五月
十一日訖記"題記,當是繪製壁畫時所
書。這幅一佛二菩薩二弟子説法圖,畫
幅雖不大,但它的造型、色彩、暈染、
線描等都為研究盛唐壁畫提供了可靠的
佐證。

盛唐 莫41 南壁中央

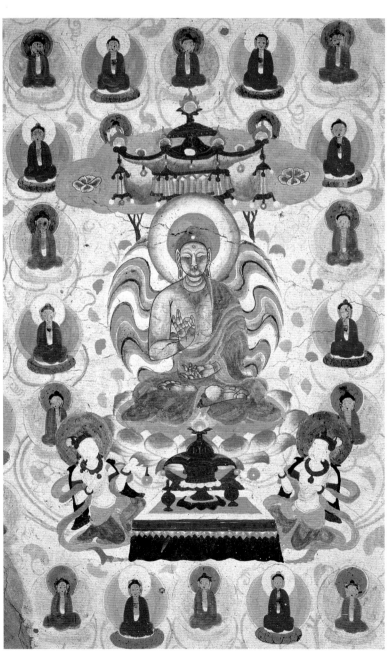

35 供案釋迦説法圖

釋迦佛右袒袈裟,結跏趺坐説法,座前
有供案,上供香爐、淨水瓶,兩側供養
菩薩胡跪脅侍。從佛座蓮花中生出枝
蔓,千佛端坐其上,結禪定印。設色明
麗,富於裝飾效果。

中唐 西18 窟頂南坡中央

36 榜題釋迦説法圖

釋迦佛結跏趺坐蓮花座上説法，脅侍二
菩薩，北側有榜題"釋迦牟尼佛並二菩
薩"。此洞窟甬道壁原為西夏壁畫覆
蓋，後發現此龕壁畫，因封閉近千年，
故色澤如新。

中唐 莫220 甬道南壁龕內

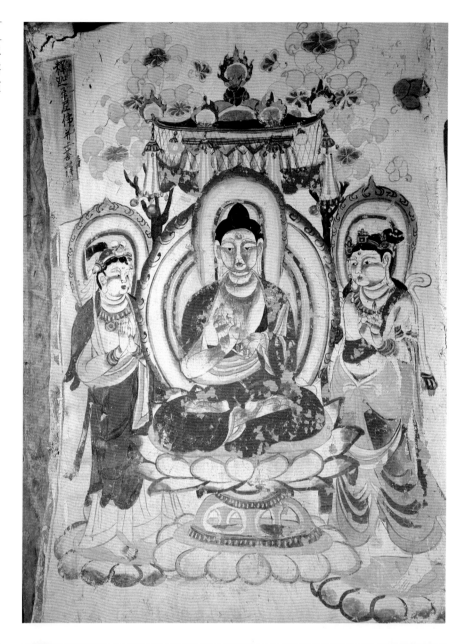

37 一佛十菩薩十弟子釋迦説法圖

釋迦佛兩側脅侍十大菩薩、十大弟子、
四天王、天龍八部等聽法聖眾，大部分
榜題清晰。場面宏大，氣勢恢宏，色彩
淡雅，人物造型嚴謹，弟子虔誠謙恭，
菩薩安祥莊靜，神將孔武雄健，是五代
説法圖的代表作之一。

五代 榆34 西壁

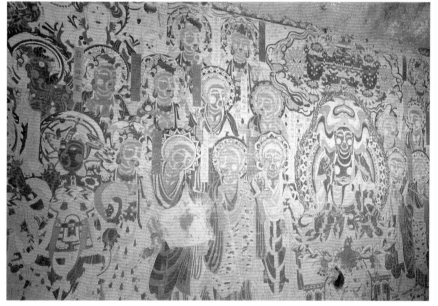

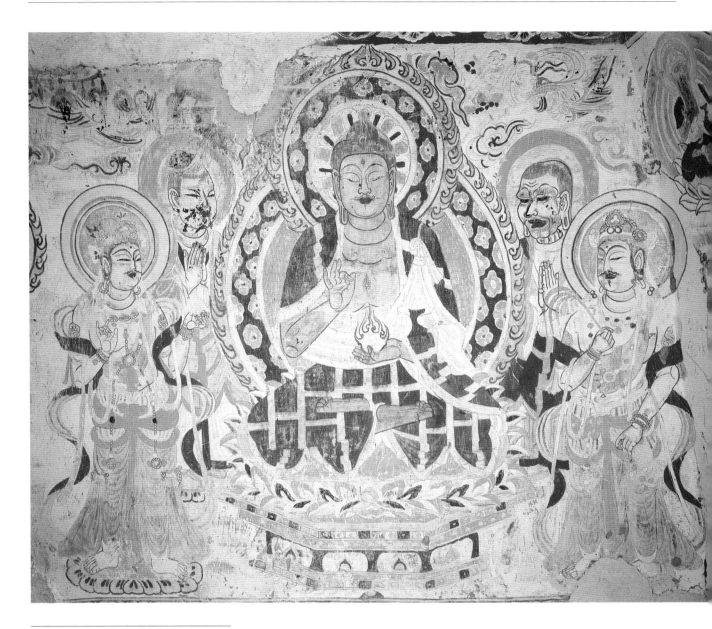

38 托寶珠釋迦説法圖

釋迦佛結跏趺坐於八角寶座上説法,左
手托火燄寶珠,右手作説法印。脅侍二
菩薩、二弟子。描繪精細,以纖細有力
的鐵線勾人物,以勁挺的折蘆描勾衣
冠,用筆暢達,如行雲流水。
沙州回鶻 西16 東壁南側

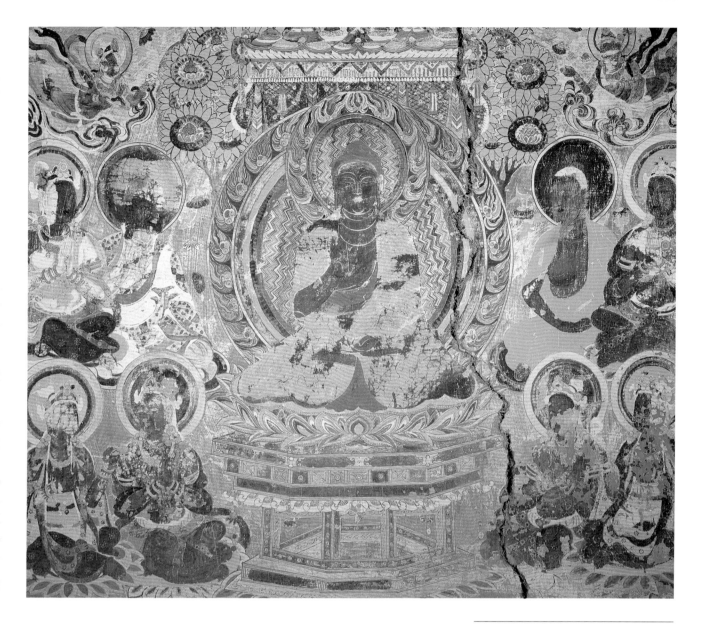

39 釋迦説法圖

釋迦佛結跏趺坐，上有菩提華蓋，項光
及身光中有編織紋和寶珠火燄紋，係回
鶻高昌時期風格的壁畫，繪製精細，線
描純熟流暢，雖部分敷彩變色，仍不失
為這一時期的佳作。

宋 莫245 北壁

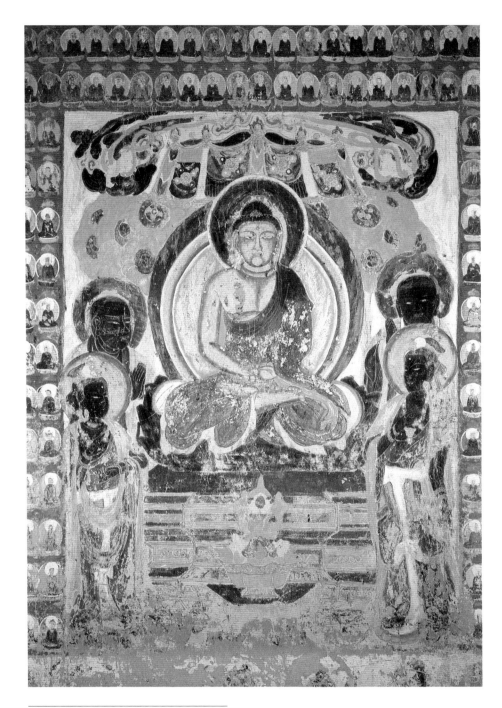

40 供花釋迦說法圖

釋迦佛作高螺髻,面容略顯清瘦,結跏
趺坐說法,座前供案上置盆花。弟子面
相豐圓,合掌侍立;菩薩頭梳雙髻,面
相清秀,身姿綽約,內着偏衫,外披
帛,腰束長裙,由於變色,肉體部分全
呈黑色。

宋 莫206 南壁中央

第二節　　憧憬彼岸——阿彌陀佛

在佛教諸佛中，世人所耳熟能詳且信仰最多的是西方極樂世界的教主阿彌陀佛，只要提及淨土，人們自然想到的是阿彌陀佛的西方淨土。

阿彌陀佛（梵文 Amitabha），意譯為無量，略稱彌陀，另外還有一梵文名稱（Amitayus），意譯為無量壽。關於阿彌陀佛名號的由來，據北朝鳩摩羅什譯《阿彌陀經》解釋，此佛光明無量、壽命無量，故稱阿彌陀。而稱無量壽，則是依其名之原意所立。

阿彌陀佛的成道本緣，從《觀無量壽經》卷上可知，阿彌陀佛與釋迦佛同是出生於古印度剎帝利種姓王族的太子，其後因受世間自在佛的感化而捨王位出家，終成法藏比丘，且歷五劫之長的思惟，而成就四十八大願，後不斷積累功德，願行圓滿，得道成佛為阿彌陀。其所建立的極樂淨土在眾生居住的娑婆世界之外十萬億佛土的西方，所以稱為西方極樂世界，阿彌陀佛由是亦被稱為西方極樂世界的教主。阿彌陀佛的脅侍菩薩，左為觀世音菩薩，右為大勢至菩薩，合稱為"西方三聖"。

西方淨土世界之美妙，在《觀無量壽經》中作了詳細的描述，這個國土，有四寶周迎圍繞，內有七寶池，池中充滿八功德水，池底純以金沙佈成，池的周圍有金銀琉璃等砌成的階梯，地下佈滿黃金，周圍遍植七寶樹，奇禽異鳥，

作美妙音聲，每到一定時刻天上飄落無數曼陀羅花……其國中為最上快樂幸福，吃喝穿戴隨意念即至等等。

中國自北魏以來盛行阿彌陀佛信仰，因而阿彌陀佛造像也極隆盛。隋唐之際，在佛教"定慧雙弘"的影響下，敦煌佛教藝術發生了大轉變，以前常見的題材，如本生、因緣、佛傳等敍事性繪畫和與坐禪觀像有關的尊像畫，逐漸向淨土題材轉變，在這一重要轉變中，阿彌陀佛淨土思想起了推波助瀾的作用。

敦煌尊像畫中的阿彌陀佛說法圖和說法像，發端於北朝，在西魏大統四、五年（公元538、539年）開鑿的第285窟有兩幅說法圖，構圖相同，從榜題可知主尊為無量壽佛，脅侍四菩薩、四弟子，菩薩為觀音、大勢至、文殊、無盡意，弟子是釋迦佛十大弟子中的迦葉、阿難、舍利弗、目犍連。衣冠服飾為褒衣博帶，人物造型全然是南朝秀骨清像的風格。在整個北朝時期，可以確指的阿彌陀佛說法圖僅此兩幅。

隨着佛教淨土思想在隋代的普及和深入，敦煌尊像畫中的阿彌陀佛說法圖日益增多，常見的形式是一佛二菩薩二弟子的組合，由於隋代阿彌陀佛說法圖中標識特徵尚不明顯，主尊的造型與釋迦像大致相同，難以區分，只能從脅侍菩薩手中的持物上來判別。對比同時期的阿彌陀經變等，可以確知阿彌陀佛脅

侍菩薩觀世音和大勢至的持物特徵是提淨瓶、持蓮花，由此來推斷説法圖中主尊的身份。

初盛唐的阿彌陀佛説法圖的判定，不僅依靠脅侍菩薩的身份，而且圖中出現簡約的水池蓮花、化生等，這些特徵是初盛唐西方淨土經變、觀無量壽經變中常見的場景，同時對比這些經變中的主尊佛像，結合阿彌陀佛説法印相等綜合因素，初盛唐的阿彌陀佛説法圖有以下四種組合形式。

初盛唐阿彌陀佛説法圖組合形式

説法圖組合				幅數
一佛	二菩薩			3 幅
一佛	二菩薩	二弟子		7 幅
一佛	四菩薩	二弟子		4 幅
一佛	十菩薩	二弟子	二金剛力士	1 幅

這些不同組合的阿彌陀佛説法圖，大部分繪於初唐。進入盛唐，阿彌陀佛系統的各類經變蓬勃發展，而簡約構圖的阿彌陀佛尊像畫幾乎絕迹，或者也可以説作為尊像形式的阿彌陀佛説法圖，在構圖上增加了許多新的因素，已經由説法圖演進為經變。

五代、宋曹氏政權時期，敦煌出現了一種簡化的阿彌陀佛接引像（5幅），繪於中心佛壇窟的背景後面，佛像巨大，右袒裂裟，左手持裟裟一角當胸結印，右手掌心向外下垂作接引狀，有的在佛右手下方繪有供養人禮拜像。到了沙州回鶻、西夏、元時期，由於洞窟型制的變化，原繪於背屏後的巨大阿彌陀佛接引像，轉移在洞窟的甬道頂部（4幅）。

尊像畫中的阿彌陀佛説法圖和説法像，與釋迦佛相比，雖然數量較少，但反映在信仰上，則是最強盛的。自隋代以來，人們致力於阿彌陀佛系統經變的創作，在圖像中竭力渲染西方極樂淨土的殊勝美妙和繁華富麗，在敦煌壁畫中，反映阿彌陀經變與觀無量壽經變內容的即達二百餘鋪，位居各類經變畫之首，就是最好的證明。

敦煌壁畫中表現阿彌陀佛西方淨土題材的大量出現，一方面反映了人們憧憬這虛幻的極樂世界，寄希望於來世往生彼土，同時也折射出人們對美的崇拜和追求。尊像中的阿彌陀佛的形象，因其相好與諸佛毫無差異，只能通過印相，即手的位置和指形的變化來區別。阿彌陀佛的印相，在諸佛中可算是種類最多且具特色的，其印相是通過雙手的拇指與食指、中指、無名指相捻作輪形，且由相捻二指的手的位置不同，分為上品上生、上品中生、上品下生、中品上生、中品中生、中品下生、下品上生、下品中生、下品下生等九種印相。這種印相是由釋迦佛的施無畏印和與願印變化而來的。應該説明的是，在印度佛教藝術中阿彌陀佛並無如此繁多的印

相，這些皆是中國佛教的創造。九品往
生印相所體現的往生程度和時間是有很
大差別的，最好的印相當然是上品上生
印，表示往生西方極樂世界時，阿彌陀
佛會率領全體聖眾前來迎接，受到最高
的禮遇。愈往下的，迎接的規格和待遇
愈低，往生的時間愈長。惡逆到下品下
生的人往生，阿彌陀佛只派遣像日輪一
般的蓮花來迎接，還須經過十二劫以後
才能達到目的，時間是那樣的遙遙無
期。

《觀無量壽經》中對西方極樂淨土殊
勝美妙的描寫，在諸佛的十方世界中，
還有哪個世界比得上這般美妙的樂土，
而且這個淨土世界向眾生敞開着大門，
無論何人，凡是聽聞或持念阿彌陀佛名
號而起信仰，並發誓投生彼淨土的，都
能接引到極樂世界來。"未生怨"故事中
說韋提希夫人面對親生兒子欲殺生父母
的罪惡現世而絕望，想脫離現世是她的
願望，通過"十六觀想"，願望和慾求獲
得滿足，在她眼前顯現的是光輝燦爛的
極樂淨土，於是對現世的絕望變成對來
世的希望。對於世人來說，何嘗不是如

此，在那個充滿絕望和不安的時代，在
那個充滿幻想並以神佛力量為主要支配
地位的精神世界裏，阿彌陀佛淨土的真
實性無疑得到民眾的認同。有生必有
死，藥師佛的靈丹妙藥終不能免去最後
的死亡，阿彌陀佛的出現，使人們非但
不再對死亡產生畏懼，而且獲得慰藉，
並由絕望轉向對來世的憧憬。因此，阿
彌陀佛一時成為了中國民眾精神信仰上
的主要崇拜對象，且長盛不衰。

敦煌尊像畫中的阿彌陀佛的印相特
徵，反映了人們信仰阿彌陀佛，往生淨
土的願望是何等的強烈，最終把阿彌陀
佛的印相簡化成"來迎印"，阿彌陀佛也
變成了"來迎佛"，世人只要誦唸佛號，
阿彌陀佛便即刻來迎。真可謂手續越來
越簡便，服務越來越周到。這種像的出
現，雖不無世人自私的自我安慰的意
味，但也蘊含着生活在亂世苦難中的人
們熱烈的希冀與期盼，透過尊像畫中阿
彌陀佛印相的含義，可以清楚地看到阿
彌陀佛的造型與淨土信仰之間的密切關
係。

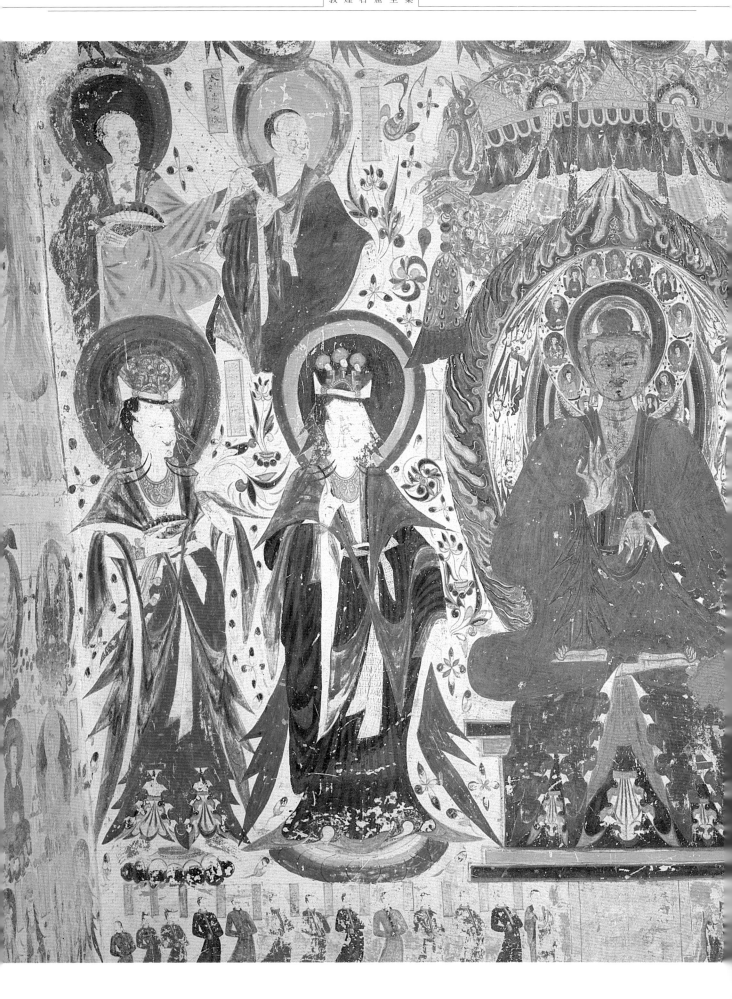

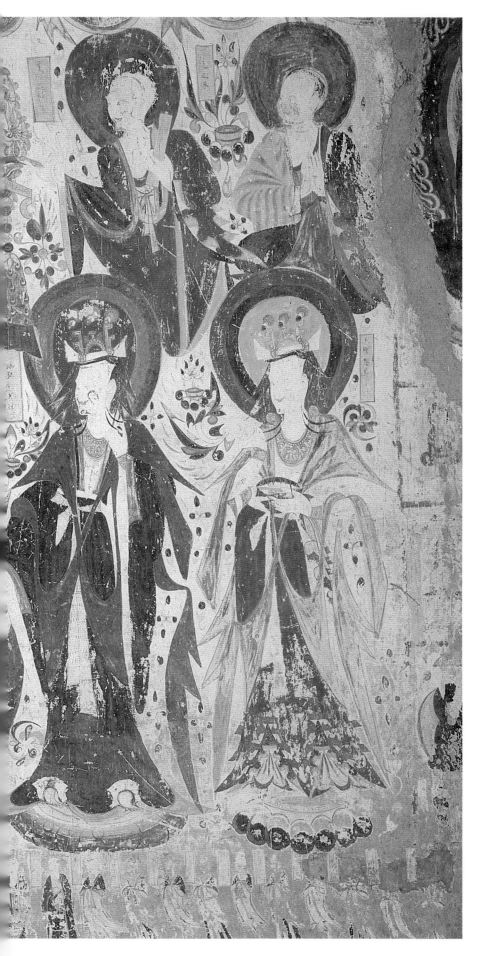

41 阿彌陀佛說法圖

阿彌陀佛與脅侍菩薩間繪有弟子像，構
成一佛二弟子二菩薩的說法格局。佛像
形體厚重敦實，弟子誠摯憨直，脅侍菩
薩頭戴低短的桃形三珠冠，手提淨水瓶
或持蓮供養。上方繪重層蓮花華蓋，角
飾火燄寶珠，垂掛幔帷，瓔珞，兩側飛
天手捧鮮花，冉冉飄降。

隋 莫311 北壁中央

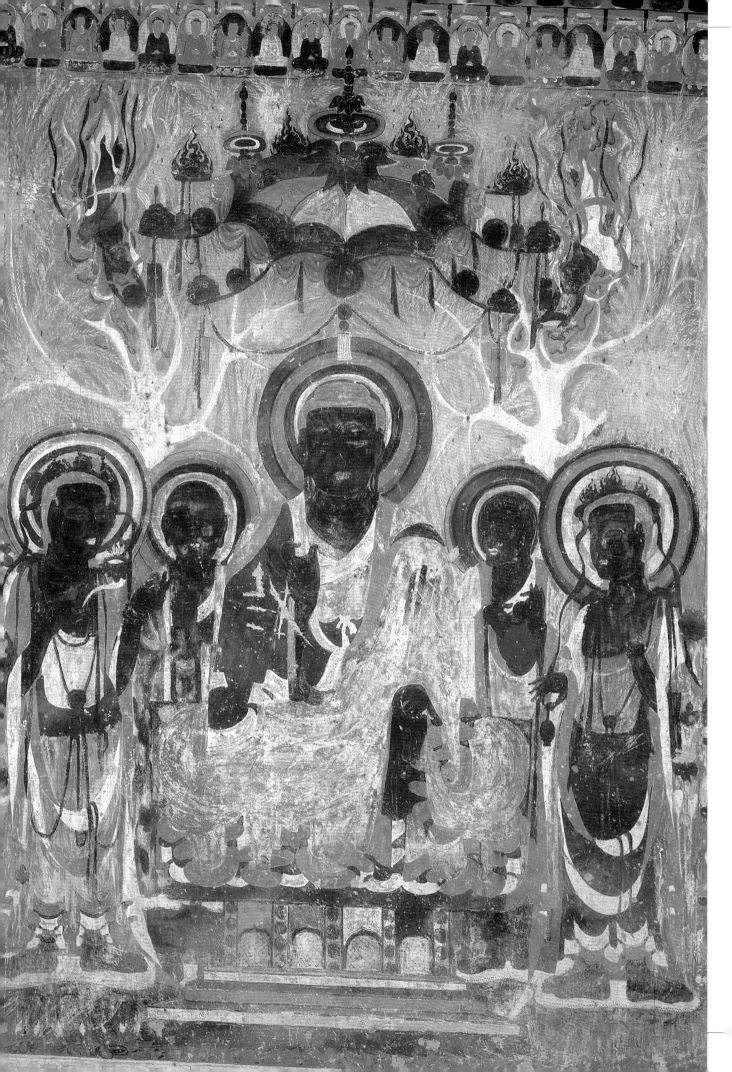

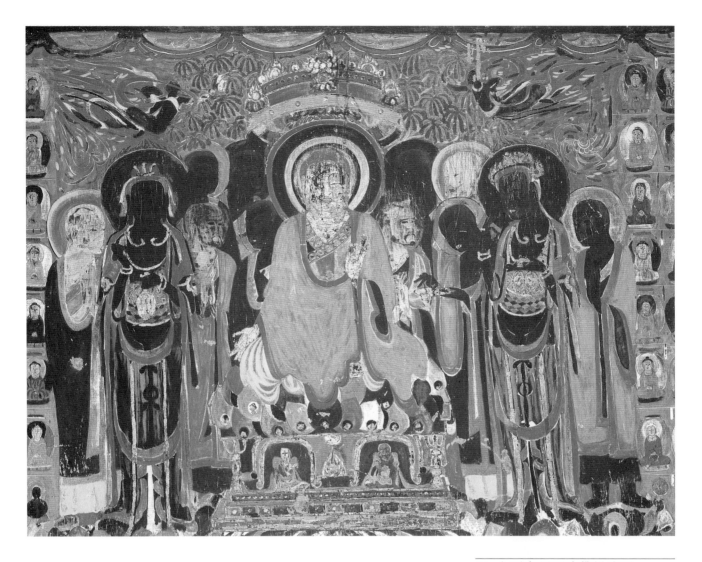

43 金剛座阿彌陀佛説法圖

阿彌陀佛結跏趺坐在金剛寶座上，脅侍二菩薩和十弟子像。佛軀體寬厚雄健，右脅侍菩薩持淨水瓶，左脅侍菩薩托蓮花，弟子們合掌、持香爐等，表情豐富生動。構圖井然有序，色彩豐富。

隋 莫420 東壁門上

42 榜題無量壽佛説法圖

無量壽佛着對襟大袍，結跏趺坐，手作施無畏印和與願印，垂目含笑，榜題"無量壽佛"。左右脅侍菩薩四身，榜題分別是"無盡意"、"文殊"、"觀世音"、"大勢至"。弟子四身，持鮮花供養，榜題分別是"阿難"、"迦葉"、"舍利弗"、"目連"。人物造型全然是南朝秀骨清像的風格。這是敦煌已知最早的一幅無量壽佛説法圖。

西魏 莫285 東壁北側

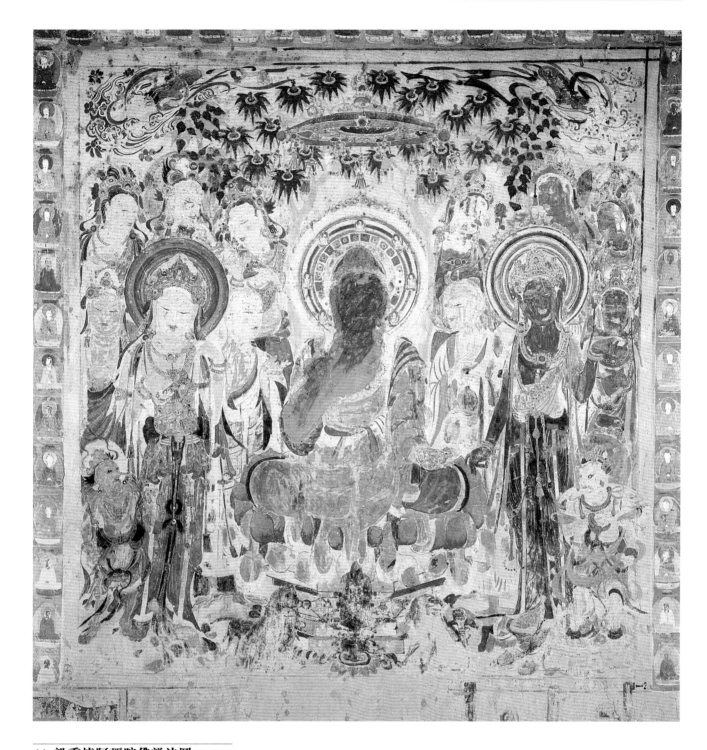

44 設熏爐阿彌陀佛説法圖

阿彌陀佛結跏趺坐，手施無畏印説法，
座前設熏爐，左右有雙獅守望。觀世
音、大勢至菩薩侍立兩側，弟子及聖眾
排列身後，金剛力士護衛於前，飛天翱
翔於彩雲中。此圖構圖緊湊，人物眾
多，描繪精緻，設色富麗。

初唐　莫57　南壁中央

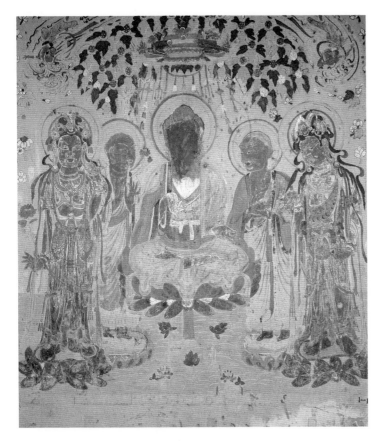

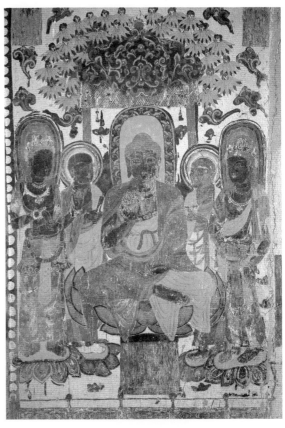

45 寶池蓮花座阿彌陀佛説法圖

阿彌陀佛坐寶池蓮花座上説法，脅侍觀世音和大勢至菩薩，金冠黑髮，項圈、臂釧、手鐲、戒指等皆以金飾。弟子虔誠立於佛陀左右。寶池微起漣漪，蓮花綻放，菩提樹青翠繁茂，飛天起舞散花。此圖已具有淨土變所表現的意境。

初唐　莫57　北壁中央

46 雙樹阿彌陀佛説法圖

阿彌陀佛於雙樹下結跏趺坐，頭戴化佛冠的觀世音和頭戴寶瓶冠的大勢至菩薩及二弟子侍立。佛陀法相莊嚴，弟子忠誠憨厚，菩薩束髮高髻，上身半裸，斜披天衣，羅裙透體，腰纏錦綾，儀態沉靜含蓄。

初唐　莫329　東壁北側

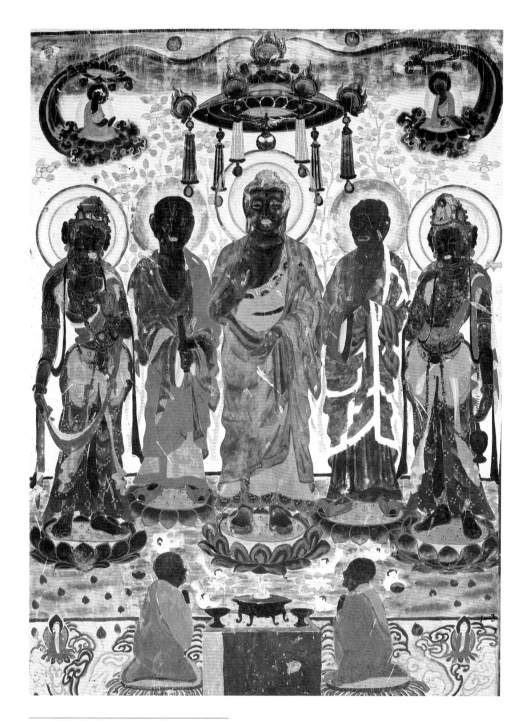

47 寶池蓮花台阿彌陀佛説法圖

阿彌陀佛立於寶池蓮花台上説法，年長
弟子，老成持重，年少弟子，憨態可
掬。脅侍觀世音、大勢至菩薩，豐滿端
莊，神情怡悦，平易可親，頗具世俗氣
息。

盛唐 莫205 南壁上部

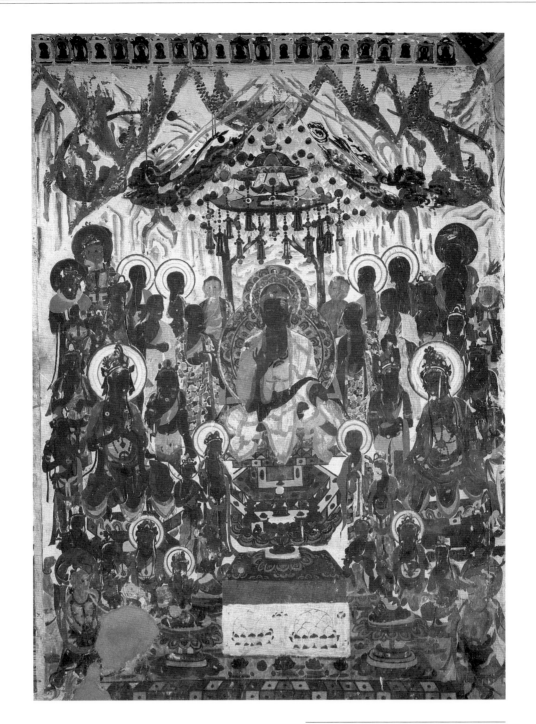

48 阿彌陀佛三尊說法圖

阿彌陀佛作來迎相，脅侍觀世音、大勢
至菩薩，頭盤寶髻，戴蓮花三珠冠，冠
繒長垂，面額豐潤，修眉俊目，眼神凝
注，緊閉雙脣，情態溫柔嬌稚。

盛唐 莫205 南壁西側

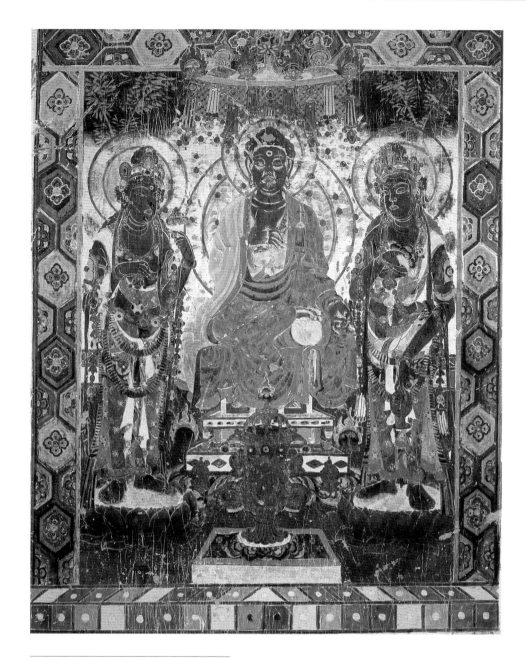

49 阿彌陀佛説法圖

阿彌陀佛結跏趺坐須彌座上,手作來迎
印,兩側蓮台上脅侍觀世音、大勢至菩
薩。座前案上設供器,具有鮮明的異域
風格。下有蓮池,上有寶蓋,後有茂林
修竹。外飾以十字花龜背紋邊框,別具
一格。

盛唐 莫444 南壁中央

第三節　　利益現世——藥師佛

敦煌尊像畫中，如果從諸佛繪製的數量上看，除千佛外，單體像最多的是東方淨琉璃世界的教主藥師琉璃如來，即常說的藥師佛。

任何宗教，必有其利益現世的一面，否則就難以引來大眾的信仰。佛教之所以在東方大地上愈演愈烈，就在於其理論越來越世俗化，越來越利益現世，說它能賜給虔誠的信者以無限的福惠，可以給你財寶福德，可以為你解除病魔苦難，甚至還可以保佑你生生世世永無煩惱。諸佛中，能賜給你克服病魔力量的即是藥師佛。

藥師佛（梵文Bhaisajyaguru），原意為醫藥大師，佛教中又作藥師如來、藥師琉璃光如來、大醫王佛等，為東方淨琉璃世界的教主。《佛說藥師如來本願經》中記述藥師佛在行菩薩道時，曾發下十二大願，令眾生所求皆得，救眾生之病源，治無明之痼疾，拔除眾生一切痛苦的煩惱。若有淨信藥師如來者，只要造立佛像，唸誦藥師如來本願功德贊，誦此經，思維其義，一切皆能遂其所願，求長壽得長壽，求富貴得富貴，求男女得男女，求官位得官位等等；若有病人欲脫病苦，或身患重病、死衰相現之時，只要家人受持齋戒，盡心供養藥師佛，讀誦藥師經四十九遍，以及燃燈、懸五色彩幡等，即能康復或得以蘇生續命。與"遂其所願"的十二大願相對

應的是"九橫死"。所謂九橫死，即九種非正常死亡，若是信仰供奉藥師佛，亦可免除。諸藥師經中對"九橫死"記載稍有不同，其大意是：一橫病無醫死，二橫王法誅戮死，三橫為非人奪其精氣死，四橫火焚死，五橫水溺死，六橫為惡獸吞食死，七橫為墜崖死，八橫中毒死，九橫飢渴死。藥師佛的脅侍菩薩，左為日光菩薩，右為月光菩薩，合稱為"東方三聖"。

關於藥師佛的形象，《藥師經》中雖勸人造立藥師佛像供養，但對其形象並未具體規定。敦煌尊像畫中的藥師佛造型，除少數在說法圖式中為結跏趺坐姿外，大量的藥師三尊像和獨尊像為立姿說法像，基本特徵是左手托鉢，內盛藥丸，右手持錫杖或施無畏印。從藥師佛手執的法器上考察，很明顯地與施藥救濟眾生諸病苦、除"九橫死"厄難、施予戰勝病魔無畏的精神力量有密切的關係。從其姿態上考察，多以立姿像為主，表現出步行前來救濟世人的姿態，這或許比坐像更能使人有接近佛的親切感，更能體現藥師佛利益現世眾生的主題思想。

敦煌尊像畫中的藥師佛像，最早出現在隋代第302窟和第305窟，有結跏趺坐姿和立姿兩種姿勢（2幅）。主尊藥師佛左手托鉢於胸，右手施無畏印，旁懸五色彩幡，脅侍日光、月光菩薩。

初盛唐的藥師佛像，多繪於洞窟東壁門兩側壁和西壁佛龕外兩側壁，以及西壁龕內盝頂四披上，其畫面構成有三種：

（1）藥師佛獨尊說法圖：多繪於西龕內盝頂四坡上，藥師佛立於蓮花上，左手托鉢，內盛藥丸，右手持錫杖，少數為左手結施無畏印（128幅）。

（2）藥師三尊說法圖：藥師佛與日光、月光菩薩三尊說法像，均為立姿像（3幅）。另外在第205窟有藥師佛立姿像與脅侍菩薩觀世音和地藏菩薩，組合成獨特的三尊，在尊像畫中僅一例（1幅）。

（3）七佛藥師說法像：第166窟的七尊藥師佛像分上下兩排排列，兩側脅侍菩薩，藥師佛右手施無畏印，左手托藥鉢。七尊藥師佛的組合是依據《佛說藥師如來本願經》中所說"應造七軀彼如來像"而繪製的（1幅）。

中晚唐的藥師佛像，多繪於西壁龕內盝頂四坡和甬道盝頂坡上，多為尊像式立姿說法像，左手托藥鉢，右手持錫杖或結施無畏印等，每窟內數量不等（280幅）。

五代、宋時期的藥師佛像，有獨尊式和說法圖式兩種。獨尊式的藥師佛立姿說法像仍繪於龕頂四坡或甬道坡上（約有百餘身），說法圖式多補繪於前代洞窟甬道頂上，藥師佛結跏趺坐姿說法，脅侍日光、月光菩薩和藥師十二神將，組成小幅面的說法場景（9幅）。

沙州回鶻時的藥師佛像，多繪於西壁龕外兩側壁上，有尊像式（18幅）和藥師三尊像（10幅）。西夏時也有尊像式（3幅）和藥師三尊像（2幅）。

敦煌尊像畫中數量眾多的藥師佛像，在唐代達到登峯造極的地步，往往在一個洞窟內不厭其煩地連篇繪製，反映出人們對藥師佛信仰供奉的熱情。以普度世人達到覺悟境地為理想的佛教，為了度眾的方便而出現種種利益現世的佛陀，受到大眾的信仰。如果說人生最大的危險，最恐懼的事情，莫過於死亡的威脅，對此賜予安心感的佛，是阿彌陀佛，那末賜予人以克服病魔的力量的，則非藥師佛莫屬。它賜予的不僅僅是延年益壽，消除肉體的病魔，而且還能醫治世人的心病，即"無明之痼疾"，以及免除"九橫死"厄難，正因為如此，藥師佛獲得了大眾的普遍信仰。

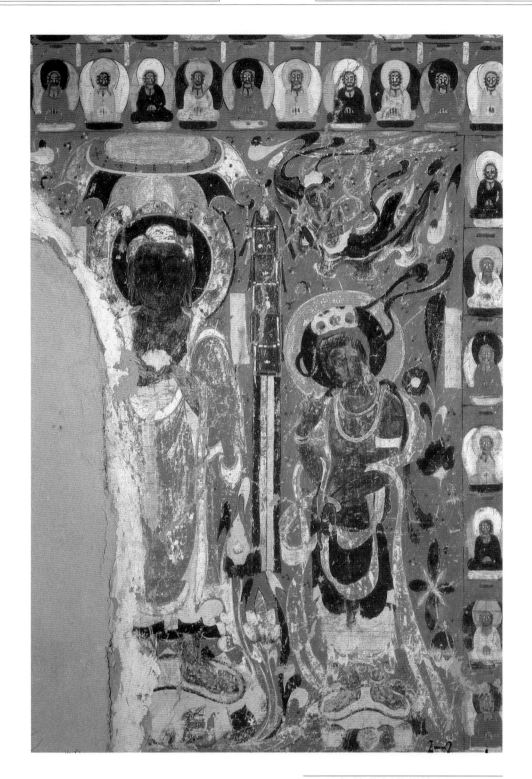

50　紅袈裟藥師佛説法圖

藥師佛身着大紅袈裟立於蓮花上，左手
托鉢於胸前，身旁長幡為五色續命神
幡，佛像左脅侍日光菩薩。上部飛天乘
雲飛翔，姿態生動，披巾腰帶當風飄
拂，動感強烈。此圖是敦煌壁畫中最早
的一幅藥師佛説法圖，左側為清代穿洞
鑿毀。

隋　莫302　南壁東側

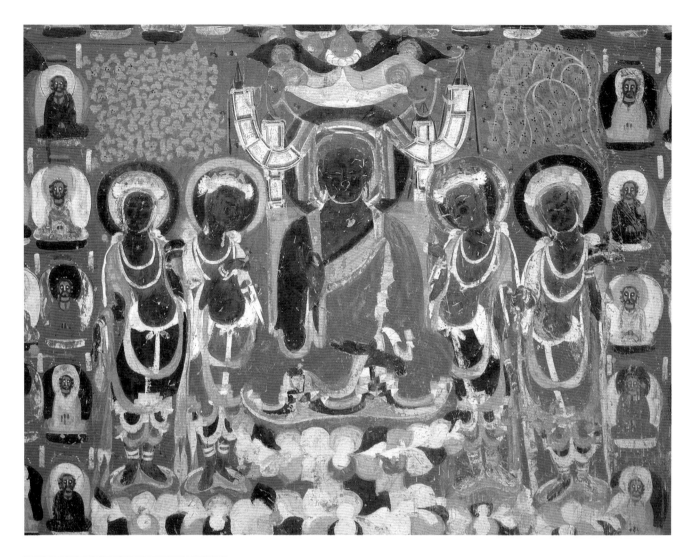

51 蓮花座藥師佛說法圖

藥師佛結跏趺坐蓮花座說法,身着大紅
袈裟,左手托鉢胸前,紅色鉢已與袈裟
的紅色融為一體,不易分辨。華蓋上懸
長幡。侍立兩側的四身菩薩,頭部微
傾,上身斜欹,腰肢輕擺,姿態嫵媚婀
娜。

隋 莫305 西壁北側

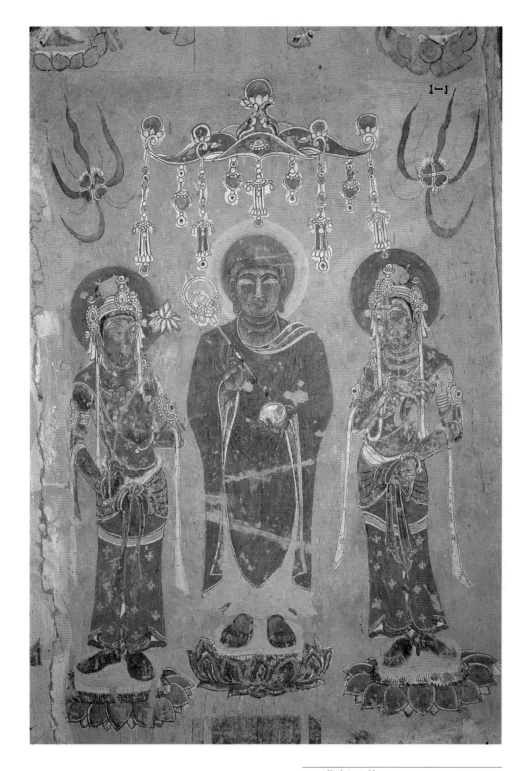

52 藥師三尊

藥師佛着通肩紅袈裟,右手執六環錫
杖,左手托飾有絞胎紋之藥鉢立於蓮花
上,脅侍日光和月光菩薩,亭亭玉立,
手執蓮花或作印契,項圈、手環、臂
釧、瓔珞嚴飾其身,珠光寶氣。人物畫
法仍然保留着凹凸法的流風餘韻。

初唐 莫322 東壁南側

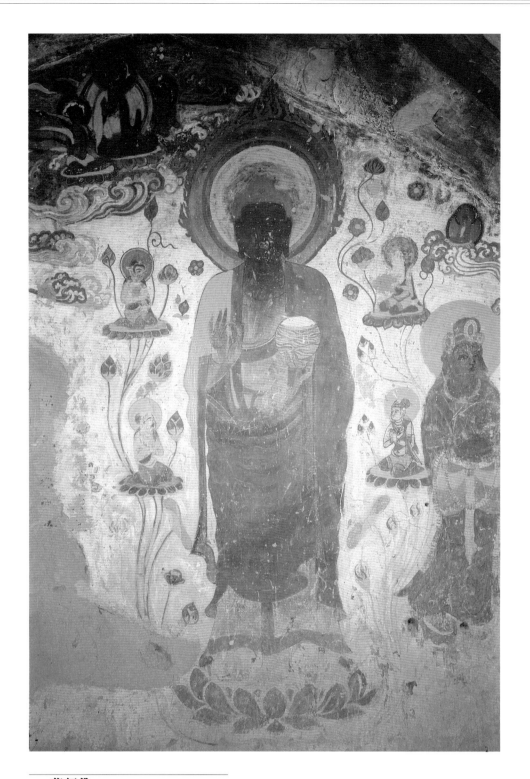

53 藥師佛

藥師佛立於蓮花台上，身着田相紋袈
裟，左手托絞胎藥鉢，右手結印説法。
足下蓮台生出蔓狀蓮莖，莖端蓮蕾含
苞，蓮花盛開，花中胡跪供養菩薩。構
圖新穎別致，描繪精細，是唐代藥師佛
造型的佳作。

初唐 西5 南壁中央

54 藥師、觀音、地藏三尊

藥師佛居中，左手托藥鉢，右手持九環
錫杖；左側是持淨瓶、楊枝的觀音菩
薩，右側是地藏菩薩。如此構成的藥師
三尊像，敦煌壁畫中僅此一例。

盛唐 莫205 南壁

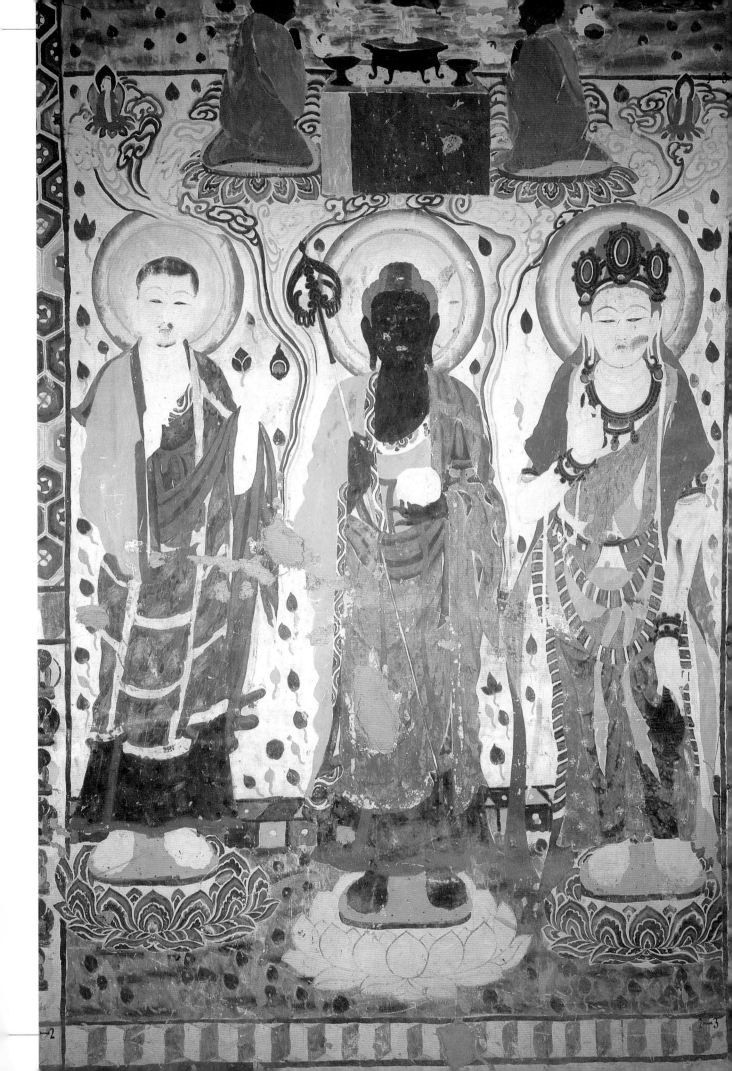

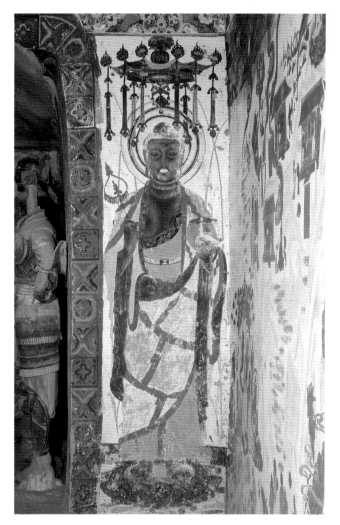

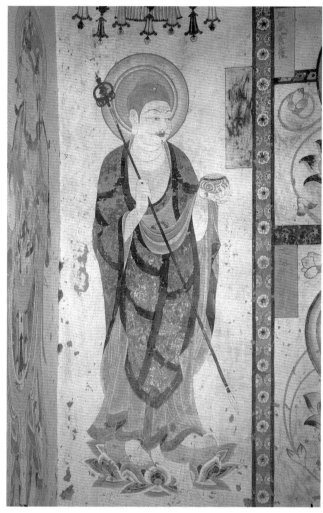

55 藥師佛

藥師佛立於蓮花上，身披袈裟，法相莊
嚴，左手持玻璃藥鉢，內盛救濟世人疾
病之藥，右手持錫杖，安詳肅穆。

盛唐 莫446 西壁龕外北側

56 藥師佛

藥師佛側身立於蓮花上，身披田相紋袈
裟，左手托絞胎藥鉢，鉢內盛滿藥丸，
右手握持錫杖靠於肩上，神情莊靜，法
相慈和。

中唐 榆25 東壁北側

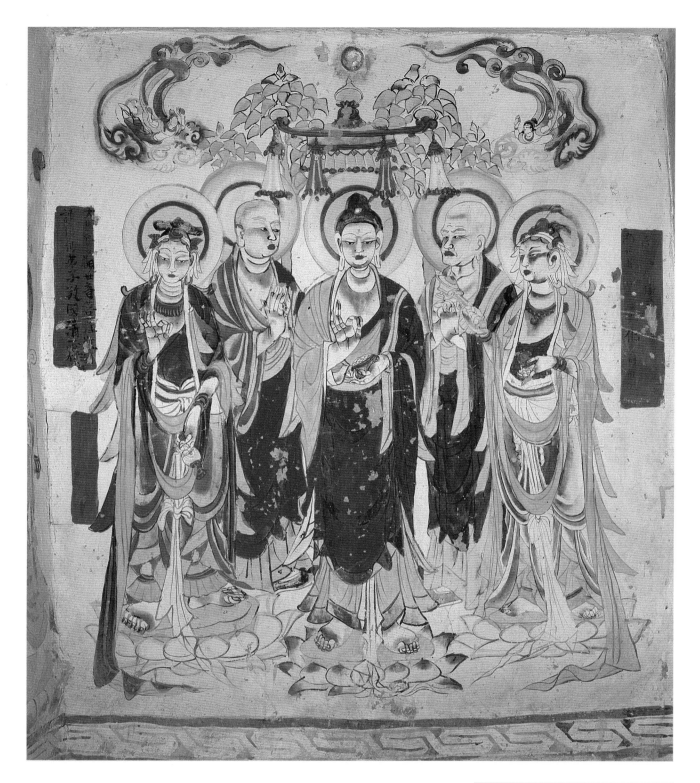

57 榜題藥師佛説法圖

藥師佛立於蓮花上，身披田相紋紅袈
裟，左手托藥鉢説法，兩側脅侍二弟
子、二菩薩。西側榜題為"南無藥師琉
璃光佛觀自在菩 薩眷屬聖□□普二為先
亡父母"；東側榜題為"大悲救苦觀世
音菩薩敬國 請信佛弟子敬國清一心供
養"。

中唐 莫220 甬道南龕內南壁

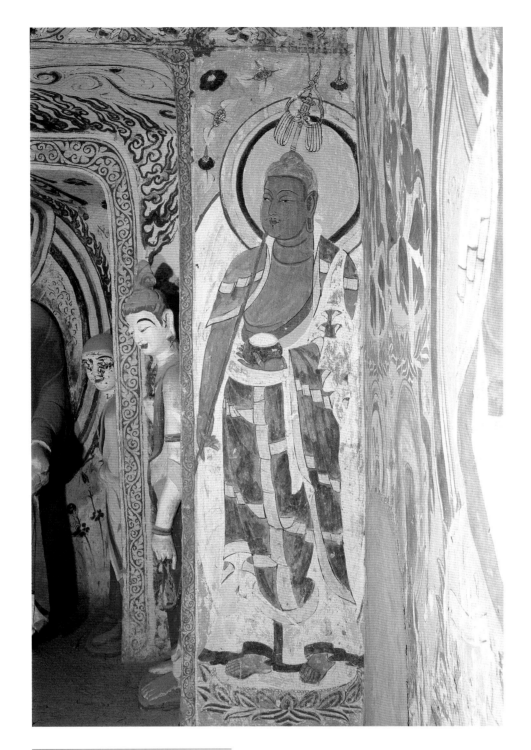

58 藥師佛

藥師佛形體高大勻稱，臉長而豐滿，眉
清目秀，左手托藥缽於腹前，右手執八
環錫杖斜靠肩上，腳踏大蓮花。造型具
有明顯的沙州回鶻時期的藝術特徵。

沙州回鶻 莫310 西壁龕外北側

第四節　　法統承傳——彌勒佛

在佛教中釋迦牟尼佛是現在佛，釋迦涅槃後，繼承釋迦為佛陀的是未來佛彌勒。彌勒（梵文 Maitreya）原意為慈悲，故又稱之為慈氏。依《彌勒上生經》和《彌勒下生經》所載，彌勒出生於婆羅門家庭，後為佛弟子，先佛入滅，往生兜率天住內院，以菩薩身為天人說法，又自為修行，等待將來成佛。釋尊曾預言授記，兜率天宮的彌勒菩薩在遙遠的未來降生於為婆羅門子，在龍華樹下成佛，繼釋迦牟尼佛之後成道而為彌勒佛或彌勒如來。

彌勒菩薩居住的兜率天是欲界六天的第四天界，有關兜率天的景象在《彌勒上生經》中有詳細的描述。寶殿、園林、珠寶、天女等無所不有，摩尼光迴旋空中，化作四十九重微妙寶宮，一晝夜相當人間四百年，居於此的天人，享受慾樂，壽命四千歲。兜率天分為內外兩院，外院屬慾界天，為天眾之所居，內院乃即將成佛的補處菩薩之居處，當年釋迦曾在此修行，釋迦的母親摩耶夫人生釋迦七日後逝世亦往生此處。現在彌勒以補處菩薩和釋迦繼承人身份在此居住，宣講佛說，自為修行，等待將來成佛。彌勒居住的兜率內院，又被稱為彌勒淨土。這裏殊勝美妙，向一切眾生敞開大門，只要按照規定方法修行，死後即可往生於此，免除輪回永不退轉，若待到彌勒降生成佛時，也可隨同前往

人間受法，最後獲得解脫。

關於彌勒菩薩降生時間，釋尊預言彌勒在兜率天居滿四千歲，合人間五十六億七千萬年以後，下降人間托生於翅頭末城中的婆羅門修梵摩和梵摩拔提以為父母，後出家修道，於龍華菩提樹下成佛。此時的世間其地平淨如鏡，到處是奇景異色，金銀珠寶，人民無水火刀兵饑饉毒害之苦，雨澤隨時，稼禾滋茂，百味俱足，一種七收，樹上生衣，各取所需，人壽四萬八千歲，女子五百歲乃行出嫁等等。彌勒成佛時，那些未受到釋迦佛教示得救的人將全部得以解救。這樣一來，彌勒無論是兜率天的菩薩，還是下生成佛，都吸引了世俗人們的目光，受到了世人的信仰。一方面人們希望身後往生彌勒淨土，值遇彌勒；另一方面又急切地期盼彌勒早日成佛，享受彌勒世界的無上美妙。

印度彌勒菩薩造像盛行於貴霜時代（公元 1～3 世紀）和波羅王朝（公元715～1150 年）。貴霜時代犍陀羅雕刻的彌勒菩薩左手提着標誌婆羅門出身的淨瓶，已出現交腳坐像。波羅王朝的彌勒菩薩左手持一枝長莖龍華，既有立像，又有善跏趺坐像。彌勒佛像比較少見。

敦煌尊像畫中的彌勒像，有在兜率天為天人說法的彌勒菩薩像和下生成佛的彌勒佛像兩種。隋代流行彌勒菩薩像，初盛唐流行彌勒佛像。在敦煌石窟

中，彌勒造像常見的説法身姿有三種：半跏思惟坐、交腳坐、善跏趺坐。前兩種身姿主要表現在雕像上，壁畫中較少見，而善跏趺坐，為隋唐以來的彌勒像的基本姿勢，也成為彌勒像造型與其他菩薩、佛像最明顯的區別點。

彌勒菩薩説法圖，出現在隋代，彌勒菩薩頭戴坐佛冠善跏趺坐，手作説法印，周圍脅侍菩薩、弟子等（6幅）。頭戴坐佛冠的彌勒，其冠上坐佛是依據《彌勒下生經》中所載彌勒菩薩"以嚴天冠，其天寶冠有百萬億色，一一色中有無量百千化佛"所繪製的，因無法表現全數，故以一尊坐佛來代表。在印度的彌勒菩薩像，寶冠上只有小塔，沒有化佛，化佛是觀世音菩薩的標識。

彌勒佛説法圖出現在初盛唐，其造型特點是以善跏趺坐的佛像代替了菩薩像。這一轉變，從信仰的角度看，似乎是從兜率淨土信仰發展成為彌勒下生成佛信仰，同時也與武周時期彌勒下生成佛的信仰熱潮有密切的關係。初盛唐的彌勒佛説法圖，多繪於洞窟正壁佛龕頂部。説法圖中圍坐着眾多的供養菩薩和弟子像，構成一個較大的説法場景（5幅）。與同時壁畫中的彌勒經變相比較，這些説法圖的構成與經變中央部分的説法場景大致相同，如果在其四周繪上有關彌勒世界的故事內容和景象，就成為彌勒經變了。

由於初盛唐中國與印度、東南亞諸國往來頻繁，新的彌勒菩薩圖像也傳至中國，在唐代第323窟壁畫中有一尊頭戴佛塔寶冠的彌勒菩薩像。這種頭戴佛塔寶冠的彌勒菩薩像大約出現於印度笈多王朝（公元320~600年）末期，8、9世紀波羅王朝時代，已成為印度和東南亞佛教藝術中辯認彌勒菩薩像的重要標識。彌勒菩薩與佛塔的關係，有人解釋為彌勒冠中的佛塔是代表迦葉的窣堵波（Stūpa），於此，迦葉靜待彌勒成佛，以便傳付釋迦之僧衣，表現了彌勒繼承釋迦法統，説法度眾的特質。這一故事情節，在唐代的彌勒經變中也有繪製。

敦煌尊像畫中的彌勒菩薩像和彌勒佛像，其特徵就是善跏趺坐，雖不見壁畫榜題標明，但為彌勒像無疑。加上雕像造型中的交腳式和半跏思惟式，彌勒有三種造型。在這三種彌勒造型中，交腳式是印度古已有之的坐姿。在公元1世紀以後貴霜時代的菩薩像中已出現，用於彌勒像，表現為在兜率天宮內院為天人説法的姿態。半跏思惟式，顧名思義為思惟像，右手支頤乃表現沉思的姿態，而半跏即安詳、寬坐的姿態，也即是表現彌勒在兜率天上構思下生成佛後未來的理想世界，以及如何救濟眾生等。善跏趺坐的造型，與彌勒有何關係還不甚明瞭，但可以理解為彌勒菩薩迎接世人往生兜率淨土和彌勒下生成佛所特有的標識。

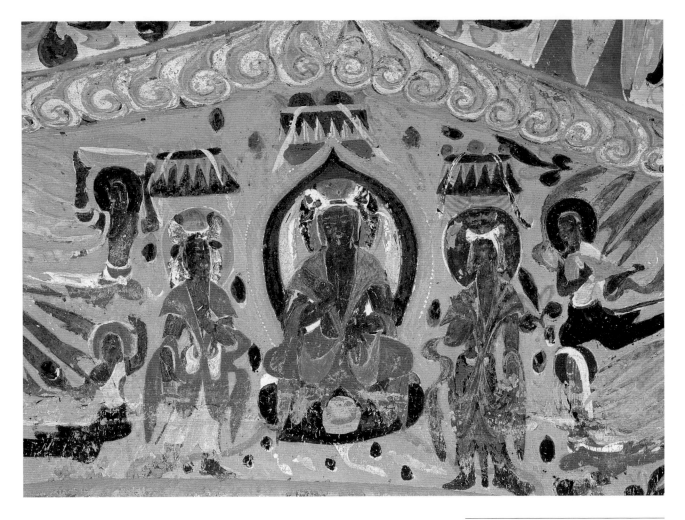

59 交腳彌勒菩薩說法圖

彌勒菩薩交腳而坐，頭戴寶冠，披巾交
叉於腹前。脅侍菩薩侍立兩旁，姿態瀟
灑。十餘身飛天伎樂，彈奏樂器，為彌
勒菩薩於兜率天說法的場面增添了歡快
的氣氛。

西魏 西7 中心柱東向龕楣

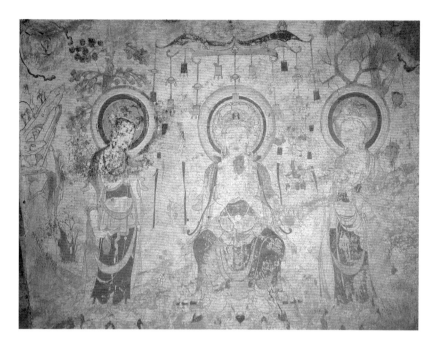

60 彌勒菩薩説法圖

彌勒菩薩善跏趺坐於須彌座上,雙手結
印説法。兩旁菩薩頭戴三珠冠,飾耳
環,佩瓔珞,站姿略彎曲,皮膚塗白
粉,微加點染,各持柄香爐和蓮花、淨
瓶供養。身後的山岩,已見石分三面,
雙樹表現生動。

隋 莫276 北壁

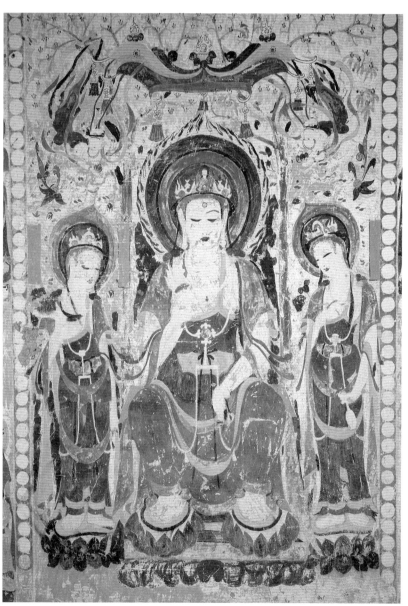

61 彌勒菩薩説法圖

彌勒菩薩頭戴化佛冠,善跏趺坐於須彌
座上説法,左右二菩薩脅侍,頭戴化佛
冠的彌勒圖像,在壁畫中不多見。雖然
北涼第275窟的彌勒菩薩塑像在寶冠上也
塑出了坐佛像,但卻不見於當時的壁
畫。

隋 莫390 北壁中央

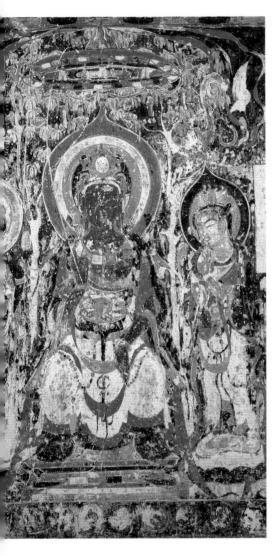

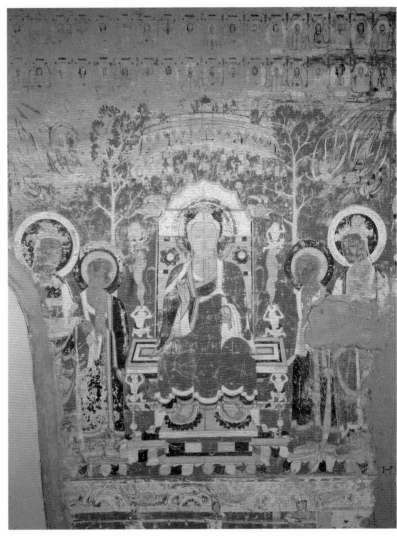

62 龍華樹彌勒說法圖

彌勒菩薩善跏趺坐說法，上有華蓋，身
後有兩株龍華樹，表明彌勒下世成佛，
菩薩脅侍左右。它與窟內北壁的迦葉佛
說法圖和西壁龕內主尊釋迦佛塑像，共
同組成繪塑結合的過去、現在、未來三
世佛題材。

隋 莫404 南壁

63 背屏座彌勒說法圖

彌勒佛善跏趺坐須彌寶座上說法，佛座
背屏獨特，飾有象、獅、童子等，具有
印度風格。兩側菩薩、弟子侍立，華蓋
垂掛瓔珞，飛天散花供養。背屏後的雙
樹，樹幹蒼勁，枝葉繁茂，裝飾性很
強。此圖兩側被清代穿洞破壞。

隋 莫405 北壁中央

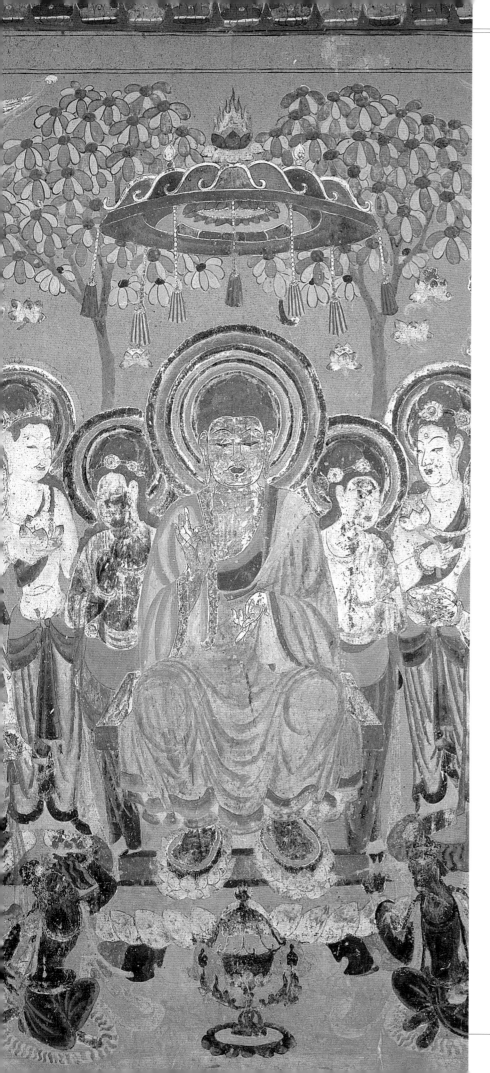

64 紅袈裟彌勒説法圖

彌勒佛身披紅袈裟，善跏趺坐，足踏雙
蓮，兩側菩薩擁立。佛座前設供器，造
型奇異。菩薩面相豐潤，神態端莊，表
情各異，似在竊竊私語，或默默傳情。
衣紋服飾簡約大方，線描圓潤有力，色
彩淡雅而樸實。

初唐　莫322　南壁中央

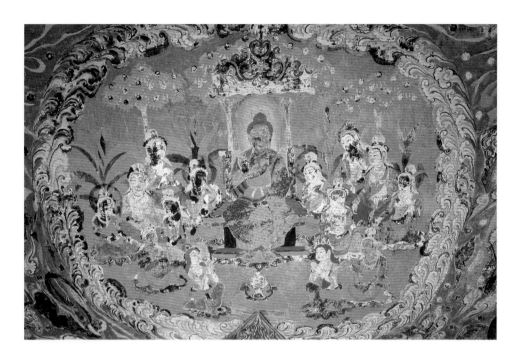

65　彩雲彌勒説法圖

彩雲環繞中彌勒佛善跏趺坐説法，眾菩
薩恭敬虔誠地聆聽説法。這些菩薩，寶
冠黑髮素面，面容相似而姿態各異，溫
柔慈和。背後是菩提樹和碧綠的芭蕉，
頗有南方園林情調，安寧靜謐。

初唐　莫334　西壁龕頂

66　天衣座彌勒説法圖

捲雲中彌勒佛善跏趺坐説法，脅侍菩
薩、弟子、聽法聖眾等，人物眾多，場
面宏偉。彌勒寶座為方形靠背椅並有三
角形錦褥裝飾，這是隋唐時傳自西域和
印度的新的寶座式樣。

盛唐　莫328　西壁龕頂

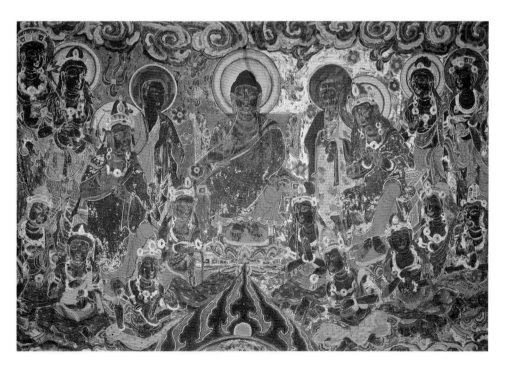

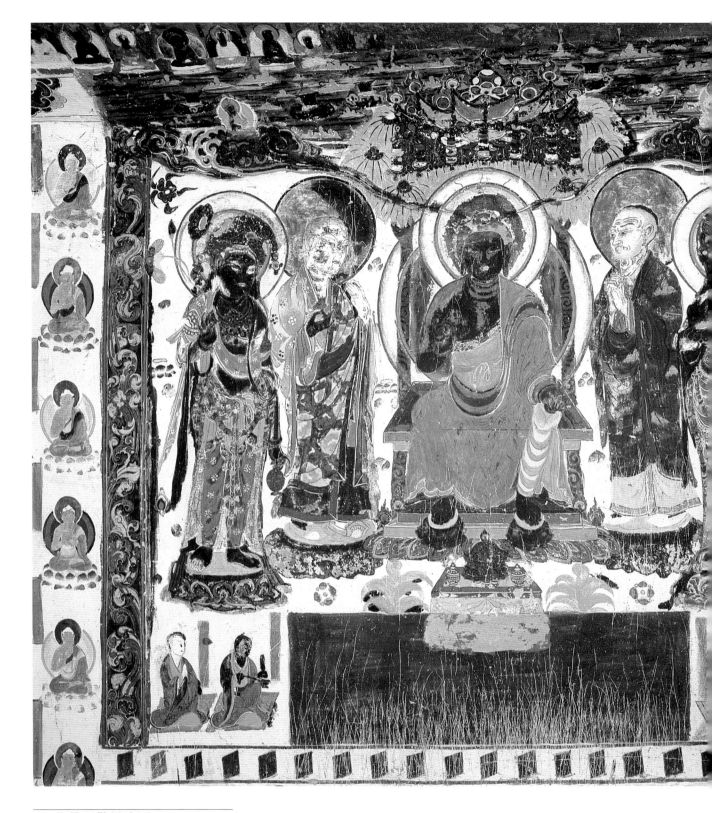

67 化佛彌勒説法圖

彌勒佛善跏趺坐寶座上説法，頭光化現
兩道彩雲，雲頭化佛端坐。右側弟子老
成睿智，顴頜高聳，鋭鼻下垂；左側弟
子少年英俊，若有所思。脅侍菩薩，寶
飾嚴身，遍體綺羅，輕紗透體，風姿綽
約。

盛唐 莫387 東壁門上

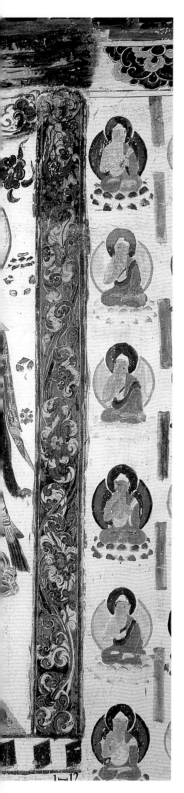

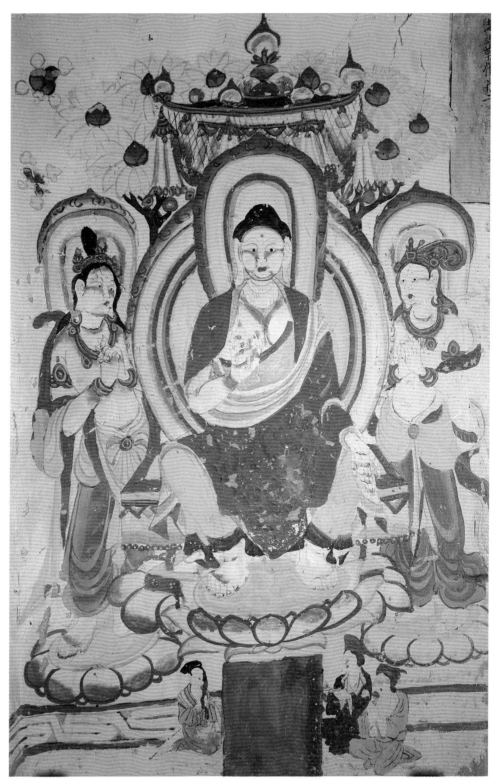

68　榜題彌勒説法圖

彌勒佛善跏趺坐蓮花須彌座上，施印説法，足踏蓮花。脅侍菩薩雙手結印立於兩側。勾線雖略顯草率，但敷彩鮮明。榜題為"造彌勒佛並二菩薩一軀"。

中唐　莫220　甬道南龕內西壁

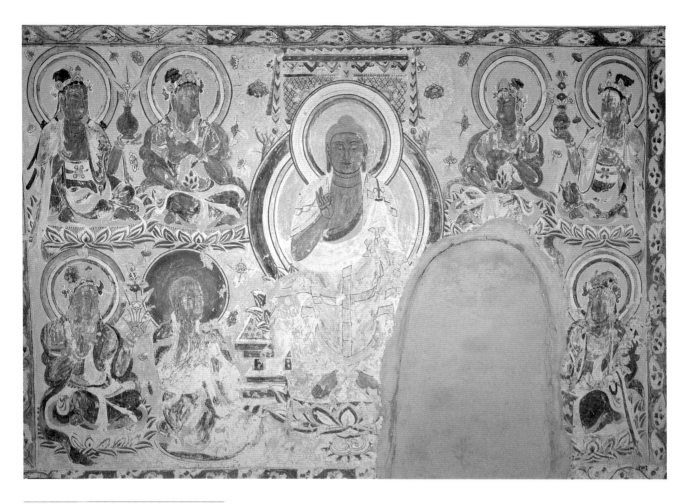

69 彌勒説法圖

説法圖為一佛六菩薩二弟子的組合。彌
勒佛雙目低垂，善跏趺坐説法，頭頂有
網縵紋華蓋，足踏蓮花。菩薩、弟子上
下兩排脅侍。人物面相均長圓形，柳眉
細眼，修鼻豐頤，是沙州回鶻時期人物
造型的特徵。在繪畫風格上，受到中原
及回鶻高昌佛教藝術的影響。

沙州回鶻　莫310　南壁

第五節　　時空交織——三世與十方諸佛

　　佛教是一個特別講究法統承傳的宗教，在其發展過程中，為了證明其法統承傳的可信性，創造了龐大的諸佛系統，這就是體現在時間上和空間上的三世與十方諸佛。

　　三世（梵文 Trayo-dhvanah），又作三際。世，為遷流之意，為過去世（梵文 Atitā-dhvan）、現在世（梵文 Pratyutpannā-dhvā）、未來世（梵文 Anagātā-dhvan）的總稱。所謂三世，指一個人現在生存之現世，出生以前生存之前世及命終以後生存之來世。又有以現在之一剎那為中心，及其前後稱為三世者，以“劫”為單位，稱為三劫，即過去莊嚴劫（梵文 Vy·ha-kalpa）、現在賢劫（梵文 Bhadra-kalpa）、未來星宿劫（梵文 Naksatra-kalpa），以此而建立三世。小乘佛教主張一世一佛，大乘佛教則認為空間充滿諸佛，在時間上普現於三世，稱之為三世諸佛。在空間上即為十方（梵文 Dasadisah），是四方、四維、上下的總稱，也即是東、西、南、北、東南、東北、西北、西南、上、下。佛教主張十方有無數世界及淨土，稱為十方淨土、十方世界等，其中之諸佛則稱為十方諸佛，這樣就在時空上構築起龐大的三世、十方諸佛系統，繁衍其源遠流長的法統承傳。

　　三世與十方諸佛，在佛教諸經論中所列舉之名稱和數目各不相同。這裏僅就敦煌尊像畫題材中固有的千佛、過去七佛、三世佛、十方佛等加以論述。

一、千佛

　　敦煌尊像畫中的千佛像，數量巨大，貫穿整個敦煌石窟，幾乎每一窟內都有繪製。北朝時期的千佛圖像，開始多繪於洞窟四壁，到北周時，漸由四壁向窟頂四坡發展。北朝時的千佛造型特徵為千佛結跏趺蓮花座，禪定印，千佛頭光、身光、服裝的顏色以八身為一組，成組地循環排列，形成斜向的道道色帶，表現千佛“佛佛相次，光光相接”的意境。從現知的千佛榜題可知是根據《三千佛名經》和《觀藥王藥上經》繪製的過去莊嚴劫、現在賢劫、未來星宿劫的三世三千佛。

　　隋代的千佛像大量繪製，較之北朝更為突出，佈滿洞窟四壁和窟頂，數目龐大。

　　初盛唐由於經變畫的發展，逐漸佔據洞窟四壁顯要位置，千佛像多繪於窟頂四坡，遂成定式。初盛唐的千佛像，造型更加豐富多樣，除繼續流行結跏趺坐禪定相的千佛像外，根據其坐姿和印契的不同，出現了三種新的造型。其一為結跏趺坐姿，右手上舉，左手撫膝；其二為結跏趺坐姿，雙手結說法印；其三為善跏趺坐姿，右手上舉，左手撫膝。初盛唐多種形姿的千佛像的出現，說明這時千佛的題材有了新的變化。特別是從善跏趺坐姿多表示未來佛身份這一特徵來推測，在窟內共繪不同坐姿的千佛像，可視其表現的是三世三千佛。而其他仍佔初盛唐千佛像主流的結跏趺坐禪定相千佛，在一窟內的數目大大超過千數，由此推測，表現的內容大體上也可視為是三世三千佛。

中晚唐的千佛像，均繪於洞窟窟頂四坡上，中唐時的千佛像多承襲前期遺風。晚唐時，隨着大型洞窟的開鑿，千佛形體增大，印契有禪定印和說法印兩種，交替出現。從現有的榜題看，表現的千佛則以現在賢劫千佛為主。

五代、宋的千佛像，形體較大，多承襲晚唐千佛像的特徵，內容則全是現在賢劫千佛。沙州回鶻、西夏時期大量繪製千佛，在西夏重修和妝鑾洞窟時，有的洞窟全是千佛像，這種現象直至西夏結束。元代的洞窟則極少繪千佛。

二、七佛

過去七佛是指釋迦牟尼佛及其出世前所出現的六佛，共七位，即毗婆尸佛（梵文Vipasyin）、尸棄佛（梵文Sikhin）、毗舍浮佛（梵文Visvabh·）、拘留孫佛（梵文Krakucchanda）、拘那含牟尼佛（梵文 Kanakamun）、迦葉佛（梵文Kasyapa）與釋迦牟尼佛。在三世三千佛中，毗婆尸佛，尸棄佛、毗舍浮佛是過去莊嚴劫中最後三佛，拘留孫佛、拘那含牟尼佛、迦葉佛、釋迦牟尼佛為現在

賢劫的首位佛。單獨表現過去七佛，是依據《長阿含經》和《增一阿含經》繪製的。

敦煌尊像畫中的過去七佛像最早繪於西魏時，壁畫上七佛一字橫排，佛結跏趺坐須彌座和蓮花座，着通肩袈裟，作說法印，兩側脅侍菩薩。

隋代的過去七佛像均繪於洞窟東壁門上，形象為結跏趺坐禪定相（5幅），從現存榜題看，七佛的譯名略有不同。

唐代的過去七佛像，承襲隋代七佛說法像的表現形式（17幅），大部分是結跏趺坐像，七佛中只有兩身為善跏趺坐佛像，均無榜題，表現的應是過去七佛。

五代、宋所繪過去七佛像，其位置由窟內移向窟前室壁門上，為結跏趺坐禪定像（8幅）。

沙州回鶻和西夏時期的過去七佛像（7幅）中，第245窟和第418窟只繪五身佛像，表現的是七佛中的前五佛，無迦葉佛和釋迦佛。

三、三世佛

敦煌尊像畫中的三世佛，則是指以現在佛釋迦牟尼為中心，表現釋迦之前的過去佛迦葉和釋迦之後的繼承者未來佛彌勒。這種表現過去、現在、未來的三世佛組合，在敦煌北朝尊像畫中有北魏的三佛立姿說法像（1幅）和西魏的三佛結跏趺坐說法像（1幅），此三尊佛

名，雖無榜題，但可視為表現的是三世佛。

隋代的三世佛說法圖，則是以繪塑組合的形式出現，即在洞窟北壁畫結跏趺坐佛說法圖，南壁繪善跏趺坐菩薩說法圖（可推斷是表現彌勒菩薩說法圖），與西壁佛龕內釋迦佛塑像一鋪，形成三壁共同表現三世佛的格局（4窟）。

初盛唐的三世佛像，承襲隋代以來的繪塑組合形式，以三壁表現三世佛（6窟）。但此時的未來佛造型，除一主尊為彌勒菩薩外，其餘全都是善跏趺坐的彌勒佛像。在這些說法圖主尊的兩側，都分別脅侍有數量不等的菩薩和弟子像，有的還出現了脅侍天王像。另外還將三世佛組合繪於洞窟東壁門上和窟頂坡上（3窟），圖中迦葉佛和釋迦佛結跏趺坐，彌勒佛為善跏趺坐。盛唐以後，壁畫中再無三世佛組合圖像。

四、十方佛

敦煌尊像畫中的十方諸佛像，見於榜題可確知為十方佛的出現在中晚唐。在第231窟西壁龕外西側壁經變畫上方繪數身跏趺坐佛像，榜題為："東方不動佛"、"西方無量壽佛"、"南方寶相佛"、"北方天鼓音佛"、"上方廣眾佛"、"下方寶行佛"等。

宋代第152窟繪於洞窟甬道西壁的十方佛，現存榜題有："西方覺華佛"、"南方日月燈明佛"、"北方發功德佛"、"東北方空離垢□佛"、"西北方大神通王佛"、"西南方無生自在佛"、"上方琉璃藏珠佛"、"下方同像空無佛"等，東方和東南方佛名泯滅。

沙州回鶻時期十方佛（2幅）中，第97窟殘存有榜題："西方普光佛"、"南方綱明佛"、"東北方明智佛"、"西北方華德佛"、"西南方上智佛"、"□方寶積佛"等。榆林窟第39窟榜題完整，表現的是《大寶積經·功德寶花敷菩薩會》中十方十佛。

敦煌尊像畫中的三世和十方諸佛像，在時間和空間上構築了龐大的諸佛體系，極大地豐富了敦煌尊像畫中佛像的種類，這些數目眾多的佛像繪於石窟中，使這個佛國世界顯得更加完整、壯大。

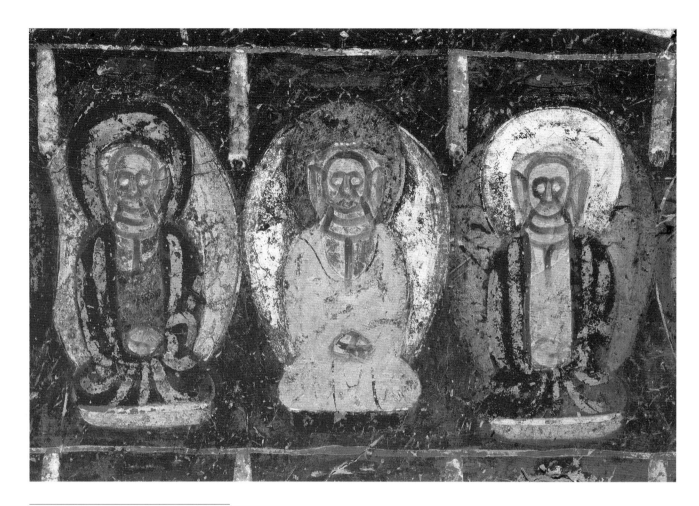

70 八身組千佛

千佛身着雙領下垂和通肩兩式袈裟，相
間排列。頭光、身光、服裝的顏色以八
身為一組，每身各不相同，顏色的排列
順序成組循環，形成斜向的條條光帶，
表現出千佛"佛佛相次，光光相接"的
景象。

北涼 莫272 東壁北側

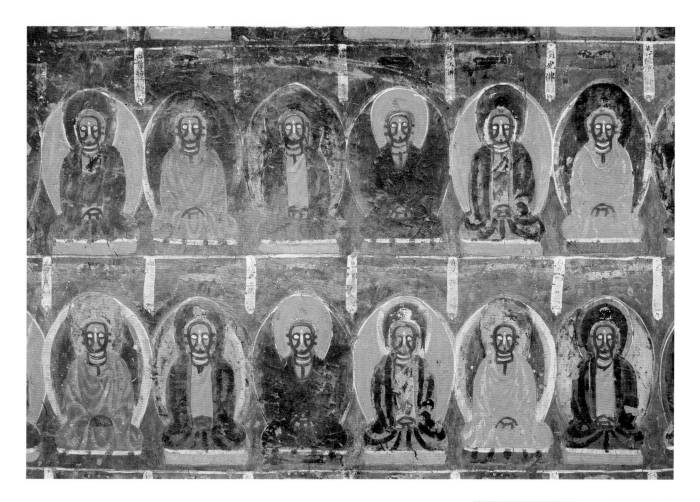

71 三劫千佛

窟內四壁共繪有千佛一千二百三十五
身,大部分有榜題,表現的是三劫三千
佛,它們分別是過去莊嚴劫千佛、現在
賢劫千佛、未來星宿劫千佛。這些千佛
的頭光和身光以四身為一組交替變化,
使整個畫面有一種節奏感。

北魏 莫254 北壁

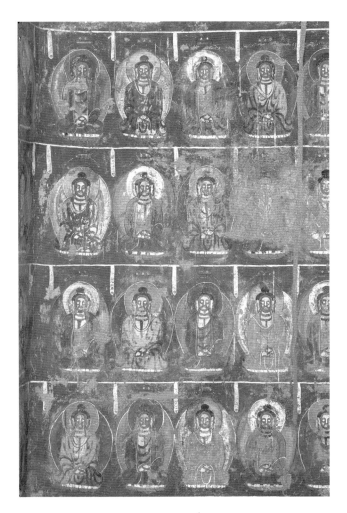

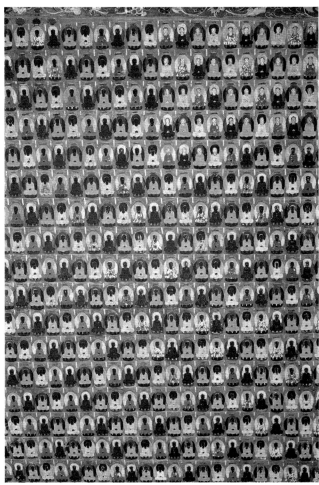

72　千佛

千佛用不同顏色在頭光、身光、袈裟上
反復交替填塗，形成光光相接，莊嚴神
聖的宗教氣氛。這組千佛，下部色彩如
新，近似北魏原貌，而不在畫面之內的
上部則明顯變色。

北魏　莫263　東壁北側

73　四身組千佛

隋代的千佛與北朝時期相比較，形體較
小，但數量增多，組合形式也由北朝時
常見的八身一組變為四身一組。千佛面
部採用平塗設色並以線描造型，有的還
在面部貼金箔。

隋　莫427　人字坡頂西坡

74　托鉢千佛

千佛結跏趺坐於蓮花座上，排列成整齊
的圖案形式，富於裝飾效果，有趣的是
千佛像的結印不是常見的禪定印，而是
左手托鉢，右手施無畏印，不同於其他
洞窟的千佛造型。

盛唐　莫79　頂東坡

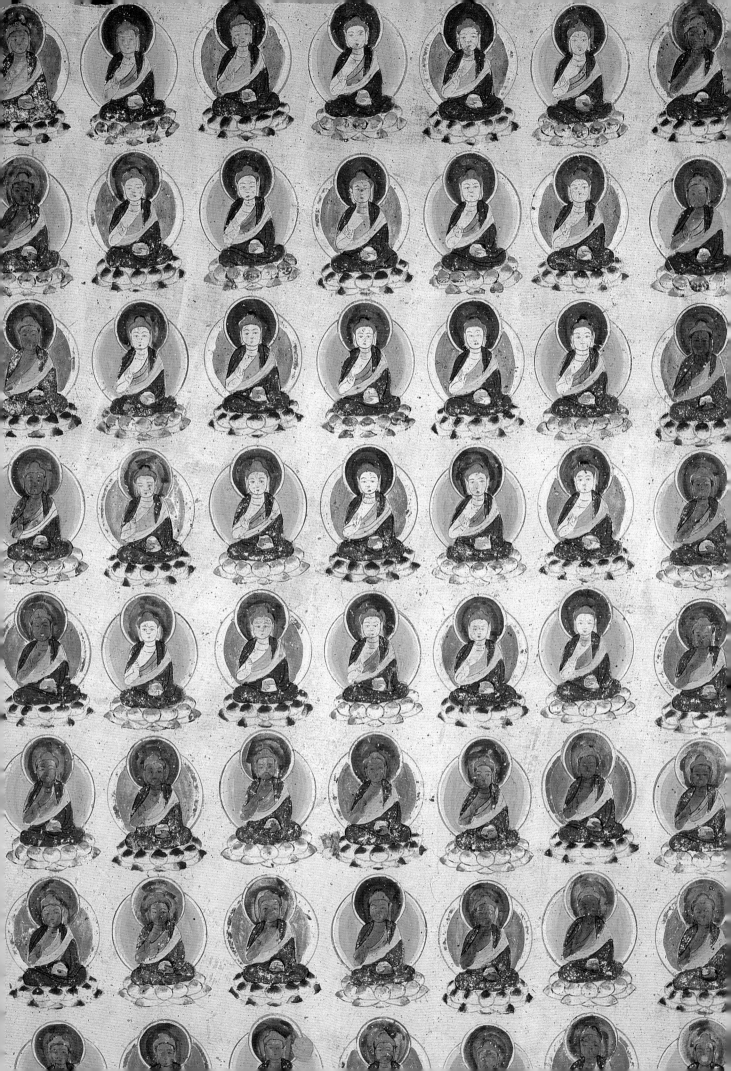

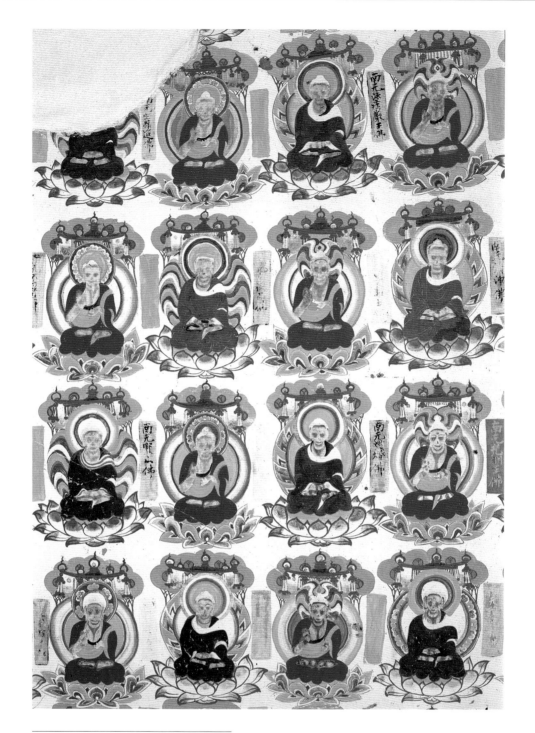

75 榜題四身組千佛

千佛結跏趺坐，身着通肩和右袒袈裟，
雙手作説法印和禪定印。上有華蓋，頂
置寶珠，垂懸帷幔、瓔珞。頭光和身光
的圖案裝飾形式多樣，橫排四身一組，
豎排二身一組地循環交替排列。千佛的
部分榜題清晰可見。
晚唐 莫196 頂北坡

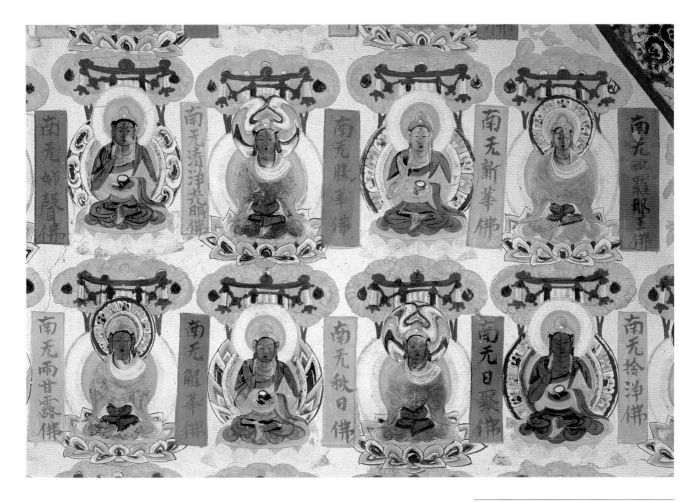

76 榜題雙樹千佛

千佛結跏趺坐蓮花座式，手結法界印或
托鉢，每間隔一身相同，袈裟式樣與賦
色亦相間循環，形成統一的格式，富有
節奏感和裝飾效果。千佛身後均有雙
樹，一側有榜題，字迹清晰。

五代 榆16 主室窟頂南坡

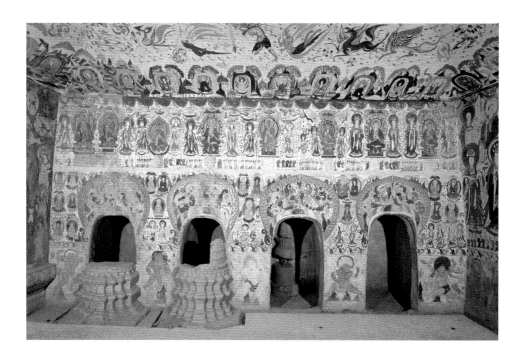

77 題記七佛說法圖

七佛為釋迦牟尼佛和過去六佛。圖中七
佛結跏趺坐須彌座或蓮花座，着通肩袈
裟，作說法印，每尊佛兩側菩薩侍立。
七佛是毗婆屍佛、屍棄佛、毗舍婆佛、
拘樓孫佛、拘那含牟尼佛、迦葉佛、釋
迦牟尼佛，與釋迦佛並坐的可能是未來
佛彌勒。說法圖下面是供養人像和發願
文，其中有西魏文帝元寶炬大統四年、
五年（公元538、539年）題記，是莫高
窟現存最早的紀年題記，有重要的歷史
價值。

西魏 莫285 北壁上部

78 題記七佛說法圖中之釋迦佛與
　　彌勒佛

釋迦佛與彌勒佛結跏趺坐須彌座、蓮花
須彌座，均着紅色天衣，施無畏印。兩
側菩薩手托蓮花和淨瓶侍立，華蓋旁有
飛天奏樂散花供養。

西魏 莫285 北壁上部

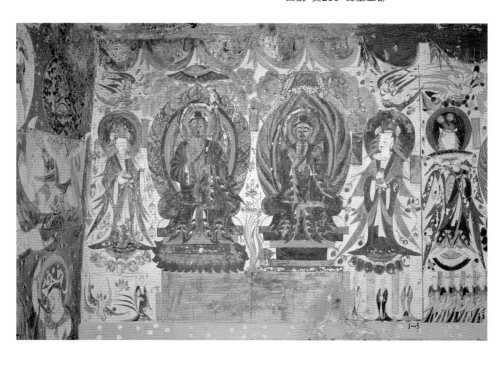

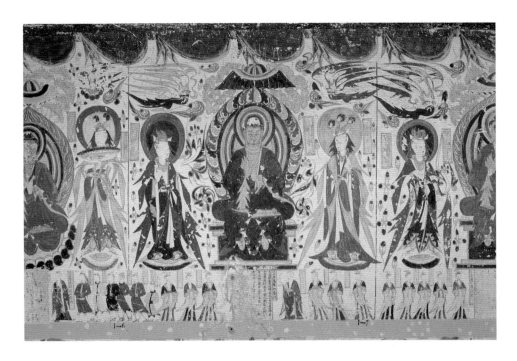

79 題記七佛説法圖中之迦葉佛

迦葉佛結跏趺坐蓮花座上，手施無畏
印。脅侍菩薩頭挽雙髻，手捧蓮花，含
笑而立，空中降下蓮花生童子。蓮花座
前有"大統四年"紀年題記。

西魏 莫285 北壁上部

80 題記七佛説法圖中之拘那含牟 尼佛

拘那含牟尼佛結跏趺坐，手施無畏印，
身着深色天衣。脅侍菩薩身穿漢式長
袍，足蹬雲頭鞋，儼然是中原來的貴
族，只是披有分叉的長巾，增加了仙道
意識。

西魏 莫285 北壁上部

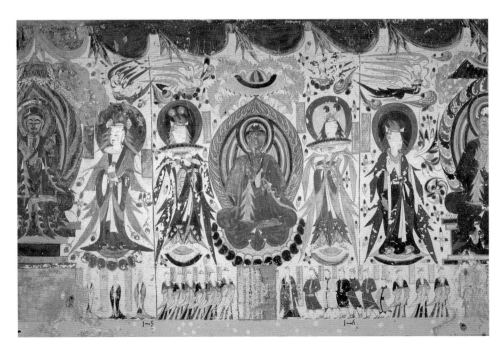

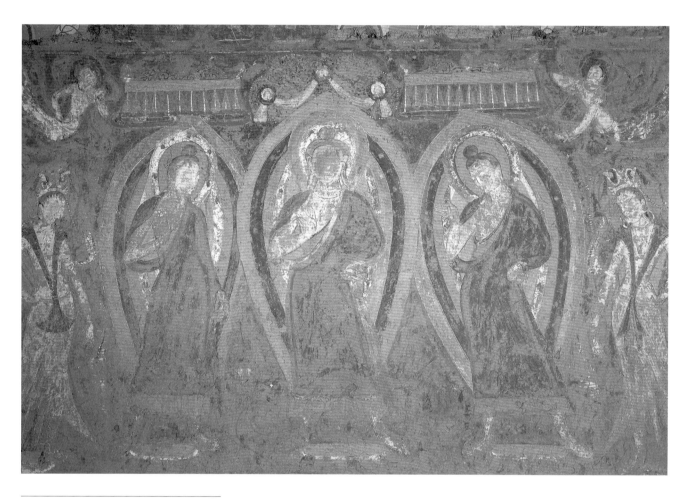

81 三佛説法圖

三佛袒右肩着袈裟，右手施無畏印，左
手執衣緣立於蓮花座上。中尊較大，上
有樹形和帷幔，左右二佛上懸華蓋。此
三尊佛為表現過去、現在、未來的三世
佛，脅侍菩薩，姿態嫵媚，生動自然。
北魏　莫263　南壁西側

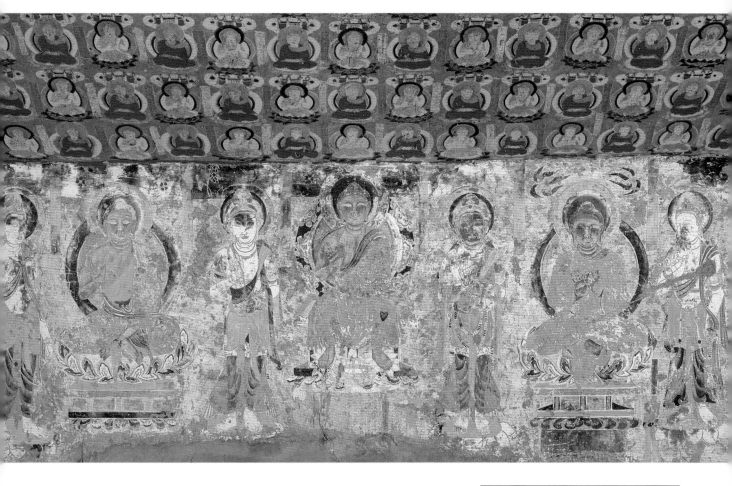

82 三佛説法圖

三佛並坐蓮花須彌座,從榜題中可知主
尊是彌勒佛,彌勒佛善跏趺坐,脅侍菩
薩正面侍立,另外兩身菩薩側身向內。
此圖是從西夏壁畫下剝出,朱紅石綠極
為鮮豔,是研究唐代壁畫色彩原貌最好
的資料。以未來佛彌勒為主尊的三佛説
法圖,構成較特殊。

初唐 莫220 東壁門上

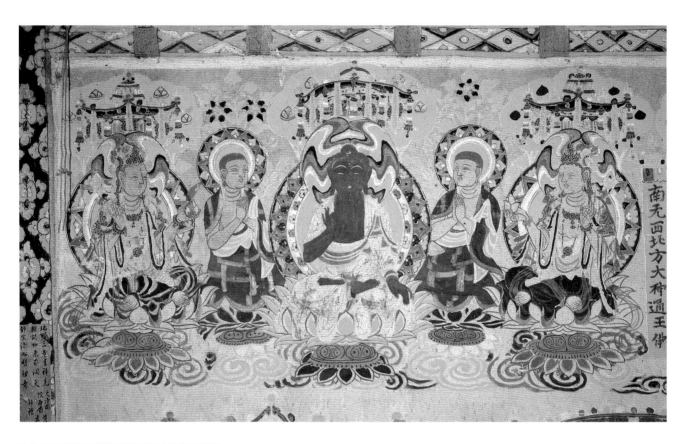

83 十方佛

此窟繪有十方佛，佛結跏趺坐説法，榜
題分別為"西方覺華光佛"、"北方發
功德佛"、"南方明燈明佛"、"西北
方大神通王佛"、"西南方元生自在
佛"、"上方琉璃藏珠佛"、"下方同
像空無佛"、"東北方空離垢□佛"、
"東南方□□□□佛"、"□□方"
等。圖中為西北方大神通王佛。

宋 莫152 甬道北壁

慈悲怡然

———

菩薩

　　菩薩是菩提薩埵（梵文 Bodhisattva）的略稱，菩提意為覺悟，薩埵意為有
情，凡修持大乘六度，求無上菩提，利益眾生，於未來成就佛果的修行者都可
以稱為菩薩。佛与菩薩的區別在於，佛對宇宙人生的根本道理已獲透徹覺悟，
即已覺行圓滿，大徹大悟；而菩薩尚處於求佛果而修行的階段，既要自覺，又
要覺他，即所謂"上證菩薩，下化眾生"。最早的菩薩是指尚未成佛的釋迦牟
尼，隨着大乘佛教的發展，出現了許多菩薩，可知名字的菩薩數量驟增。佛教
也把歷史上對弘揚佛法、建教立宗有貢獻的大德法師稱為菩薩，如印度有馬鳴
菩薩、龍樹菩薩，中國有竺法護被尊為敦煌菩薩等。敦煌壁畫所表現的主要是
佛經中所說的與佛共弘教化的菩薩。

第一節　　饒益有情——脅侍菩薩與供養菩薩

　　佛經所載與佛共弘教化的菩薩，在形象上可以分為三類：第一類是總的用形象來表達菩薩修行階次的畫像，如十地菩薩、等覺菩薩等像；第二類是佛像旁聽法的脅侍菩薩像、聽法菩薩像等供養類菩薩像；第三類是佛經有記載有名號的菩薩畫像，都是等果位（即擁有相同的成果和地位）的菩薩，輔助佛陀弘法教化。

　　就佛教造像的造型而言，佛像變化較少，而菩薩像，則變化極為顯著，更加注重追求相好、服飾、手印、量度等。這些菩薩面目圓潤清秀，恬靜安詳，身材修長，窈窕豐滿，動態輕盈，婀娜多姿；服飾華美莊嚴，首戴天冠，身披瓔珞，手貫環釧，衣曳飄帶，持物、手印等各不相同，較之佛像的莊嚴靜穆，尤顯光彩炫目。

　　敦煌尊像畫中的供養菩薩畫像，數量龐大，貫穿各個發展時期。北朝時期的菩薩像，除繪於各類說法圖中作為主尊佛陀的脅侍菩薩外，還繪於洞窟正壁佛龕內、外兩側壁，以及人字坡頂上，作為龕內主尊塑像的脅侍菩薩，以及作為聽法和供養的菩薩。這些菩薩的組合有二身、四身、八身等，最多的一窟內達四十身。

　　進入隋代，菩薩像不僅出現在說法圖中，而且大量繪製在佛龕內外壁上。隋代佛教的融合發展，大乘經變的出現，壁畫題材發生較大變化，也使得正壁佛龕內塑像的組合發生變化，已不是北朝時那種以佛塑像為主的單一格式，除塑菩薩、弟子像外，還繪有眾多的菩薩、弟子像等。隋代佛龕內外壁上的菩薩像，多為二身、四身、八身，最多的有二十餘身。由於這些脅侍菩薩像均無榜題，形象特徵不明，除部分說法圖中提淨水瓶和持蓮花的菩薩像，可參照同時期阿彌陀經變中的觀世音和大勢至菩薩造型加以辨識外，多數難以確知。

　　初盛唐的菩薩像，仍流行龕內外作為主尊佛塑像的脅侍，它們在龕內的數量不等，最普遍的一種是在主尊佛塑像兩側各繪一身，與龕內已有的二菩薩塑像共同組成一佛四菩薩的格局，此外，還繪有四身、六身、八身的。有的洞窟在經變畫的兩側還繪有獨尊式的菩薩像。

　　中晚唐的菩薩像，由於經變畫的增多，菩薩像相對集中繪於龕內，晚唐時在四壁經變畫下部屏風畫幀內繪獨尊式菩薩像，成為一種流行的佈局。見於榜題的除有觀世音、大勢至、地藏外，還有常精進、金剛藏、如意輪、自在王、大光、消災息災、寶檀華、普勝寶像、普德海童、普光照、普相光明等菩薩。

　　五代、宋時期的菩薩像，數量多至三百餘身，散佈於洞窟內外。見於榜題的菩薩名有："日光"、"月光"、"明惠"、"月藏"、"妙吉祥"、"寶智"、"不虛行"、"金色世界妙口"、"功德山王"、"大雲修善高王"、"大雲雷音"、"大雲大光"、"大雲星光"、"金剛藏"、"虛空藏"、"寶首"、"大雲淨光"、"妙高山王"、"大辯才莊嚴"、"蓮花光燄"、"無盡意"、"口自在"、"法相自在"、"法自在"、"持世"、"慈是"、"不休息"等。從宋代開始，在部分洞窟中整壁繪形體高大逾人的供養菩薩連袂而立，一窟內多至二三十身。

沙州回鶻、西夏、元時期的菩薩像，數量巨大，特別是在西夏時期，遍佈洞窟甬道和四壁，排列成行，但幾乎全無榜題。

菩薩是大乘佛教修行的理想，以達到佛果為目的，菩薩都有偉大的誓願，勵行菩薩道，教化大眾，顯示"上證菩提，下化眾生"的境界。在菩薩出於慈悲心，而修萬行、下化眾生的誓願中，具有直接伸手救濟世人、利益現世、饒益有情的神格，比起端嚴肅穆的佛更易予人以親切感。正是基於此點，敦煌尊像畫中繪製了大量的各類菩薩像，作為佛陀的脅侍出現在說法場景或供養佛尊。

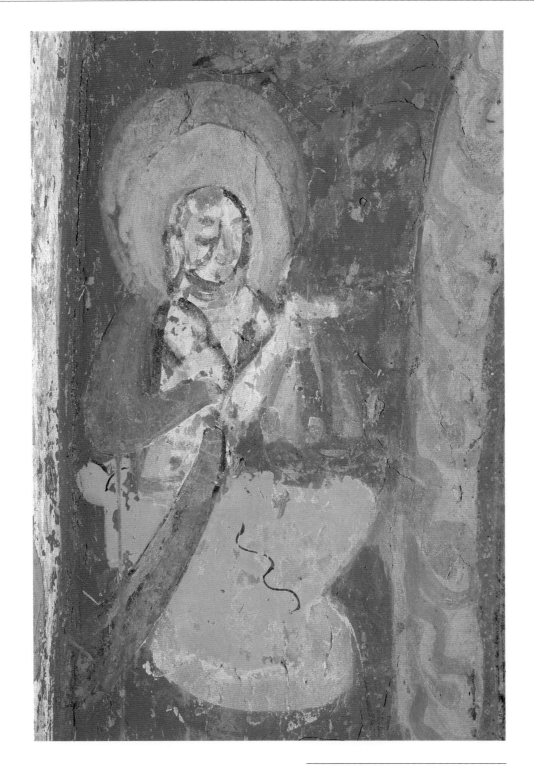

84 脅侍菩薩

菩薩雙手合掌，胡跪於蓮花上，作禮敬
供養，赤袒上身，腰繫長裙，身披大
巾，冠式已模糊不清。作為敦煌壁畫中
現存最早的菩薩形象，引人注目。

北涼 莫268 西壁龕外南側

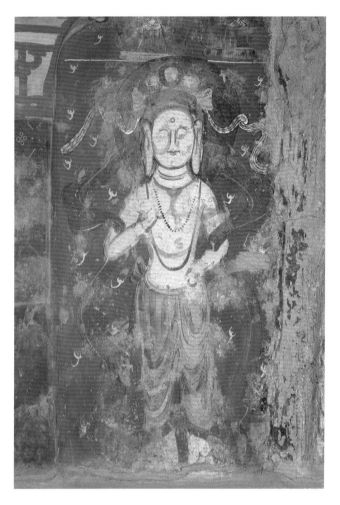

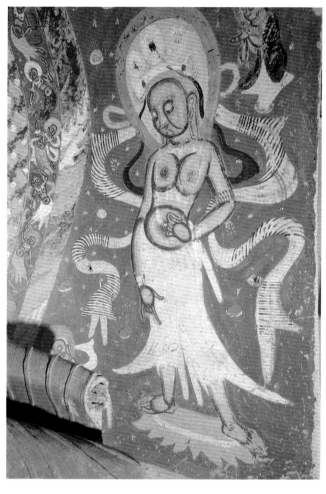

85 脅侍菩薩

菩薩為彌勒菩薩的脅侍，頭戴三珠寶
冠，項飾瓔珞，肩披彩巾，裸上身，腰
束長裙，姿態優雅。由於是新近剝出，
所以較好地保存了當時的藝術風貌。

北涼 莫275 北壁上部

86 脅侍菩薩

菩薩頭戴三珠寶冠，項飾瓔珞，肩披彩
巾，裸上身，腰束長裙，身體呈所謂的
三曲法體勢，顏面、軀體、手足等濃厚
暗褐色描線，原為表現立體感而暈染的
朱紅色變色所致，變色後的畫面顯得格
外粗獷奔放，實與當時原貌殊異。

北涼 莫272 西壁龕內北側

87 聽法菩薩

聽法菩薩上下分為四排，每排五身，每
身菩薩體態健美，坐於蓮花上，手姿靈
巧，動態各異，如舞姿婀娜。諸菩薩的
手姿和身姿彼此呼應有一定的連貫性，
使畫面形成波瀾起伏的動態感，造型優
美，色彩凝重熱烈。

北涼 莫272 西壁龕外南側

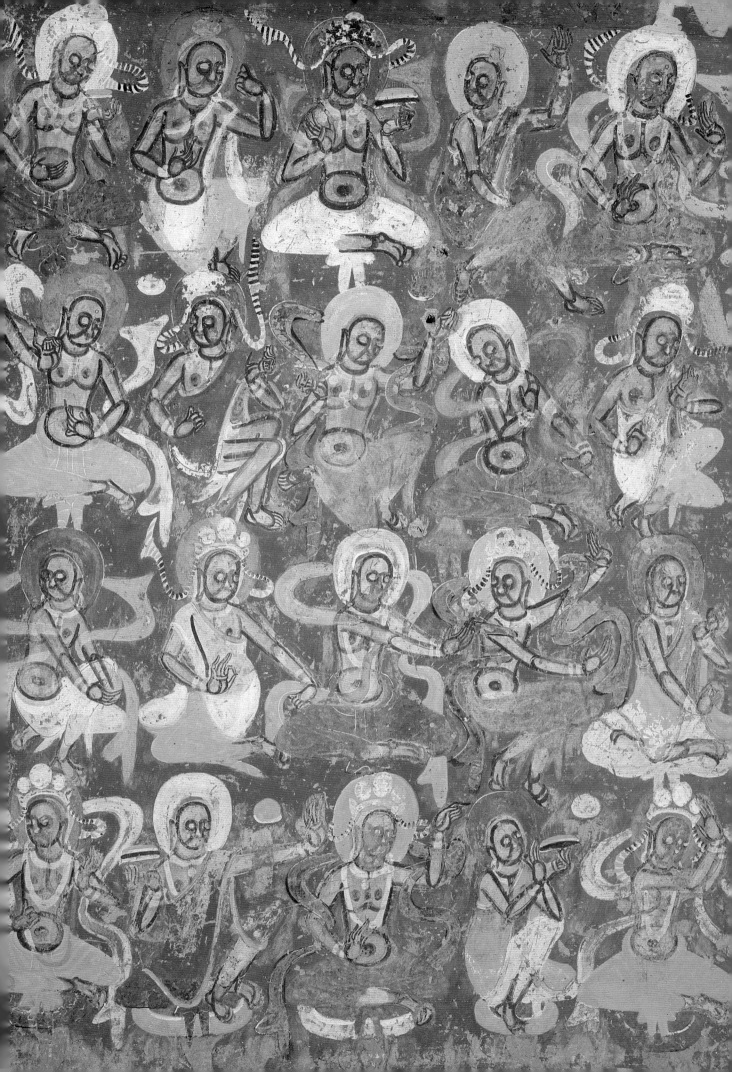

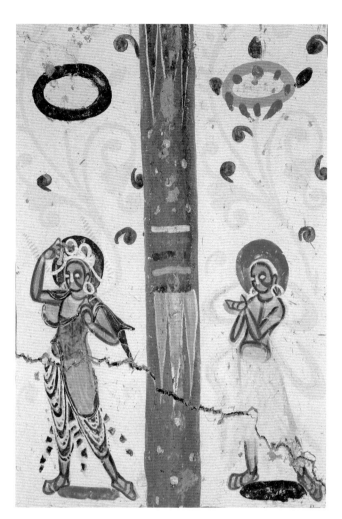

88 人字坡供養菩薩

在人字坡上赭紅色椽子間，繪供養菩薩
裸上身或右袒，側身向內立於蓮花上，
姿態各異，上飾忍冬、蓮花，極富裝飾
意趣。

北魏 莫263 人字坡東坡

89 供養菩薩

菩薩各戴寶冠，身着披巾長裙，神態各
異。菩薩的形體、手臂、手指動作皆富
於節奏感。畫面雖已變色，但人物的動
勢呈現出豐富的變化，耐人尋味。這些
菩薩是繪於千佛下的裝飾帶。

北魏 莫431 南壁中部

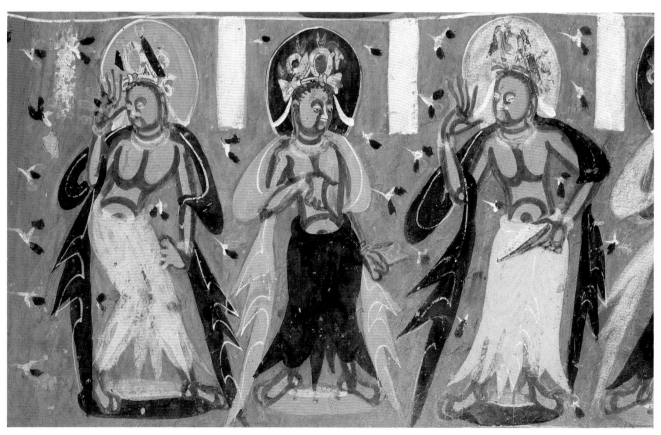

90 人字坡持蓮花供養菩薩

菩薩繪於人字坡頂橡間，雙手捧着高大
的蓮花花枝，裸上身，着披巾長裙，足
踏蓮花，側身向內作行進狀，以供養窟
內的主尊。

北魏　莫428　人字坡東坡

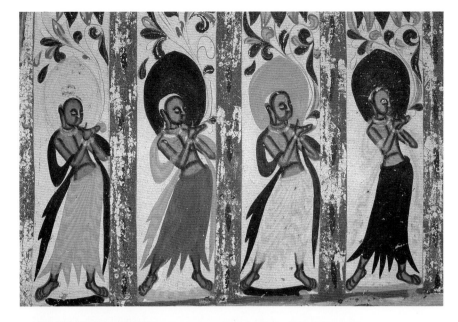

91　脅侍菩薩

六身菩薩各戴寶冠，身着長裙披巾或穿
袈裟，兩種衣着相間交錯，身材修長，
手勢多變化，相互呼應。面部的白鼻白
眼十分顯眼，是暈染變色後的效果。

西魏　莫249　西壁龕外南側

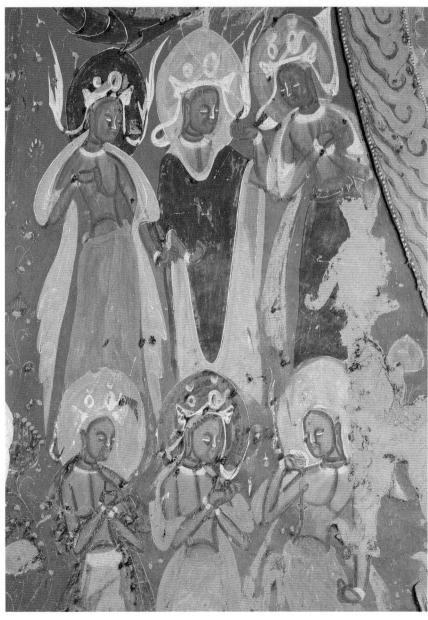

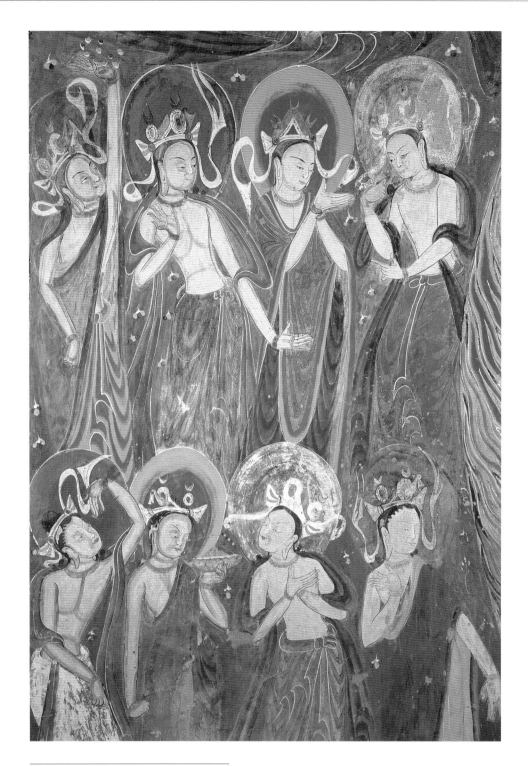

92 脅侍菩薩

菩薩或裸身披巾，着通肩大衣，或披
右袒袈裟，或斜披羅巾，姿態各異。面
部和肢體的暈染尚未完全變色，從中可
以看到當時的設色效果以及工謹細緻而
剛勁有力的線描。

西魏 莫285 西壁龕內南側

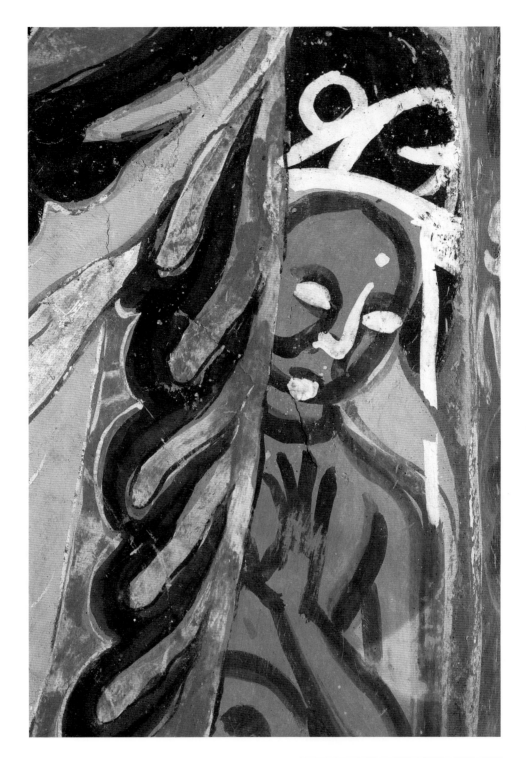

93　窺視菩薩

在佛光與龕柱旁的狹小空間內，畫一菩薩從佛背光的後面探露出半邊身，側眼向外窺視，手在胸前，似很小心，十分生動別致，頗有人情味。

北周　莫290　窟中心柱北向龕內西側

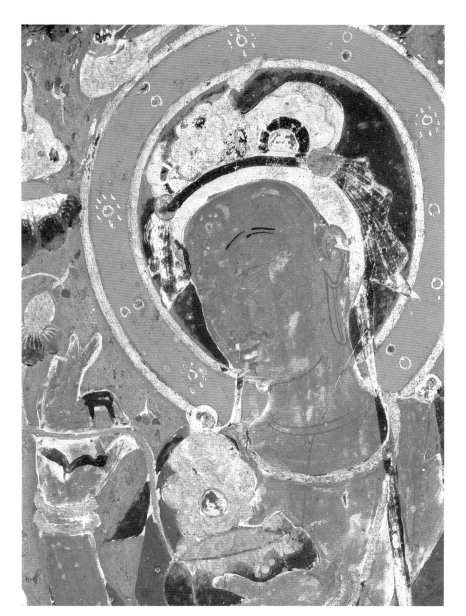

94 托蓮花寶珠菩薩

菩薩面龐清秀,有蝌蚪形髭鬚,左手托
蓮花寶珠,右手輕拈曲莖蓮花寶珠。人
物線描工致精細,造型準確。在土紅底
色上,運用綠、藍、金等鮮亮的顏色,
使畫面色彩飽和而生動。

隋 莫402 西壁龕內北側

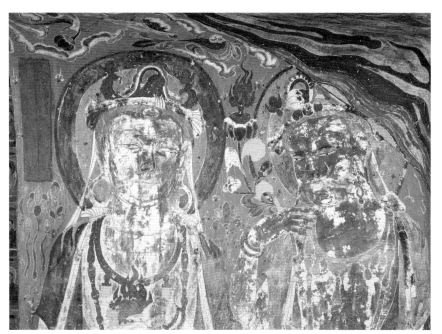

95 持蓮供養菩薩

兩身菩薩,肩披天衣,瓔珞嚴身,面龐
圓潤,眉清目秀,凝神聽法。一身為正
面,頭戴鳳頭日月冠,手托火燄寶珠;
另一身為側面,頭戴三珠花冠,手持長
莖蓮花供養,花上有火燄寶珠。造型優
雅,線描精細。

隋 莫407 西壁龕內南側

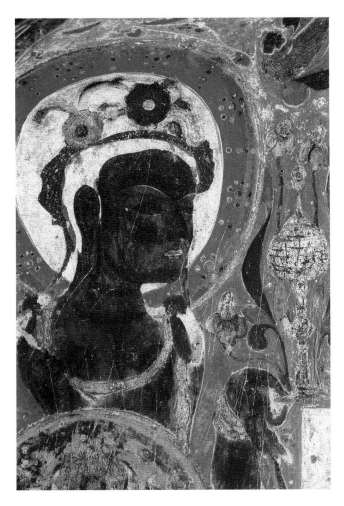

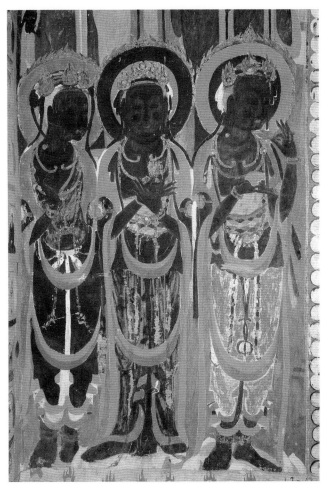

96 持爐供養菩薩

菩薩手拈金色香爐和鮮花，側身向龕內
主尊供養。面部和手經過細膩的暈染，
雖然顏色褪變嚴重，但仍顯得和諧自
然。

隋 莫404 西壁龕內北側

97 供養菩薩

這些菩薩皆戴金寶冠、金項圈、金雙
鐲，手中持有蓮花寶珠、淨水瓶、金
花、蓮枝、念珠等，跣足立於蓮花上，
側身向龕內主尊作供養。面相豐圓，體
態健美，溫婉善良。

隋 莫420 西壁龕外南側

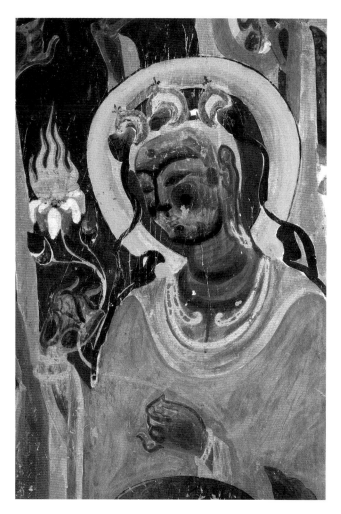

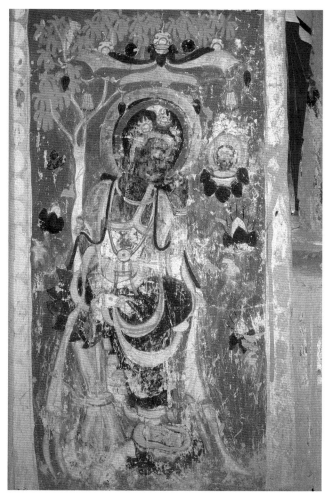

98 持花供養菩薩

菩薩身着紅色藍邊袈裟，頭微前傾，雙
手輕拈曲莖蓮花，花上寶珠放射出火燄
光芒。以重色暈染臉頰、眉棱、下頜等
高光處，形象俊秀恬靜。

隋 莫420 西壁龕內

99 思惟菩薩

菩薩半跏趺坐於束腰蓮座上，右手下垂
撫足，左手支頤，正閉目思惟，仿佛沉
浸在無窮地神思遐想中，身後小樹一
棵，周圍點綴蓮蕾和化生。

隋 莫314 西壁龕外北側

100　捧蓮供養菩薩

菩薩胡跪於蓮花座上，雙手捧蓮花寶珠
供養，裸上身，肩披巾，下束裙。造型
圓潤流暢，手勢描繪給人以輕盈的感
覺。

隋　莫244　西壁南側

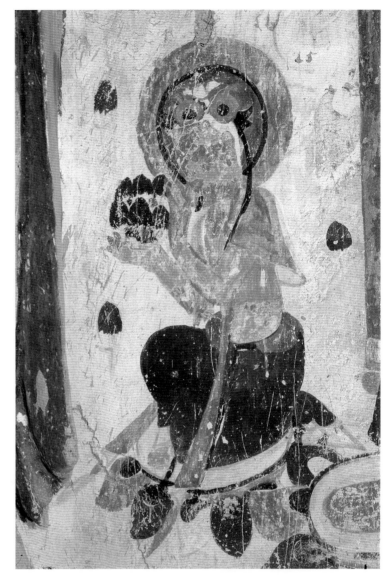

101　持爐供養菩薩

二身菩薩相對胡跪於佛座前，中間置一
高足熏爐。菩薩手持長柄香爐，一身仰
望主尊，另一身低首看爐，姿態典雅，
長裙曳地，飄帶斜掛，雍容華貴，其造
型特徵影響到初唐的壁畫。雖已變色，
卻如剪影般動人。

隋　莫397　南壁下部

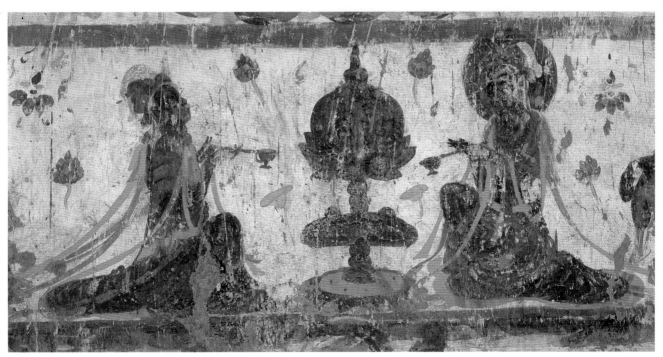

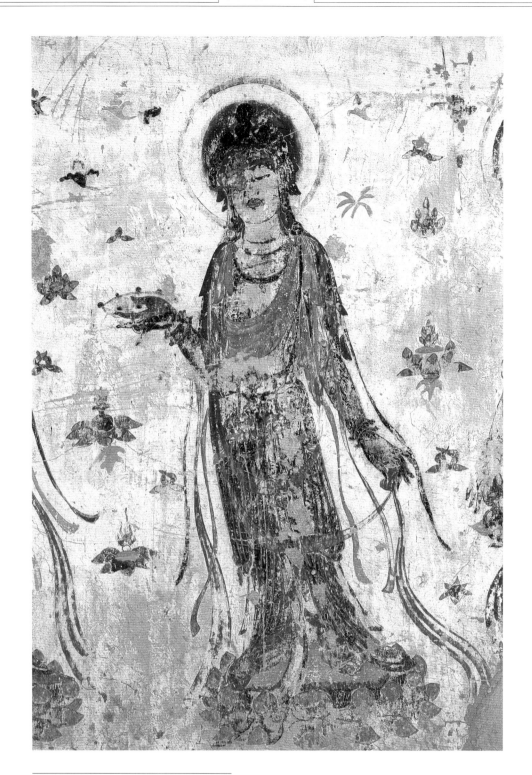

102 持鉢菩薩

菩薩戴寶冠，頭微斜傾，長髮垂肩，斜
挎天衣，身材修長，立姿微曲，手托玻
璃嵌珠鉢，腳踏蓮花，巾帶飄動。其豐
滿的面容和俯視的目光，表現了女性矜
持瀟灑的神情。

初唐　莫401　北壁東側

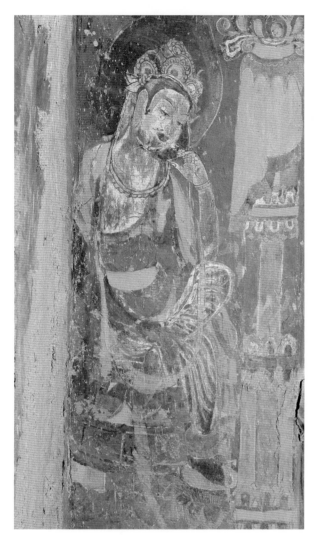

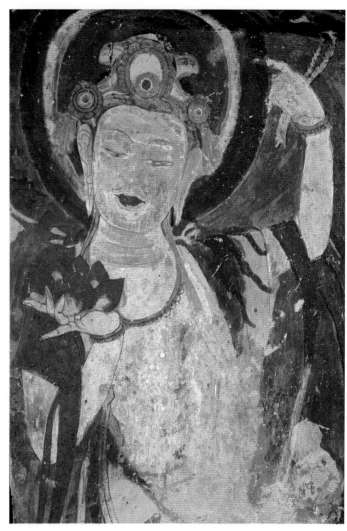

103 思惟菩薩

菩薩側身半跏趺坐於蓮花座上，右手撫脛，左手肘於膝上支頤，頭前傾，目光下視，好像沉浸在深邃的冥想之中。造型簡潔，色彩明快，濃重的土紅地色，襯托出菩薩素面的潔淨。

初唐　莫57　西壁龕內

104 持蓮菩薩

菩薩素面潔白如玉，長髮覆肩，左手持蓮蕾上舉，右手托盛開紅蓮，面正而頭微傾斜，動態富有韻律感，婀娜多姿，嫵媚動人。此像僅繪上半身，下部原有塑像。

初唐　莫57　西壁龕內南側

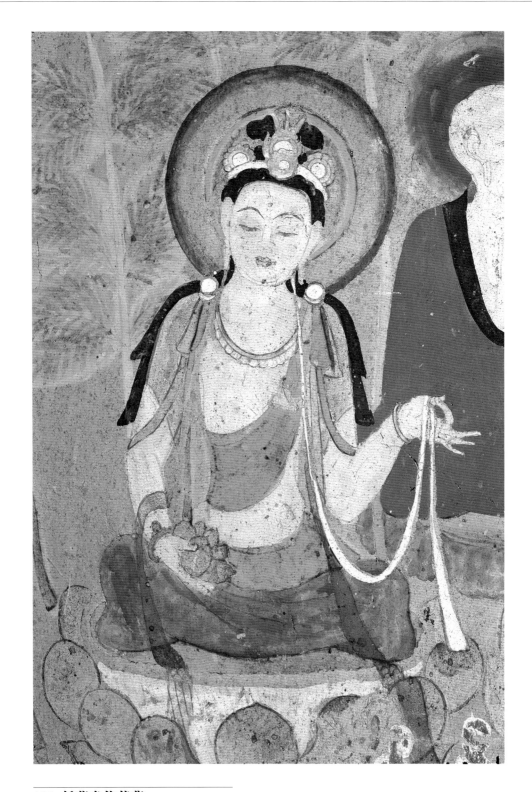

105 托蓮脅侍菩薩

菩薩正面結跏趺坐於蓮花上，面如滿
月，靜如處子，頭微傾斜，一手托蓮
花，一手提起飄帶，眼微閉而下視，似
在禪定之中，形象優美動人。

初唐 莫322 東壁門上

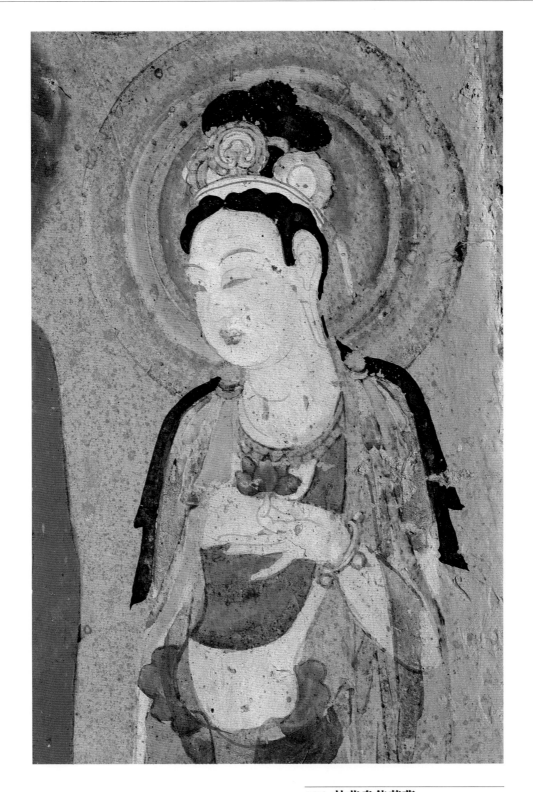

106 拈花脅侍菩薩

菩薩側身向佛,左手拈一朵紅蓮,右手
下提飄帶。造型準確,勾線簡練,色彩
明快鮮麗,基本保持了當時原貌,特別
是在表現肌膚的銀白中略施淡赭,其瑩
潔之美與菩薩潔淨的心境,十分和諧。
初唐 莫322 東壁門上

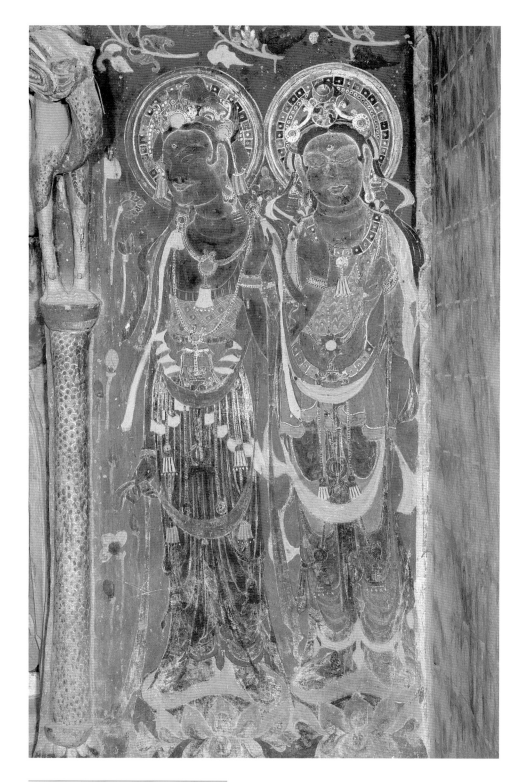

107 持蓮供養菩薩

兩身菩薩並立持蓮花供養，高鼻秀眼，
長眉入鬢，雙耳垂璫，鬢髮捲曲。一身
戴三珠冠，着僧祇支，一戴日月冠，斜
挎天衣，飾以棱格連珠紋和雀尾花紋，
胸前瓔珞，珠光寶氣，熠熠生輝。

初唐 莫57 西壁龕外北側

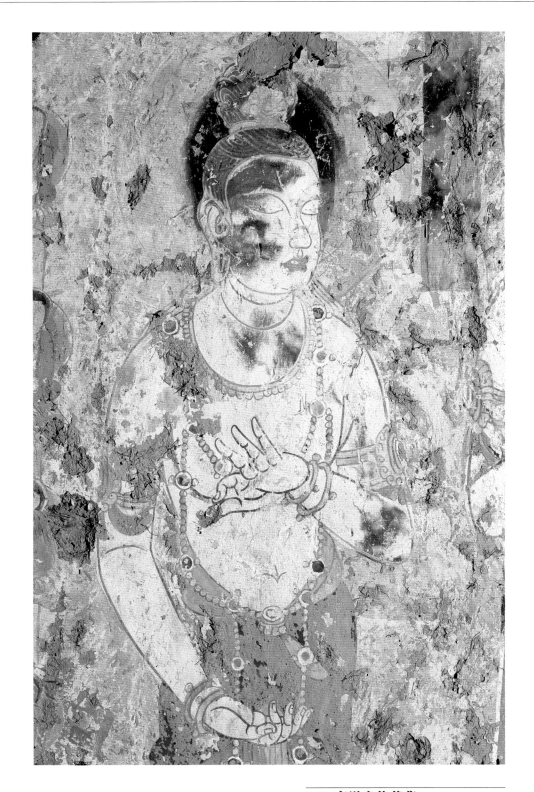

108 高髻脅侍菩薩

菩薩頭束金冠，挽高髻，瓔珞飾身，腰
束紅裙，側身而立。其儀態沉靜含蓄，
手勢自然有力，勾勒技法嫻熟，色彩明
亮鮮麗。

初唐 莫220 東壁門上

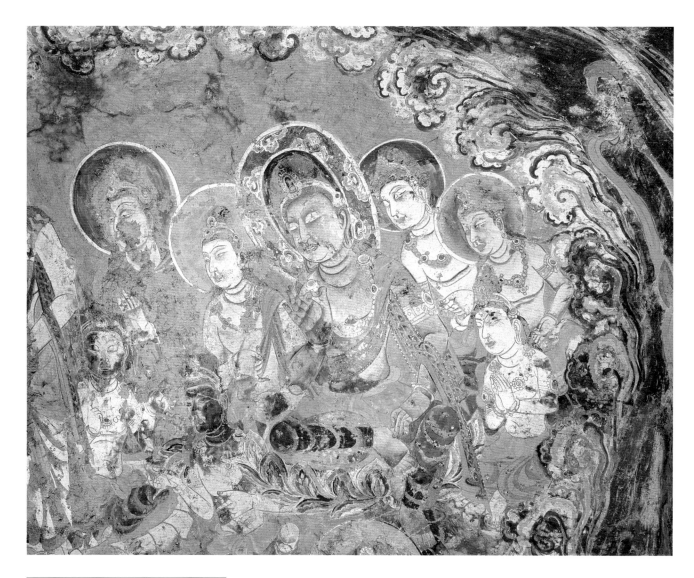

109 聽法菩薩

一身大菩薩半跏趺坐蓮花座上，結印聽
法，露齒微笑。四周菩薩圍繞環坐，形
成眾菩薩聽法場面。深藍地色的天空，
襯托出五彩繽紛的雲濤，隱藏在雲彩中
的飛天，正在歌舞散花，給諸天聖眾以
歡樂。

初唐 莫220 西龕頂北側

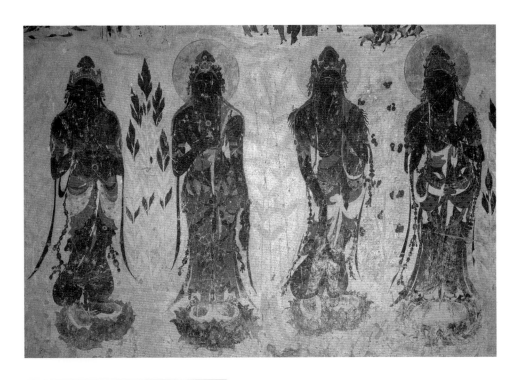

110 供養菩薩

菩薩面龐圓潤，注目沉思，神情自若，
體態豐滿，或上身半裸，或橫巾右袒，
天衣斜挎，冠帶飛揚，瓔珞飄動，綾羅
纏身，輕紗透體。雖已變色，然氣勢猶
存。這些菩薩像高約1.80至1.87米，是初
唐形體最大的菩薩像。

初唐 莫323 南壁下部

111 榜題越三界菩薩

菩薩作經行狀，左手托水晶花盤，右手
拈花，回首顧盼，默默出神。榜題為
"越三界菩薩"，即超越慾界、色界、
無色界，脫離一切物質和精神世界而進
入"空界"。但其形象乃是一位唐代仕
女，是有血有肉有情的現實人物的形
象。

初唐 莫332 西壁下部

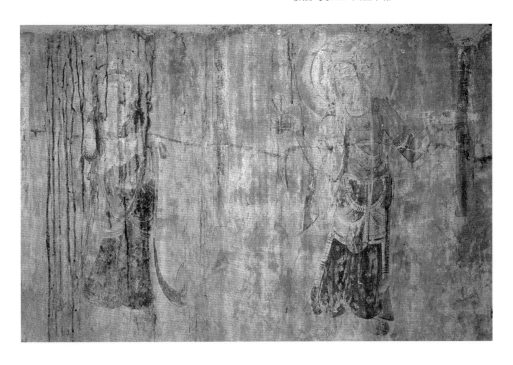

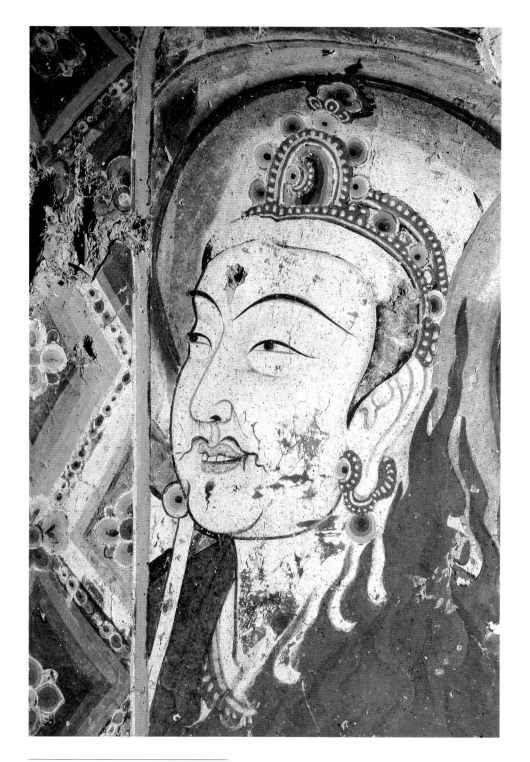

112 聽法菩薩

菩薩頭戴花冠，面相清秀腴潤，神態呈
現出濃厚的世俗意味。運筆熟練，墨線
濃淡相間，色彩渾厚，極為傳神。

盛唐 莫217 西壁龕外北側

113 聽法菩薩

眾菩薩結跏趺坐於蓮花座上聽法，頭戴
各式寶冠，隆鼻、長目、厚脣，面相豐
圓，神情專注。裸上身，飾以瓔珞披
巾，臂釧、手鐲均嵌松石寶珠。暈染厚
重、沉着，色彩富有變化。

盛唐 莫217 東壁門上南側

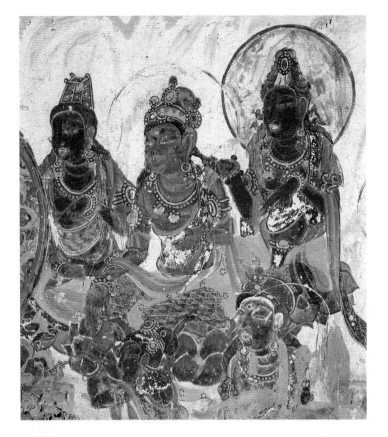

114 戴金冠菩薩

菩薩頭戴捲草紋嵌寶珠金冠，雲鬢高
髻，冠繒長垂，紛披耳際，濃髮覆肩，
面額豐潤，修眉俊目，情態溫婉嬌稚，
一如少女。

盛唐 莫45 西壁龕內南側

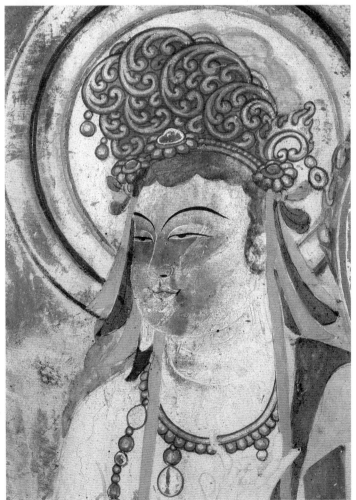

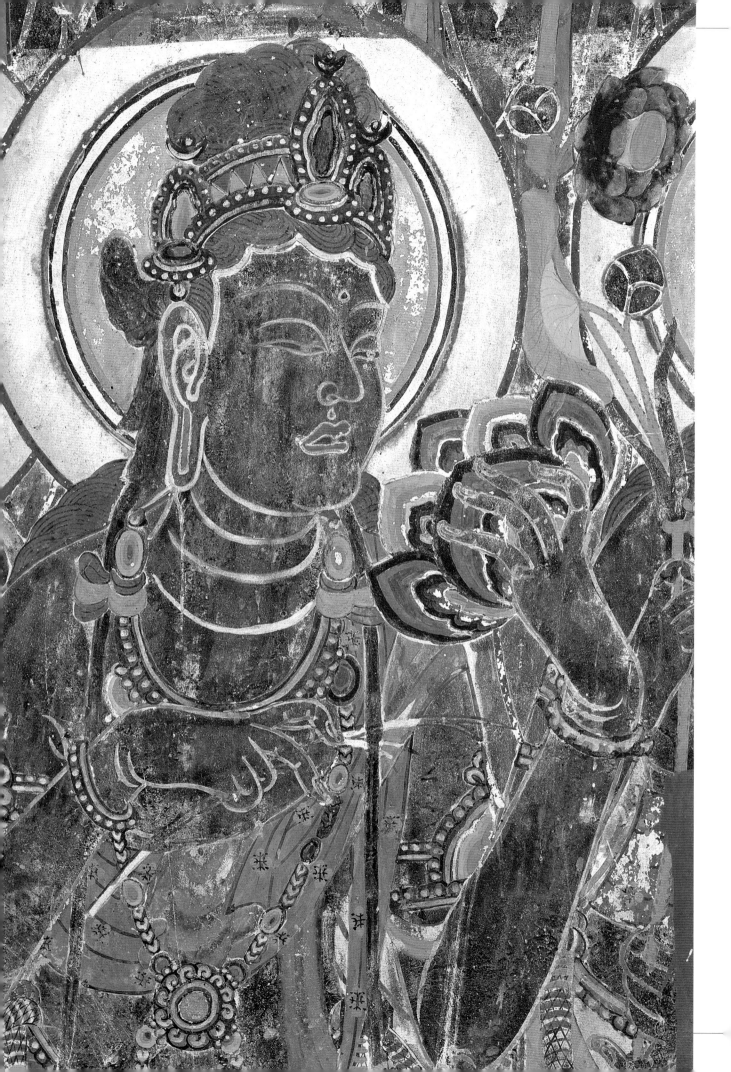

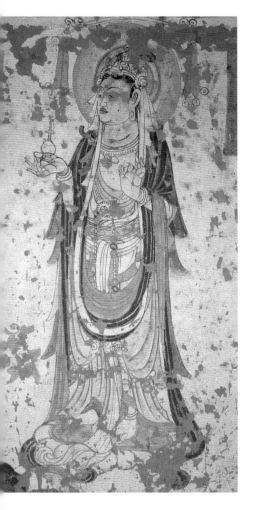

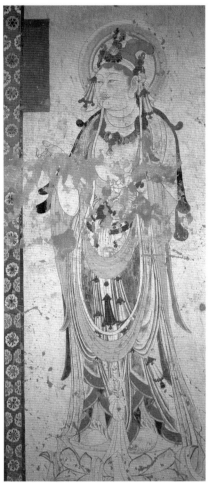

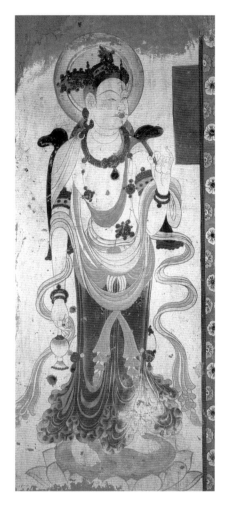

116　托淨瓶菩薩

菩薩頭戴三珠冠，身披瓔珞，上身半裸，斜挎天衣，腰束長裙，衣紋細密繁複。右手下垂，左手托玻璃淨瓶，淨瓶為細長頸，球形腹，小短流。足踏蓮花，儀態嫻靜。勾線準確，色彩淺淡。

中唐　榆15　前室東壁北側

117　脅侍菩薩

菩薩頭戴花蔓冠，挽高髻，面相豐腴，肌膚瑩潔豐柔，雙眉入鬢，有蝌蚪形髭鬚，神情專注，手捧長巾，足踏蓮蓬台，意欲前行。線描遒勁純熟，可惜手部殘損。

中唐　榆25　主室北壁東側

118　提淨瓶脅侍菩薩

菩薩面相豐圓，皮膚瑩潔如玉，長眉入鬢，手提淨瓶，體態端莊，立於蓮蓬台上，衣紋飛動，如行雲流水。形體高大，比例勻稱，線描運筆爽利，簡練剛健，賦色淡雅，頗有唐吳道子"落筆雄勁而付彩簡淡"的意趣。

中唐　榆25　南壁東側

115　持花菩薩

菩薩眉目娟秀，廣額豐頤，啟脣欲語，左手捧起大朵蓮花，右手輕拂柳枝，靈動的手指，柔若無骨。雖已變色，但形象完整，線描清晰色彩典雅。

盛唐　莫23　西壁龕內南側

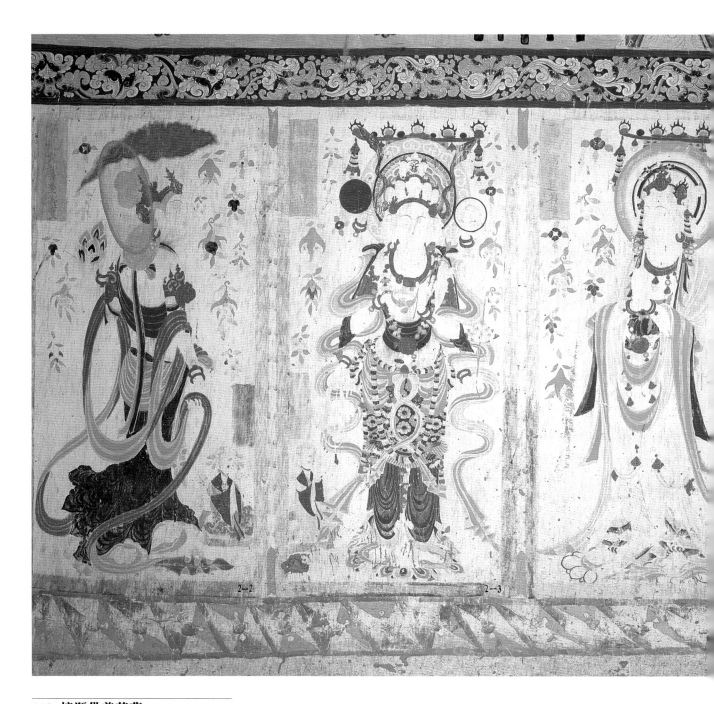

119 榜題供養菩薩

此窟南北壁屏風畫幀內各繪十五身菩
薩。圖為南壁的四身菩薩，榜題為大勢
至、十一面如意輪、常精進、執楊枝等
菩薩。這種整窟下部繪顯密教菩薩像，
在晚唐時期十分流行。
晚唐 莫196 南壁東側

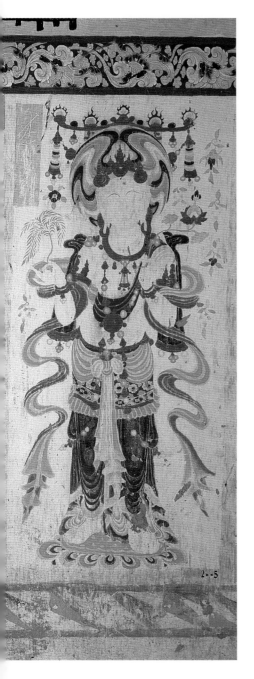

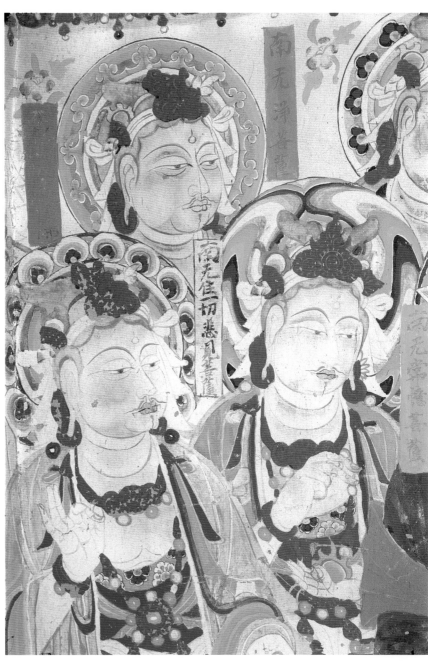

120 榜題脅侍菩薩眾

釋迦佛說法圖中的脅侍菩薩，見於榜題
的有住一切悲見、淨菩薩等，儀態端
莊，線描柔中有剛，暈染色澤淡薄而柔
潤。

五代　榆12　主室東壁北側

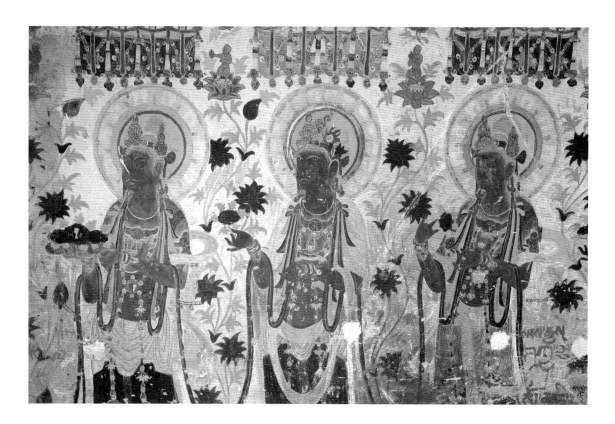

121 持花供養菩薩

宋代多在甬道兩壁繪大型供養菩薩,均
向主室內主尊方行進,作禮拜供養。圖
為北壁三身菩薩,頭戴寶冠,項飾瓔
珞,衣飾華美,手持牡丹供養。菩薩間
飾纏枝蓮花,頂端化生童子。表現方法
細膩,採用瀝粉堆金,色彩豐富,具有
濃厚的裝飾意趣。

宋 莫16 甬道北壁

122 寶池蓮花供養菩薩

此窟壁上均繪高大逾人的菩薩。菩薩頭
戴高冠,遍身佩飾,披繞長巾,立於寶
池中雙蓮花上,好似接踵而至,姿態各
不相同,造型優美。如此高大眾多的菩
薩濟濟一堂排成行列,蔚為壯觀。

宋 榆17 前室西壁北側

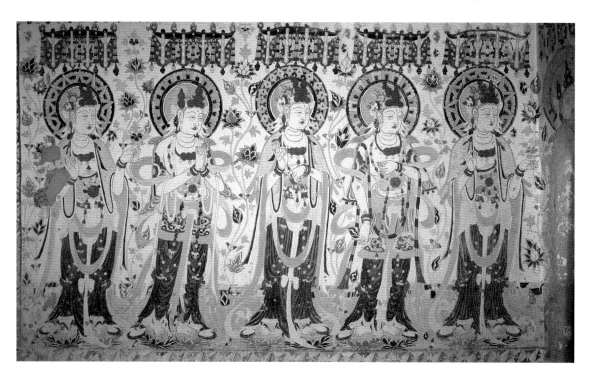

123 合掌供養菩薩

菩薩面相蒼老,細眼修鼻,雙手合掌,
足踏雙蓮,側身向佛禮拜供養。這幅繪
於沙州回鶻時期的壁畫,敷彩簡淡,而
在人物面部上額、兩頤及下顎各暈染成
圓圈的技法較為獨特。

宋 莫399 東壁北側

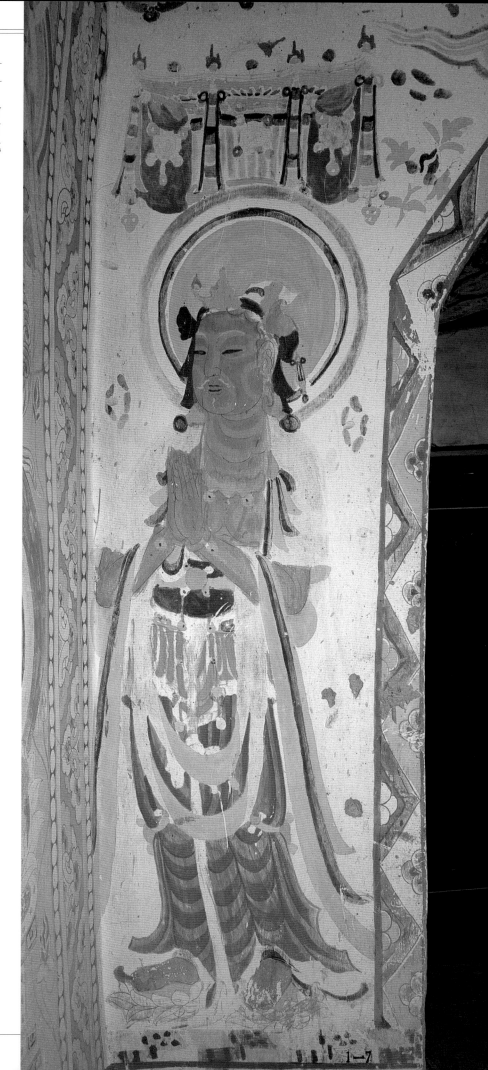

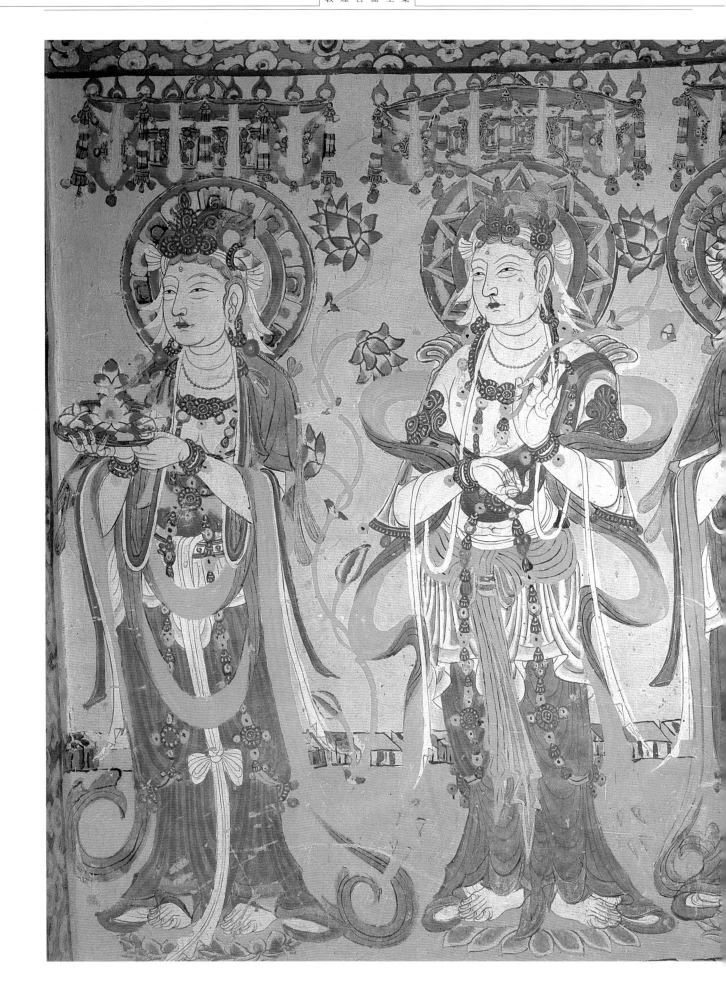

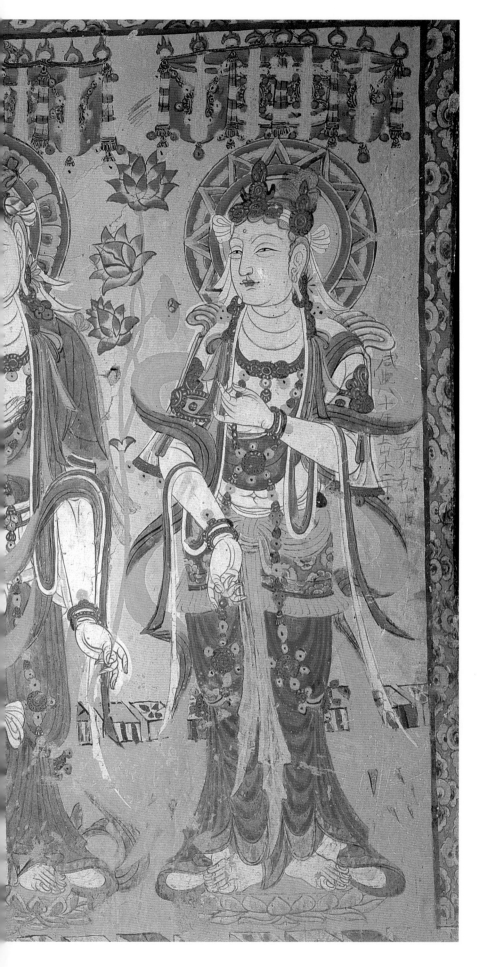

124 供養菩薩

四身供養菩薩的造型、衣冠服飾、繪畫
風格均與宋代壁畫一脈相承，以墨線起
稿，敷彩完後，再以赭紅線定稿，用色
以青、綠、白等冷色與赭紅作對比，熱
烈明快。色彩保存如新，繪工細緻，是
西夏菩薩像的代表作。
西夏 莫328 東壁北側

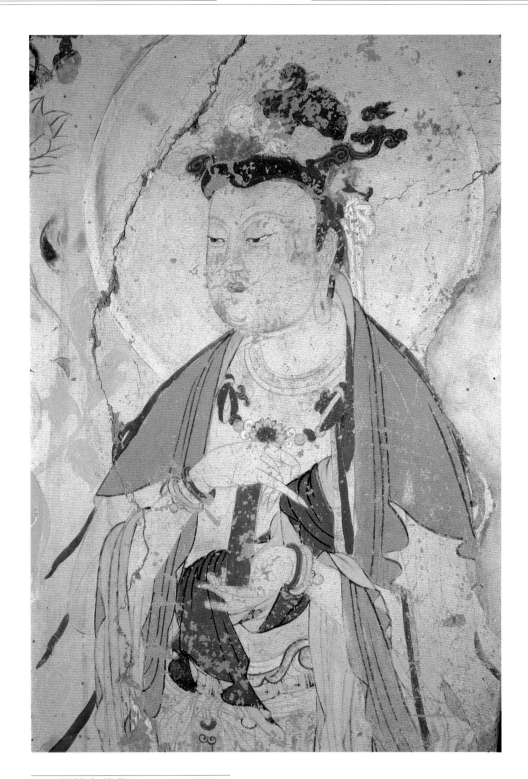

125 持梵夾菩薩

菩薩頭戴寶珠花冠,挽高髻,飾巾幗,
面相豐滿,手持梵夾,披巾着裙,跣足
而立。造型蘊藉莊重,色彩淡雅,線描
技法豐富,圓轉暢達,是元代菩薩像的
代表作。

元 莫320 東壁北側

第二節　　慈悲垂憫——觀世音菩薩與大勢至菩薩

佛教眾菩薩中，最具影響和魅力的菩薩首推觀世音，在淨土思想流行的時代，與阿彌陀佛同在民間有着最廣泛的信仰，所謂"家家阿彌陀，戶戶觀世音"，正是其寫照。

觀世音（梵文Avalokitésvara），又稱觀自在，略稱觀音。傳說唐代時為避太宗李世民之諱，改稱觀音。稱觀世音，是取菩薩能用眼觀察覺聞眾生一心稱名，而來救濟諸世間悲苦，使之得解脫之意。稱觀自在，是取菩薩能觀察諸法，自由自在，給一切功德與一切眾生，使之解脫苦海。觀世音菩薩在《觀無量壽經》中是阿彌陀佛的左脅侍，與右脅侍大勢至菩薩合稱為"西方三聖"，這是因為觀世音具有神力自在的能力，救濟現世人間，所以作為安穩引導志願來世的阿彌陀信仰，以觀世音作為脅侍最合適。獨立的觀世音經典源自《法華經·觀世音菩薩普門品》，記述菩薩於娑婆世界利益眾生之事，觀世音菩薩在眾生遭遇大難時應聲前往，救諸苦難，應地應時變化三十二身，隨類示現，救諸眾生。《華嚴經》中說，觀世音住南海補陀落山，即在此娑婆世界。補陀落山，後多譯作普陀山。

與觀世音同為阿彌陀佛脅侍的是大勢至菩薩（梵文Mahasthamaprapta），據《觀無量壽經》載述是"以智慧光，普照一切，令離三塗，得無上力，故號此菩薩名大勢至"。由此可知，大勢至菩薩是掌理智慧的，與掌理慈悲的觀世音菩薩相對應，以示悲、智二門。在阿彌陀淨土世界中，利益眾生，教化眾生，並接引眾生往生淨土彼岸。

敦煌尊像畫中的觀世音、大勢至菩薩像造型，除觀世音頭戴奉有阿彌陀佛的寶冠和大勢至頭戴寶瓶冠在經典中有記載外，至於手中的持物，則無明確記載。在壁畫中，觀世音菩薩持物最常見的是蓮花、楊柳枝和淨水瓶，大勢至菩薩持物多為蓮花或捧花鉢。在佛教中，蓮花和楊柳枝表示清淨；淨水瓶則內盛甘露，象徵菩薩以大悲甘露遍灑人間，淨化眾生，引渡至彼岸。這些法物體現了菩薩的慈悲心，也是以救濟眾生為己任的大乘佛教的精神象徵。

敦煌的觀世音和大勢至菩薩像，可以辯識的最早出現在西魏阿彌陀佛說法圖中為脅侍。在隋代個別洞窟正壁佛龕外兩側壁上，繪有對稱的獨尊式觀世音和大勢至菩薩像。印度阿旃陀石窟第1窟佛龕外壁兩側，分別繪有持蓮花菩薩和執金剛菩薩的獨尊像，約作於公元580年，有人考證，可能與觀世音和大勢至菩薩有關。這種佈局當時應已傳入中國。

隨着淨土信仰的深入，在初盛唐壁畫中，觀世音、大勢至菩薩不僅作為西方三聖大量出現在說法圖和經變中，而且大量繪製成獨尊像於佛龕外兩側壁上，遙相呼應（約100餘身）。

　　源於隋代法華經變中之一品的"觀世音菩薩普門品"變相，在初盛唐已發展成為以觀世音菩薩為主尊的獨立的觀音經變，觀世音一躍成為佛教眾多菩薩中的首位，對觀世音的信仰也達到了狂熱的程度。在壁畫中，觀世音除與大勢至配對繪製外，還單獨繪製，有的洞窟內甚至出現多身觀世音像同壁連袂繪製，榜題有"南無觀世音菩薩"或"南無救苦觀世音菩薩"等（約40餘身）。另外，在第332窟有一幅根據《華嚴經》記載繪製的洛迦山觀音圖，主尊觀世音菩薩吉祥坐於水池蓮花上，眷屬菩薩化生圍繞左右。唐玄奘《大唐西域記》記載："秣剌耶山東有布呾落迦山，山徑危險，巖谷剞傾。山頂有池，其水澄鏡，派出大河，周流繞山二十匝，入南海。池側有天宮，觀自在菩薩往來游舍。"這幅畫表現的就是觀世音在布呾落迦山頂水池的情景，布呾落迦山也即是普陀山。

　　中晚唐壁畫中的觀世音、大勢至菩薩像，總是配對繪出，除少數繪於脅侍菩薩行列外，獨立成幅的多繪於龕外兩側壁或經變畫兩側（約30身），以立姿為主。

　　五代、宋時期壁畫中可辨識和有榜書題名的觀世音、大勢至菩薩像（約20身），其造型特徵與唐代相同。這一時期，出現一種新的觀音像，即水月觀音。

水月觀音像相傳是唐代以"彩色柔麗，菩薩端嚴"著稱的畫家周昉所創繪。畫面上觀音菩薩倚巖而坐，全身籠罩在明亮的圓光之中，身後石旁幾株修竹，座前有寶池，池水漣漪，紅蓮浮水，意境幽靜清雅。正如唐代白居易《畫水月觀音菩薩贊》中所描繪的："淨綠水上，虛白光中，一睹其相，萬緣皆空。"此期間的水月觀音圖分別繪於窟前室門兩側壁上方和甬道壁上（10幅）。

　　沙州回鶻、西夏、元時期，觀世音和大勢至菩薩像數量銳減，僅沙州回鶻時期的洞窟中有四身。獨立成幅的觀音像，主要繪於元代洞窟中。這時期繼續流行水月觀音像（8幅）。

　　在淨土信仰盛行的時代，同為阿彌陀佛脅侍的觀世音和大勢至，受到世人的信仰崇拜，但是掌理智慧的大勢至菩薩，比起掌理慈悲的觀世音菩薩來，所受到的單獨信仰崇拜的程度則相去甚遠。在大乘佛教中，似乎是智慧比慈悲更受重視，這種對智慧的重視也是大乘佛教最大的特徵之一。然而，在淨土思想盛行的中國佛教和世俗信仰中，則更偏重於慈悲，觀世音菩薩獨立為世人普遍供奉崇拜，而大勢至菩薩則較少見。這一點，從敦煌尊像畫中觀世音菩薩和大勢至菩薩數量差別上也可得到證實。從這種現象，似乎可以窺知佛教思想的變遷，以及中國佛教世俗信仰的形態。

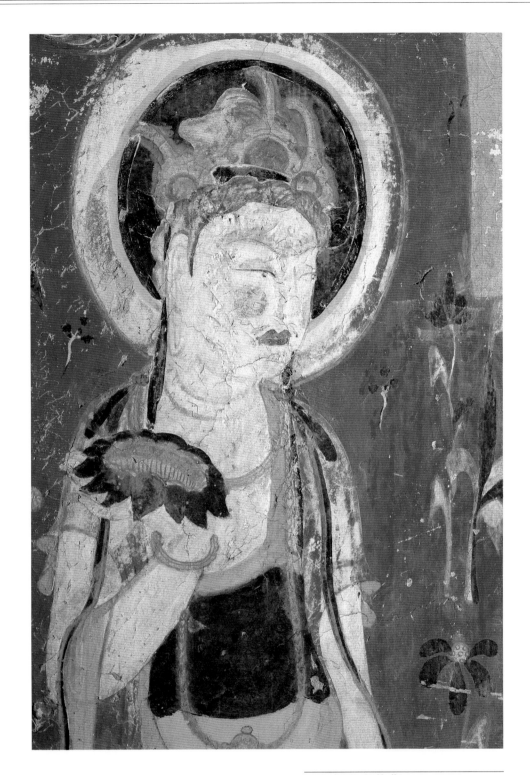

126　觀世音菩薩

觀世音是中國佛教四大菩薩之一，為阿
彌陀佛的左脅持。圖中菩薩頭戴三珠
冠，身穿一肩繫帶的僧祇支，敞胸披
巾，腰束長裙，右手托蓮，左手提淨
瓶，儀態寧靜沉穩。《法華經·觀世音
菩薩普門品》稱其能救度世間諸苦難煩
惱，並廣顯應化，現三十三身說法，大
慈大悲，滿足眾生一切願望。

隋　莫278　西壁龕外南側

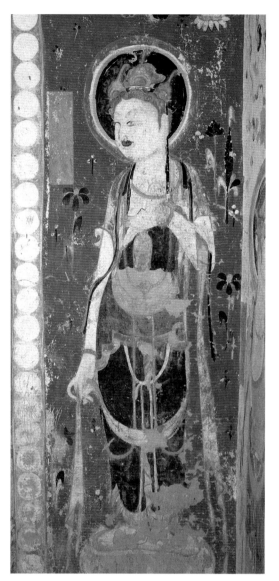

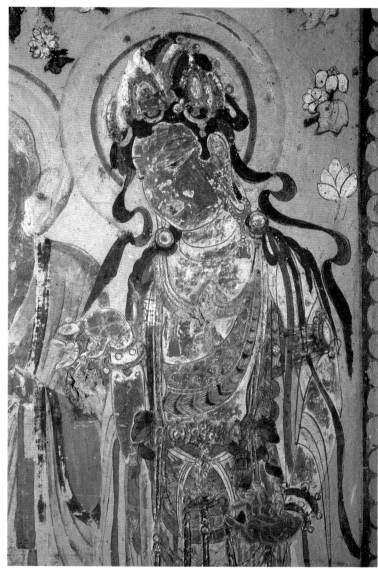

127 大勢至菩薩

大勢至與觀世音同為阿彌陀佛的上首菩薩，合稱為"西方三聖"。這身大勢至菩薩，裝束與觀世音相同，左手持插楊柳枝的淨瓶，右手提巾，面含微笑，豐滿圓潤，姿態自然斜欹，表現出女性的婀娜美。此圖與前圖形成南北呼應。

隋 莫278 西壁龕外北側

128 觀世音菩薩

觀世音菩薩頭戴金冠，花朵般的鬐髮，襯托出莊嚴的面容，肩披羅巾，身飾金項圈瓔珞，手提金淨瓶，頗具靜穆的神秘感。

初唐 莫57 北壁

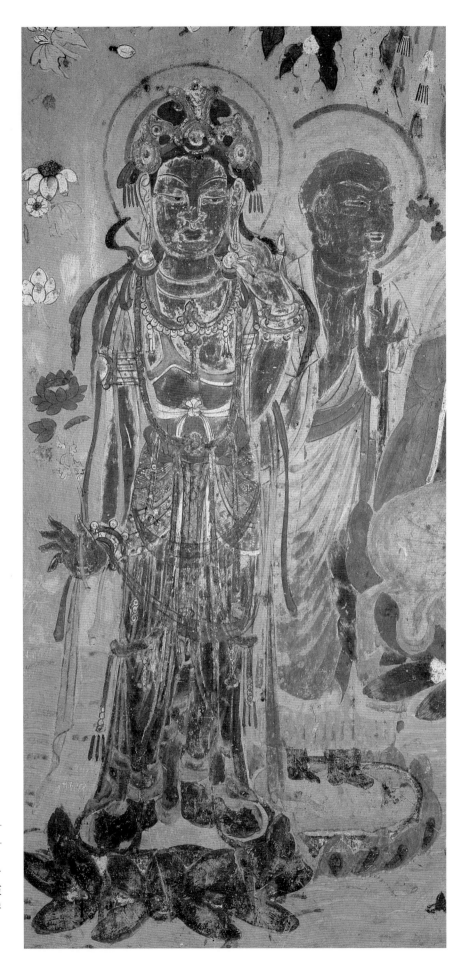

129 寶池蓮花大勢至菩薩

大勢至菩薩，頭戴金冠，項圈、臂釧、
手環、瓔珞嚴飾其身，一手執蓮花，一
手作印契，亭亭玉立。手的姿式變化靈
動，富於美感。此圖與前圖構成南北呼
應。

初唐 莫57 北壁

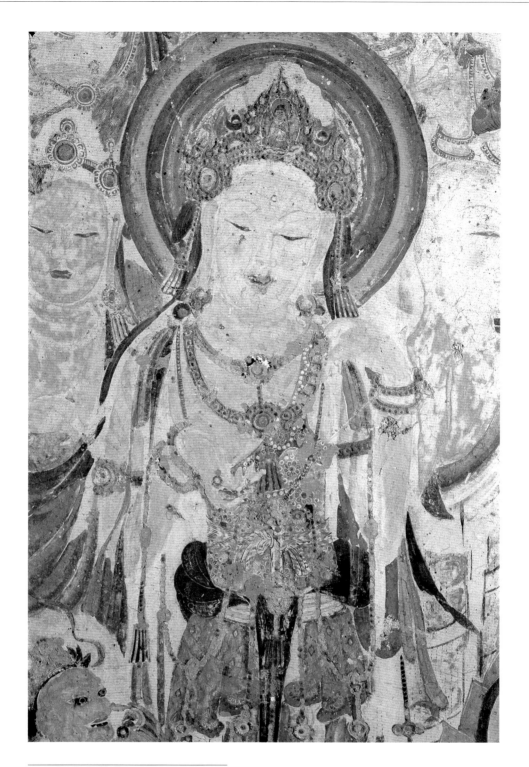

130 觀世音菩薩

在阿彌陀說法圖中的觀世音菩薩，頭戴
化佛金冠，瓔珞環釧，婀娜多姿，楚楚
動人。面部暈染在白淨中透出紅潤的色
澤，略顯示出立體感。瀝粉堆金，與僧
祇支精緻的裝飾花紋和絢麗的色彩相配
合，呈現出金碧輝煌的效果。

初唐 莫57 南壁

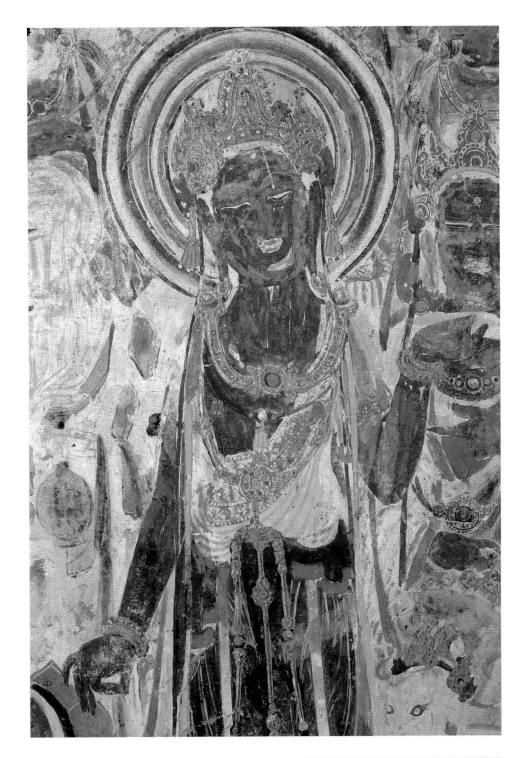

131 大勢至菩薩

在阿彌陀說法圖中的大勢至菩薩，頭戴
金冠，身飾項圈瓔珞，斜披天衣，左手
托綠色玻璃鉢，右手提巾帶，姿態優
雅。由於與前圖觀世音像所用的顏料不
同，現已變色，這一黑一白，形成鮮明
的對照。

初唐 莫57 南壁

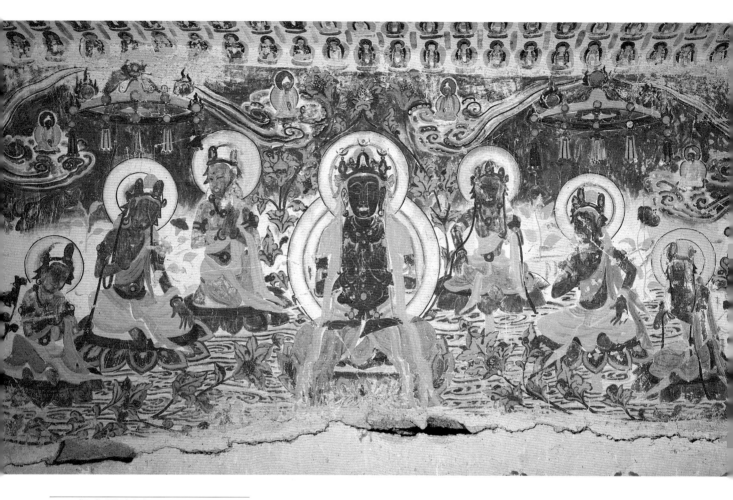

132　觀音說法圖

觀世音菩薩為主尊的說法圖，表現觀世
音在布旦洛迦山說法的場景。圖中觀世
音坐於寶池中蓮花座上，侍從菩薩蕩漾
在綠波之中，水中泛起陣陣漣漪，在藍
色的天空中，化佛凌空飛至，藍天綠
水，交相輝映。

初唐　莫332　東壁門上

133　持蓮觀音

觀世音菩薩頭戴化佛冠，面龐圓潤豐
腴，珠寶項飾、披帛釧鐲與羅衣瓔珞極
為華麗。一手提淨瓶，一手持青蓮花，
綠葉舒捲，人面花顏相映，極富情趣。

盛唐　莫217　西壁龕外北側

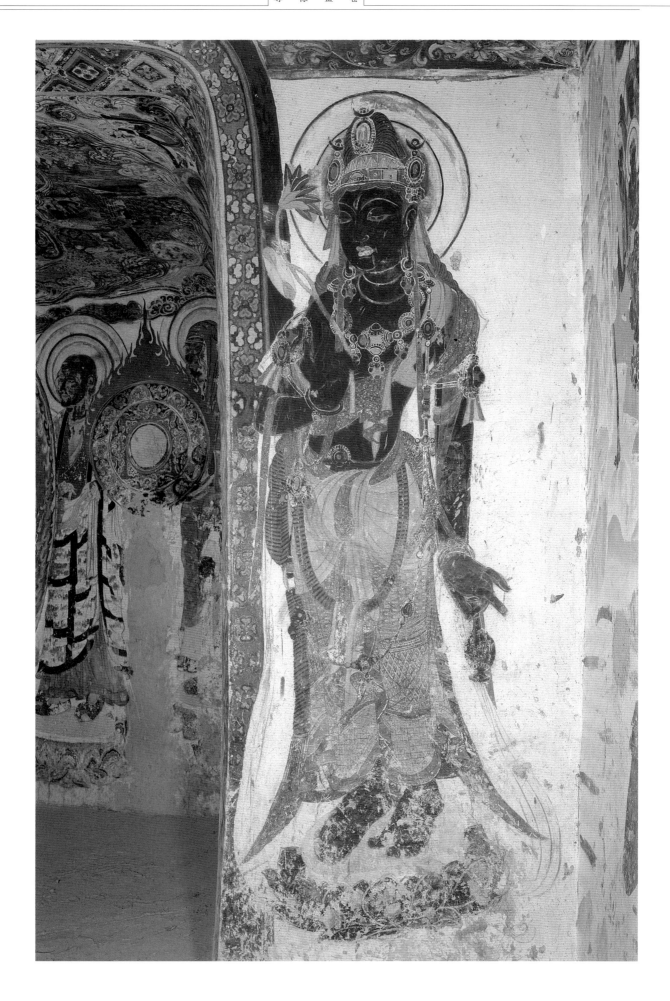

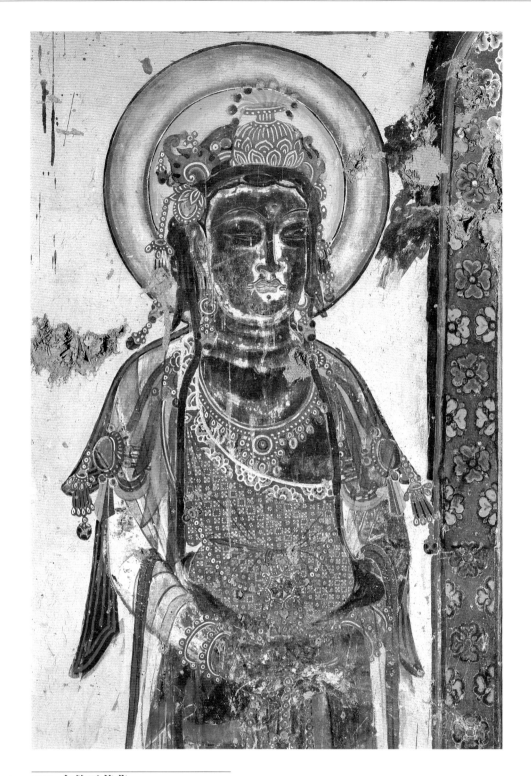

134 大勢至菩薩

大勢至菩薩頭戴寶瓶冠，面頰豐腴，神
態莊重，肩披薄紗長巾，透出層層飾
帶，胸着織錦絡腋，棋格紋樣燦若雲
霞，白裙曳地，遍身綺羅，凝神佇立於
蓮花上。此圖與前圖相呼應。

盛唐 莫217 西壁龕外南側

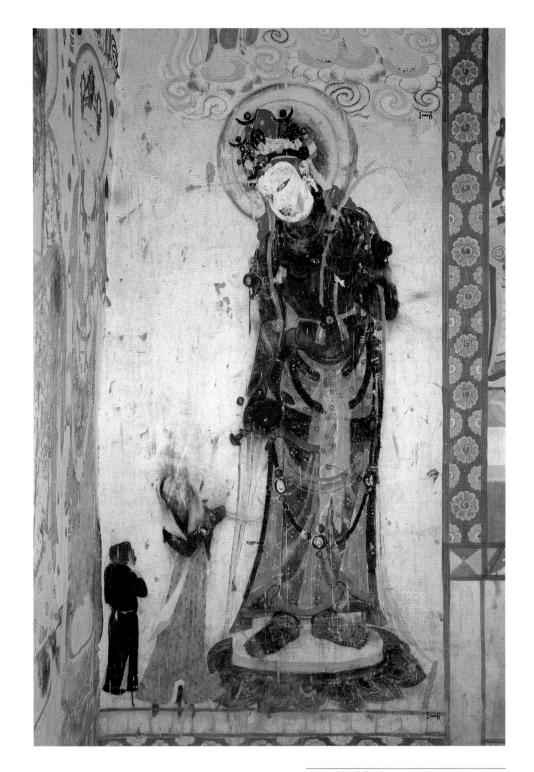

135 甘露觀音

觀世音菩薩身材高大，綽約立於蓮花
上，垂首俯視女供養人，左手執楊柳
枝，右手下垂，向供養人傾倒淨瓶中的
甘露，女供養人合掌仰拜，意態恭敬虔
誠。

盛唐 莫205 西壁南側

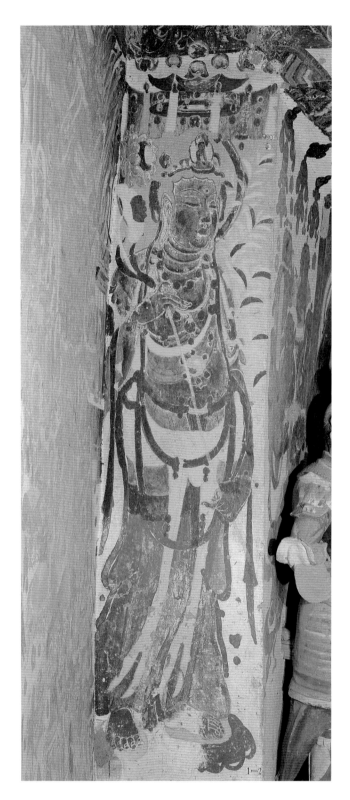

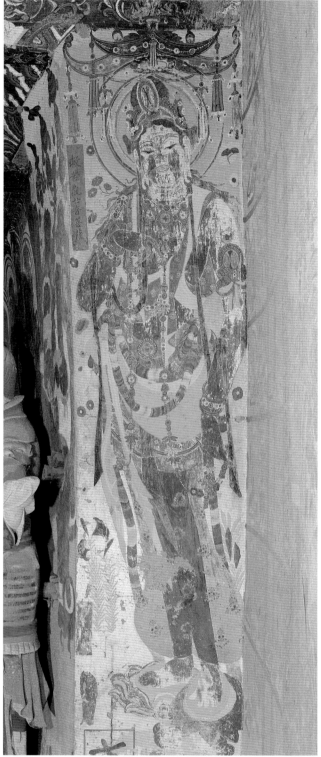

136 執蓮大勢至菩薩

大勢至菩薩頭戴化佛冠，面相圓潤，雙
手握蓮莖俯視下方，足踏雙蓮，裙裾與
裙帶微微向後飄動，仿佛慢步前行。其
形象婉若人間婦女，表現出一種世俗情
態。此圖與後圖相呼應。

盛唐 莫66 西壁龕外南側

137 榜題觀世音菩薩

觀世音菩薩頭帶三珠冠，面如滿月，紅
唇欲啟，微含笑意，垂視下方，冠帶繞
腕下垂，呈曲線形體態，莊重瀟灑。榜
題為"救苦觀世音菩薩"。繪製細膩，
線描挺拔俊秀，堪稱盛唐觀世音菩薩造
像的代表作。

盛唐 莫66 西壁龕外北側

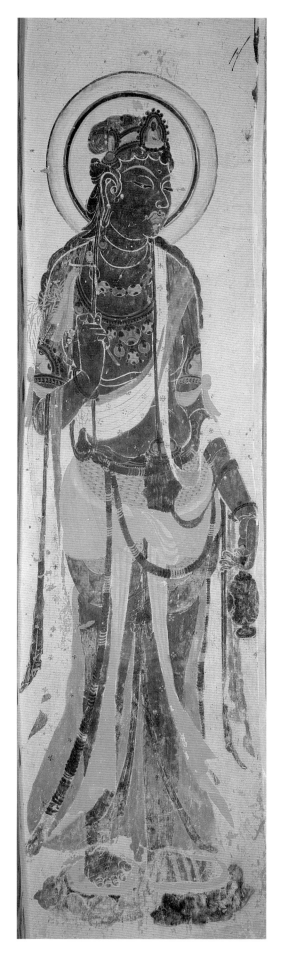

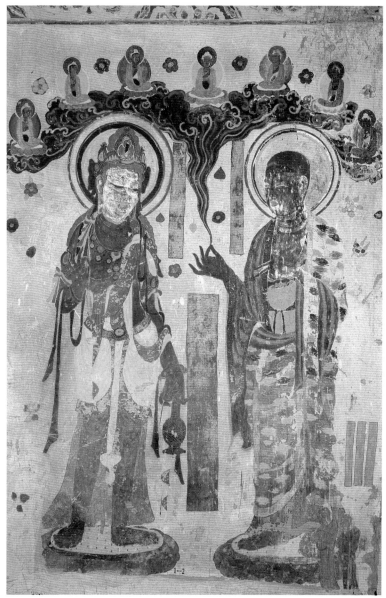

139 柳枝觀音

觀世音菩薩面向地藏菩薩側身而立,觀
音頭戴化佛冠,項飾瓔珞,絡腋斜披,
左手提淨瓶,右手拈楊柳枝,身材窈
窕,輕紗透體。

盛唐 莫166 東壁南側

138 觀世音菩薩

觀世音菩薩頭戴化佛冠,面相文靜,石
綠色長眉和蝌蚪形髭鬚,左手提淨瓶,
右手拈楊柳枝,身材修長而柔弱,側身
立於蓮花上。面部和肌膚雖已變色,但
原來的朱紅線描清晰可見。

盛唐 莫320 西壁龕外南側

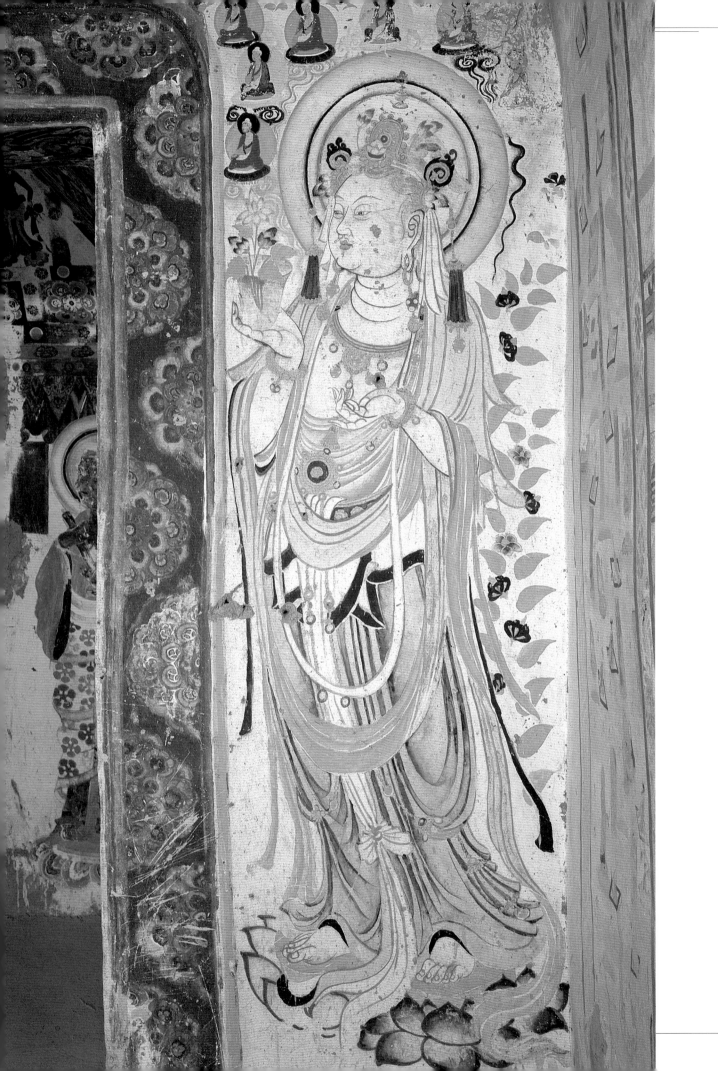

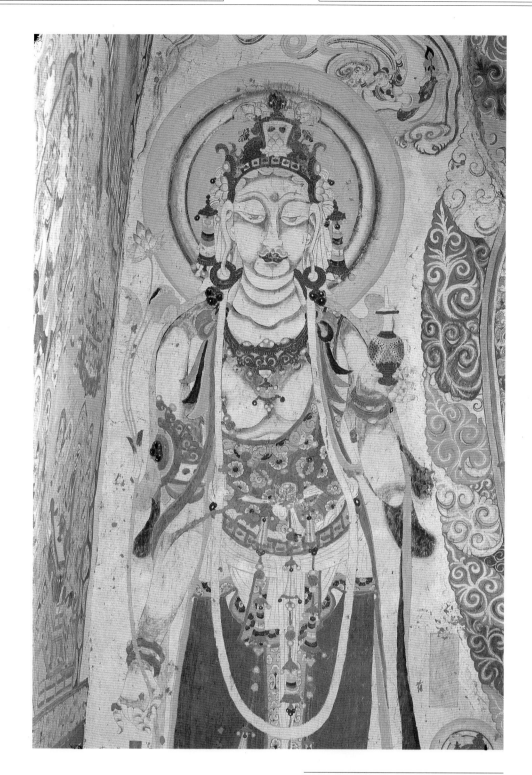

141 持蓮觀音

觀世音菩薩頭戴蓮花寶冠，挽高髻，長
眉連鬢，目光垂視，斜挎天衣，羅裙長
垂，瓔珞環釧飾於身，左手將淨瓶托
起，右手持長莖紅蓮，肌膚豐柔瑩潤，
神情嫻雅，儀態端莊。此像高達3米。

中唐 莫158 南壁東側

140 托蓮大勢至菩薩

大勢至菩薩頭戴蓮花冠，面相豐圓，石
綠色雙眉入鬢，右手托玻璃盆番蓮花，
面露喜色，姿態瀟灑。土紅線描挺勁流
暢，賦彩簡淡雅致，表現出中唐的新風
格。

中唐 莫199 西壁龕外北側

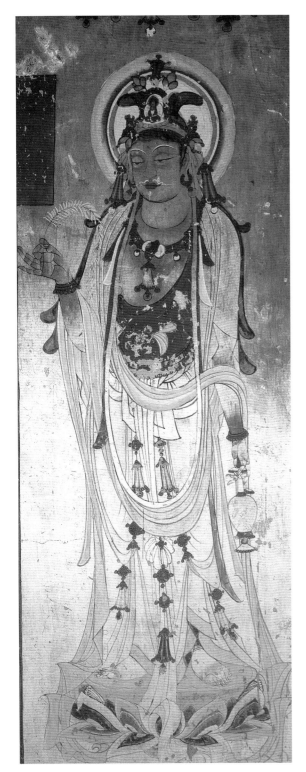

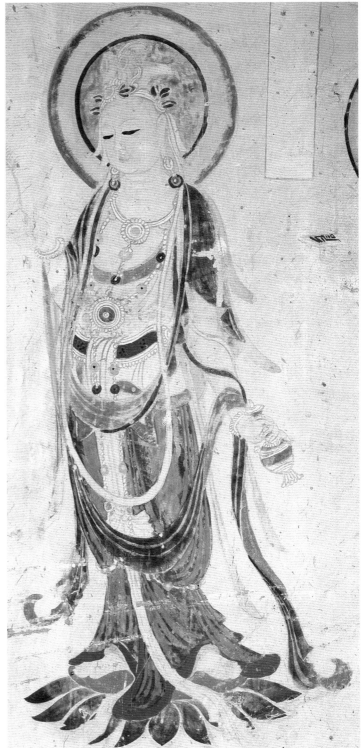

142 柳枝觀音

觀世音菩薩頭戴化佛冠,梳雙叉髻,左
手提淨瓶,右手輕拈楊柳枝,凝視的雙
目,完全沉浸在靜心聽法的境界中,臉
上泛出一絲會心的微笑,仿佛領悟到佛
法真諦。

中唐 榆25 南壁西側

143 柳枝觀音

觀世音菩薩頭戴寶冠,腰束長裙,略側
身立於蓮花上,左手提淨瓶,右手輕拈
楊柳枝,儀態慈悲,清雅俊美。

中唐 莫172 東壁北側上方

144 觀世音菩薩

觀世音菩薩頭戴寶冠,挽雙髻,左手持
紅蓮花,右手提淨瓶。榜題為"南無救
苦觀世音菩薩"。原壁畫曾為西夏甬道
覆蓋,甬道搬遷後露出此畫,故線描清
晰,色澤如新。

五代 莫220 甬道北壁西側

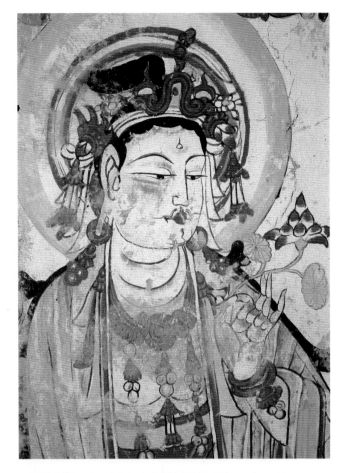

145 觀音說法圖

說法圖以觀世音菩薩為主尊,觀世音立
於蓮花上,頭戴化佛冠,瓔珞被身,左
手提淨瓶,右手輕拈楊柳枝,脅侍釋迦
十聖,榜題為優婆離、迦旃延、舍利
弗、須菩提、阿那律等十大弟子名,內
容新穎,形式獨特。

五代 莫6 西壁龕內西壁

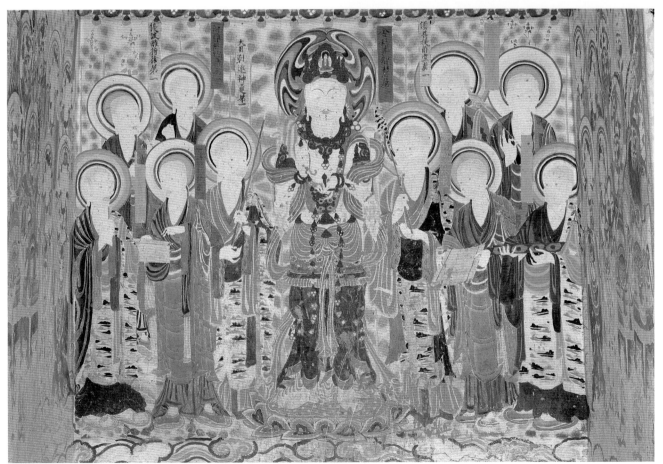

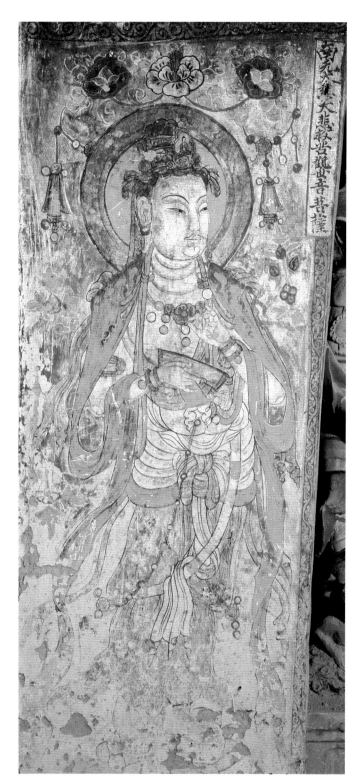

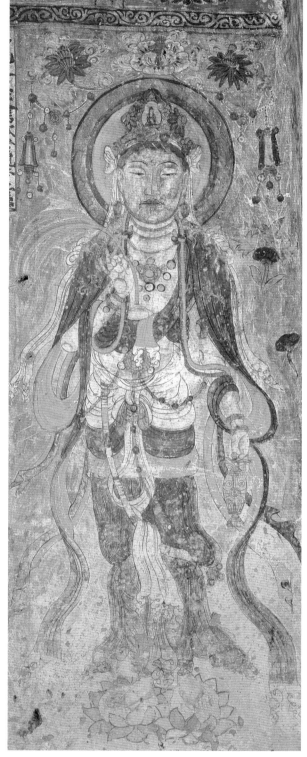

146 榜題觀世音菩薩

觀世音菩薩頭戴化佛冠，面相稍長，細
目修鼻，左手輕拈瓔珞，右手持梵夾，
足踏雙蓮，表現出菩薩莊重睿智和慈悲
的情懷。上有由花蔓、瓔珞組成的華
蓋。榜題為"南無大慈大悲救苦觀世音
菩薩"。此像又稱六時觀音。

沙州回鶻 莫97 西壁龕外南側

147 榜題觀音菩薩

觀音菩薩頭戴化佛冠，面相圓潤，左手
持楊柳枝，右手提淨瓶，足踏雙蓮，巾
帶飄動。榜題為"南無大慈大悲救苦觀
音菩薩"。此像又稱柳枝觀音，與前圖
六時觀音同為沙州回鶻時期的作品，二
者互相對稱。

沙州回鶻 莫97 西壁龕外北側

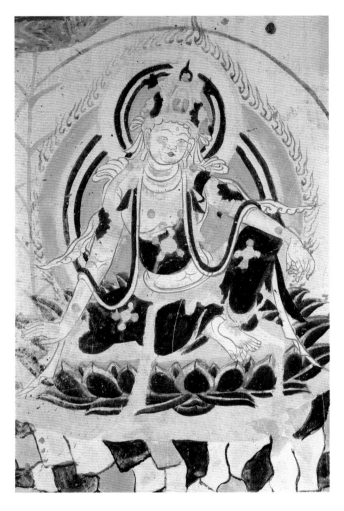

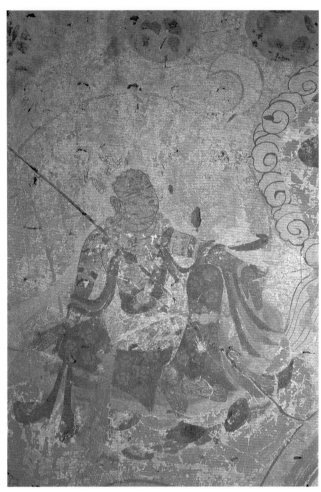

148 水月觀音

觀世音菩薩頭戴高冠,斜披天衣,腰束長裙,屈膝坐斷崖蓮花座上,身後閃耀明亮的圓光,崖下碧水紅蓮,境界清幽。觀世音雙目凝視,顯出悠然自若的神情。

沙州回鶻 莫431 西壁門上

149 水月觀音

觀世音菩薩頭戴寶冠,舒坐於大蓮花上,上身半裸,斜挎披巾,下着團花錦褲,抬頭仰望一彎新月,身後綠色大圓光,幾枝翠竹搖曳,意境深邃靜謐。此為沙州回鶻時期僅有的幾身觀音之一。

沙州回鶻 榆21 甬道南壁

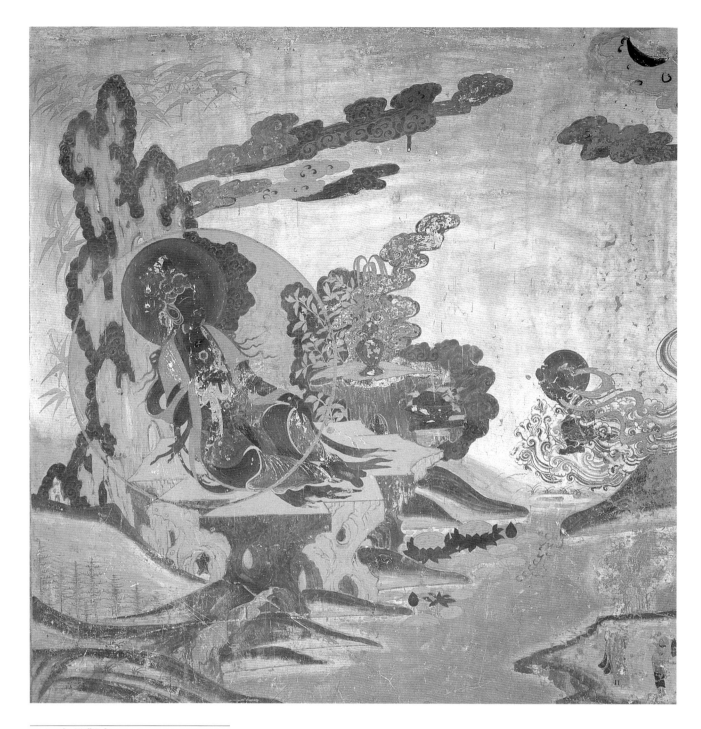

150 水月觀音

觀世音菩薩悠然自若地坐在斷崖上凝思
遐想，通體籠罩着一層半透明的綠色圓
光，前有碧水紅蓮，後倚奇峯修竹。菩
薩頭戴金冠，長髮覆肩，左手撫膝，右
手數念珠。雲霞襯托出岩石上插着楊枝
的淨瓶，一彎新月掛在雲端，遠處善 觀
音，近處岸邊草地上，唐僧率弟子悟空
遙作禮拜。這一西夏時期的水月觀音，
畫面意境幽靜深邃，色彩富麗，線描流
暢，造型優美。

宋　榆2　西壁南側

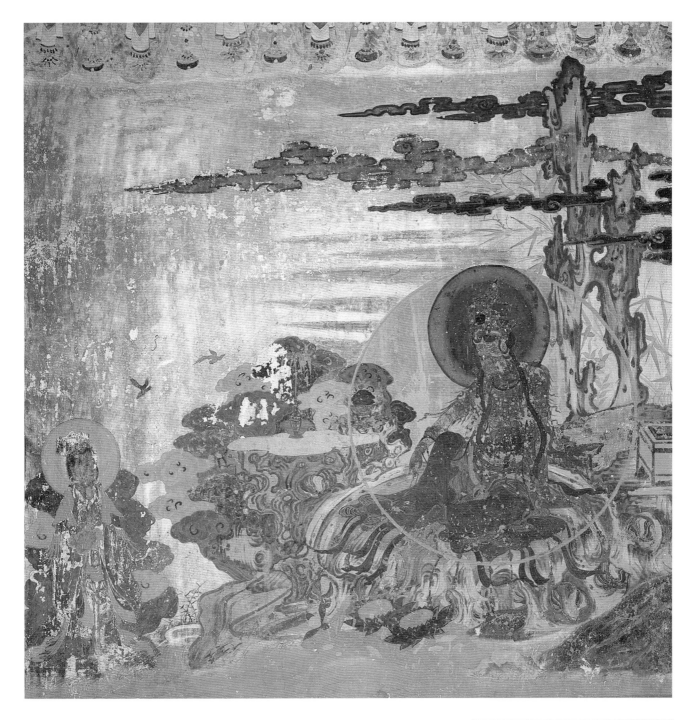

151 金身水月觀音

觀世音菩薩自若地坐在洞石上觀望着瀑布流水，菩薩頭戴金冠，長髮覆肩，通體金色，籠罩圓光。洞石上置金色淨瓶和金鉢。色彩富麗，造型優美。此形象在三十三身觀音中又稱"瀧見觀音"，表現"火坑變成池"義理。

宋 榆2 西壁北側

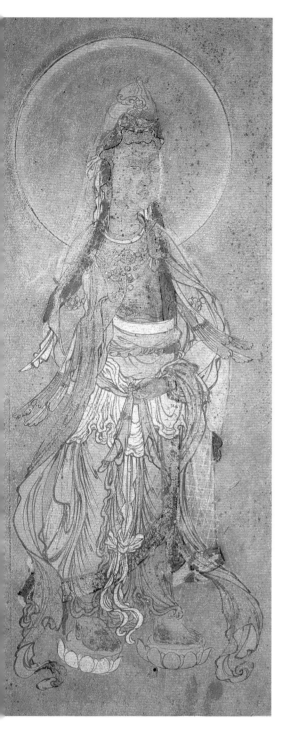

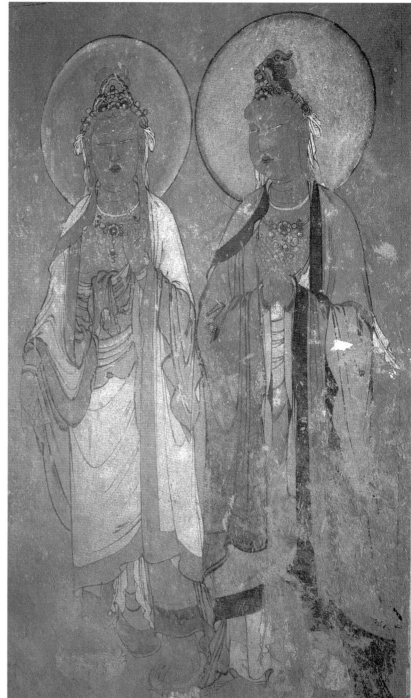

152 觀世音菩薩

觀世音菩薩頭戴花冠，束高髻，飾巾
幗，身着白袍，外罩紅色綃衣。造型豐
腴端麗，神情慈善溫和。勾描準確嚴
謹，運筆遒勁酣暢，輕重虛實相結合，
抑揚頓挫，富有變化。

元 莫3 西壁龕內南壁

153 觀世音菩薩

兩身觀世音菩薩頭戴花冠，挽高髻，飾
巾幗，分別披白色和紅色大袍，一身結
印，另一身合掌，跣足立於蓮花上。神
態自然，身姿勻稱豐滿，表現細膩，如
有生氣，運筆遒勁，勾勒精細，色彩淺
淡。

元 莫3 西壁龕內北壁

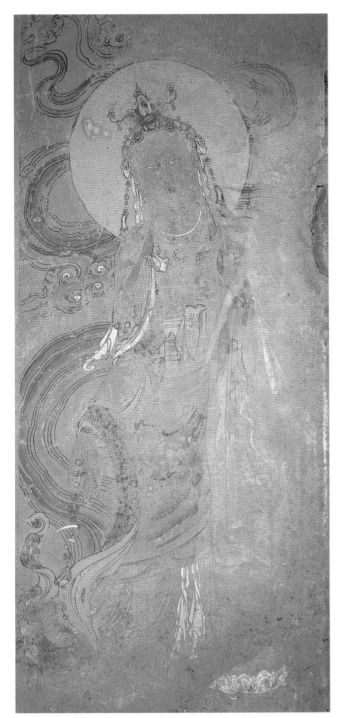

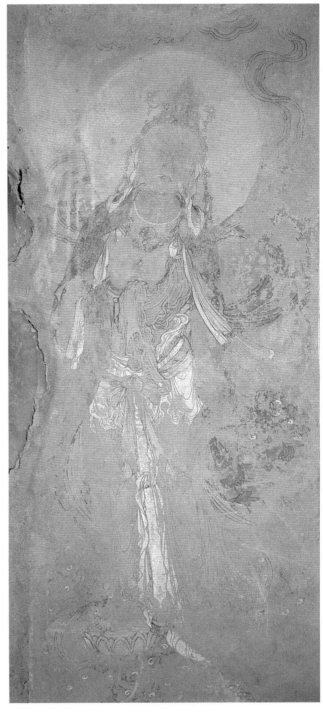

154 散財觀音

觀世音菩薩頭戴化佛冠，披紅色袈裟，
雙蓮托足乘紫、黃二色祥雲降臨，垂右
臂手中珊瑚、瑪瑙、象牙、玉佩、錢幣
等源源不斷落下，以財寶施予貧窮者。
元 莫3 東壁門北側

155 甘露觀音

觀世音菩薩頭戴化佛冠，穿綠色絡腋，
紫色雲肩，足踏蓮花凌空而降，左手下
垂倒握淨瓶，以甘露施餓鬼。人物用游
絲描，巾帔用鐵線描，裙帶用行雲流水
描，筆法精確、熟練、多變，表現力極
強。
元 莫3 東壁門南側

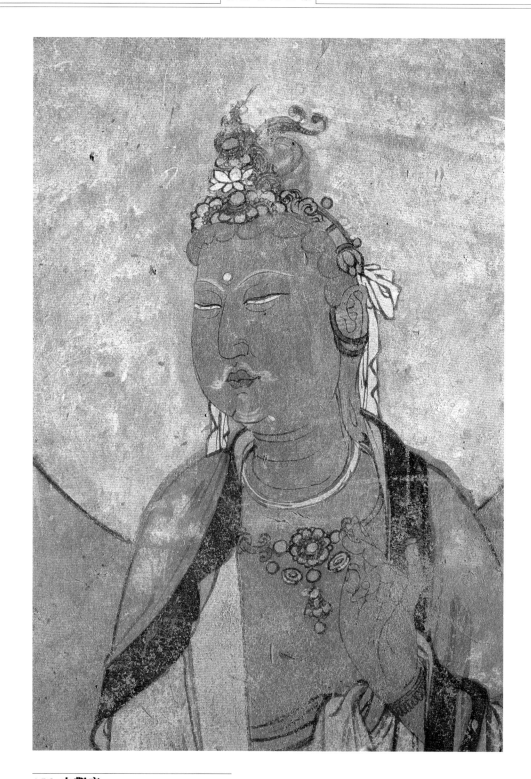

156 白觀音

觀世音菩薩冠髮之上披素巾，着白衣
袍，外罩紅邊綃衣，額窄頰寬，下顎豐
碩，神態矜持，身材略矮，足踏雙蓮。
衣裙巾帶的線描，時而筆勢酣暢，如行
雲流水，時而勁拔頓挫，如蘭葉折蘆，
和諧統一。此像亦稱白衣大士。

元 莫3 西壁龕外南側

第三節　　智理雙證——文殊菩薩與普賢菩薩

　　文殊、普賢菩薩為釋迦牟尼佛之脅侍，即文殊菩薩駕獅子侍釋迦佛之左側，普賢菩薩乘白象侍右側，合稱為"釋迦三尊"。

　　文殊，是文殊師利（梵文 Manjusri）的略稱，意譯為妙德、妙吉祥等，在佛教諸菩薩中，無論智慧還是辯才皆為第一，專門職掌智德、證德，象徵般若，般若即智慧，因此有"大智文殊"之美名。普賢（梵文 Samantabhadra），又譯作遍吉菩薩，在佛教中專門職掌理德、行德，象徵三昧，三昧即佛之理念，又有"大行普賢"之美名。在佛教經典中，文殊和普賢菩薩是各自獨立的，文殊是般若經典和《華嚴經》中記載的菩薩，普賢是《法華經》和《華嚴經》中所說的菩薩。

　　因為文殊菩薩顯智、慧、證，普賢菩薩顯理、定、行，共詮本尊釋迦佛理智、定慧、行證之完備圓滿，所以文殊和普賢菩薩共為一切菩薩之上首，常助成宣揚如來之化導攝益。體現在尊像畫中，文殊乘獅，是表示智慧的勇猛無畏；普賢乘象，則出自《法華經·普賢菩薩勸發品》的記載。文殊騎獅和普賢乘象的造型，除了儀軌的意義外，其蘊含的象徵意義即表示馴服恰如猛獸般的罪惡和慾望的力量，以無限的智慧和理念的力量與精神，摧伏任何猛獸與惡魔，使世人得以淨化，世間得以安寧。

　　敦煌尊像畫中的文殊、普賢菩薩像始繪於初唐時，初盛唐期間多繪於洞窟正壁佛龕外兩側壁上部（7 幅）。其形象特徵是，文殊菩薩騎乘獅子，頭戴寶冠，身飾瓔珞，手持蓮花或琉璃花鉢，周圍有天人眷屬相隨；普賢菩薩騎乘六牙白象，頭戴寶冠，身飾瓔珞，手持青蓮花或玉如意，有天人眷屬相伴。

　　到中晚唐壁畫中的文殊、普賢菩薩像，其發展呈現出兩種趨勢。一種是畫面上菩薩的眷屬隊伍不斷壯大，背景描繪日益豐富，發展成為獨立成鋪的文殊變和普賢變，數量龐大。另一種是構圖依然簡約的獨尊式文殊、普賢菩薩像，數量較少（6 幅），均繪於正壁龕外側壁上，造型特徵無變化。

　　五代、宋的文殊、普賢菩薩像（13 幅），造型多與唐代相同。五代時由於受于闐佛教藝術的影響，出現一種"新樣文殊像"，將文殊菩薩像獨立繪出，別具一格。

　　沙州回鶻和西夏時期尊像式的文殊、普賢菩薩像（7 幅），多繪於洞窟前室壁上。

　　敦煌壁畫中體現出的對文殊、普賢菩薩的信仰，不僅有尊像式的文殊、普賢菩薩像（30 餘幅），更多的是畫在文殊變和普賢變（130 餘鋪）中，以及表現在維摩詰經變"問疾品"（70 餘鋪）中文殊菩薩，後二者在唐宋時期風行一時。特

別是在文殊變和普賢變中，還出現表現
文殊道場五台山和普賢道場峨眉山的景
觀，這些內容多為中國佛教徒附會佛經

記載而成。以上種種，顯示出對文殊、
普賢菩薩經久不衰的信仰熱潮，其程度
在諸菩薩中僅次於觀世音。

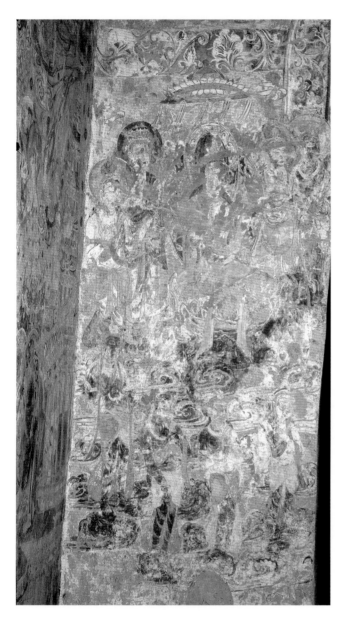

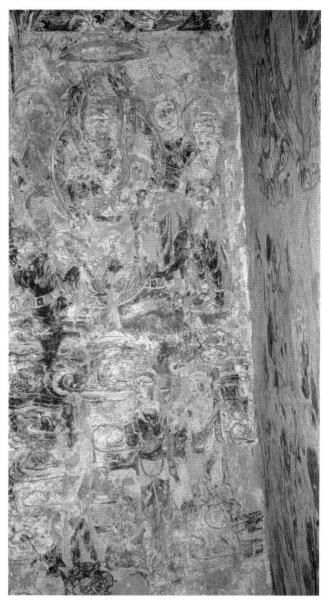

157　普賢菩薩

普賢為中國佛教四大菩薩之一，為釋迦
牟尼佛的右脅侍，專司理德。圖中普賢
菩薩乘白象，結跏趺坐於象背蓮台上，
周圍眷屬菩薩環繞簇擁，踏雲行走於空
中，飄飄蕩蕩，怡然自得。畫面因色彩
脫落而殘損。此圖與後圖構成南北呼
應。

初唐　莫220　西壁龕外南側

158　文殊菩薩

文殊是中國佛教四大菩薩之一，為釋迦
牟尼佛的左脅侍，專司智慧。圖中文殊
菩薩，在眷屬菩薩的簇擁下，結跏趺坐
於青獅背上蓮花座上，神情莊靜，在青
獅和菩薩足下，流雲飛捲。

初唐　莫220　西壁龕外北側

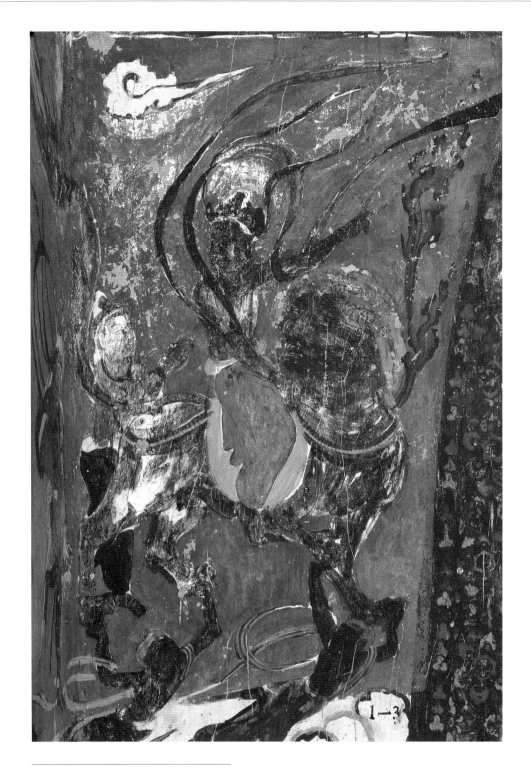

159 飛天托文殊菩薩

文殊菩薩騎雄獅，一面揮動左臂前指，
一面回首招呼身後侍從菩薩聽法，雄獅
回首長嘯。飛天雙手承托獅四足，衣帶
飛揚，遊巡天空。菩薩均似童身，悠閒
生動。

初唐 莫331 西壁龕外南側

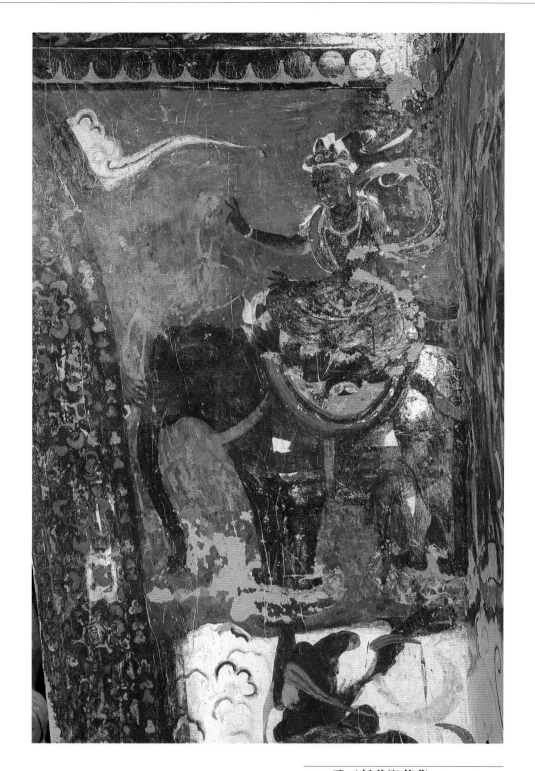

160 飛天托普賢菩薩

普賢菩薩結跏趺坐蓮花座，乘白象凌空
聽法，揮手向對面的文殊菩薩致意，遙
相呼應。六牙白象安詳地挺立於蓮花
中，飛天雙手托蓮花，乘白雲悠悠飄
行。此圖與前圖相呼應。
初唐 莫331 西壁龕外北側

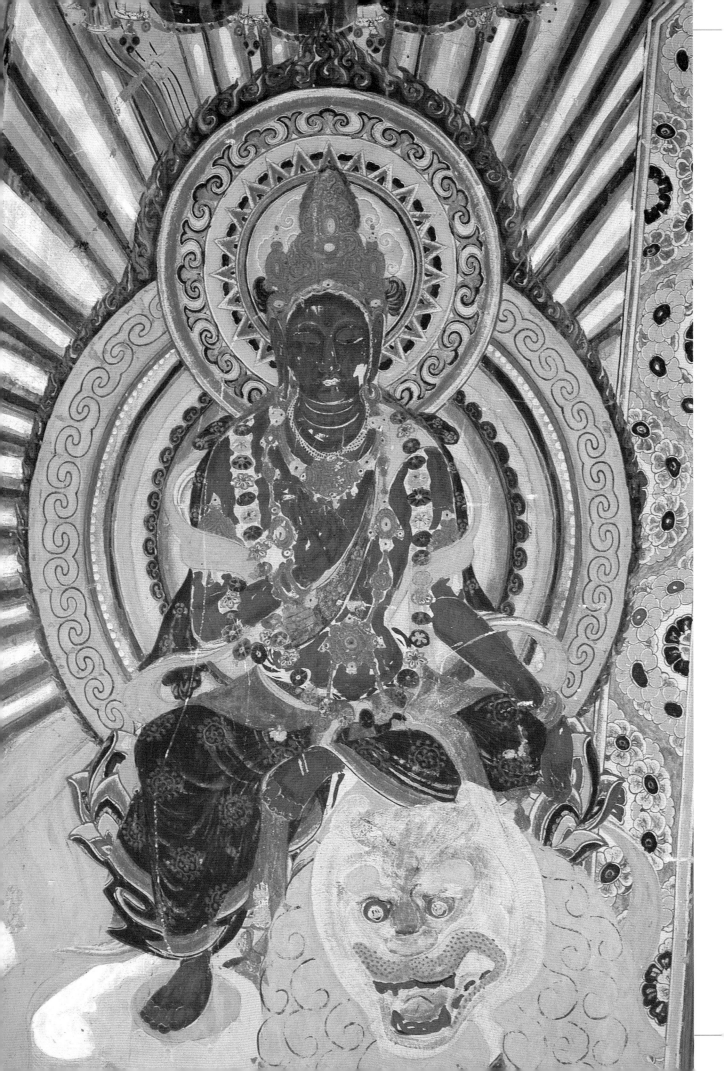

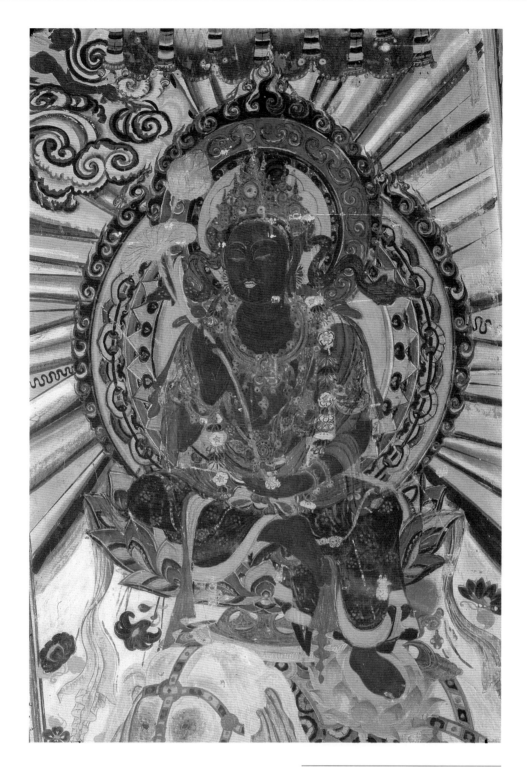

162 普賢菩薩

普賢菩薩頭戴寶冠,身披瓔珞,雙手擎
長莖蓮花,半跏舒坐白象背上,身後光
燄四射,氣氛莊嚴神聖。六牙白象足踏
蓮花前行,生氣勃勃。此圖與前圖構成
南北呼應。

盛唐 莫148 南壁東側

161 文殊菩薩

文殊菩薩頭戴寶冠,天衣斜挎,瓔珞被
體,半跏趺舒坐青獅背上,左手撫膝,
右手當胸結印,儀態莊嚴。身後背光,
光燄四射,青獅大眼圓睜,張口呼吼,
十分生動。

盛唐 莫148 北壁東側

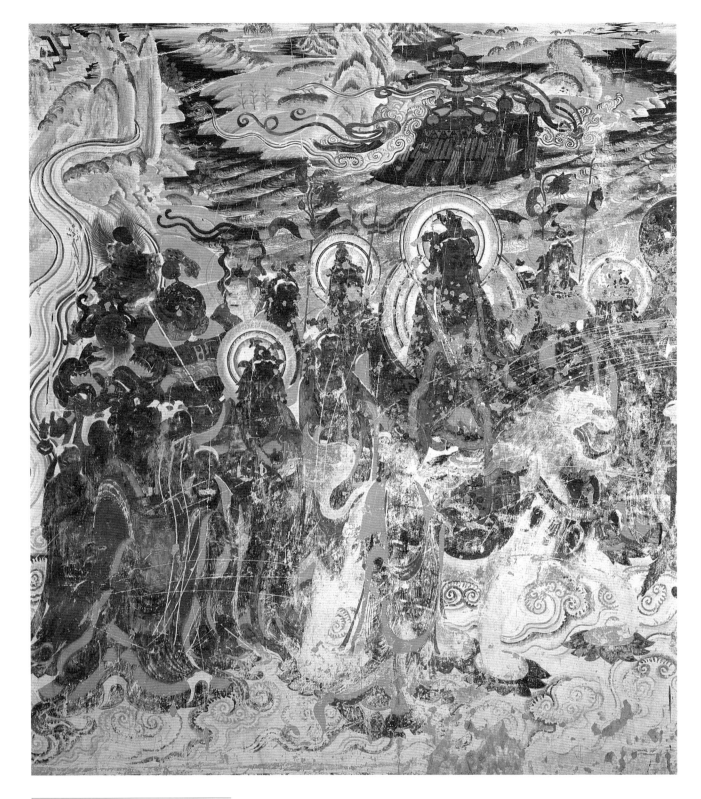

163 文殊圖

紅鬃白獅馱蓮花須彌座，文殊菩薩結跏
趺坐其上，旁有崑崙奴牽獅、諸天聖眾
左右護衛簇擁，腳下祥雲繚繞，後面是
遼闊的山水。盛唐後期，文殊圖構圖漸
趨複雜，此圖背景是當時傑出的山水畫
面。

盛唐 莫172 東壁北側

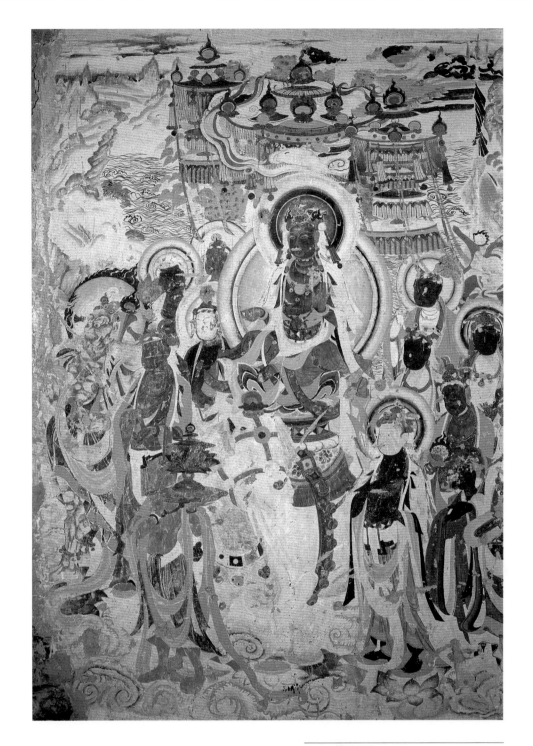

164 普賢圖

普賢菩薩乘坐六牙白象,象前有天人托
香爐供養,周圍是諸天聖眾護持,遠處
是壯闊的山河。普賢菩薩的道場是四川
的峨眉山,此圖中的山應是畫師想像中
的峨眉山。此圖與前圖構成南北呼應。

盛唐 莫172 東壁南側

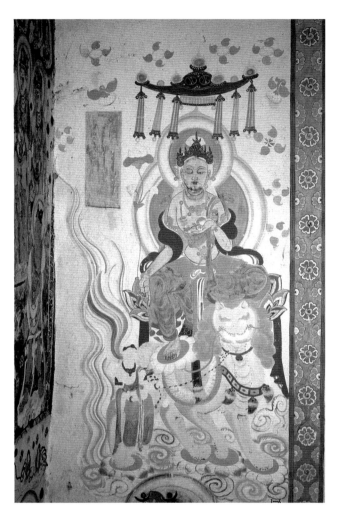

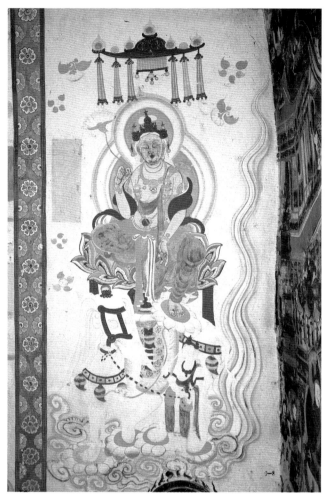

165 托珠文殊

文殊菩薩頭戴七寶冠，身飾瓔珞，左手
托寶珠，右手持長莖蓮花，半跏趺舒坐
蓮上。青獅口啣蓮花，供文殊蹬踏，它
乘彩雲緩緩前行，表現出動態之美和協
調的韻律美。

中唐 莫205 西壁南側

166 持蓮普賢

普賢菩薩舒坐在六牙白象的背上，寶冠
天衣，身飾瓔珞，雙手持長莖紅蓮花，
有菩薩牽象緩步前行。構圖簡練，線描
圓潤流暢，設色素雅。此圖與前圖構成
南北呼應。

中唐 莫205 西壁北側

167 普賢圖

普賢菩薩乘六牙白象,偕眷屬悠然行進。蓮花座下的崑崙奴,則舉杖揮手驅趕白象。與文殊座下遏制雄獅的馭奴呼應,一放一收,一進一退,從而取得既有變化又有統一的對稱效果。

中唐 榆25 西壁南側

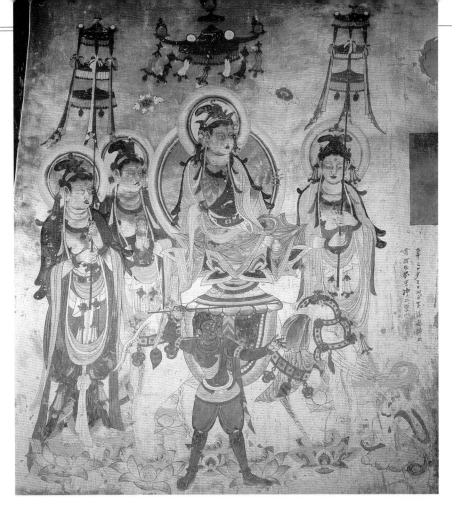

168 文殊圖

文殊菩薩頭戴花冠,身披天衣,手持如意,結跏趺坐束腰蓮座上。座下青獅昂首翹尾,司駕御的崑崙奴,皮膚黝黑,緊拉韁繩,其緊張的神態與意態閒適的菩薩形成對照。

中唐 榆25 主室西壁北側

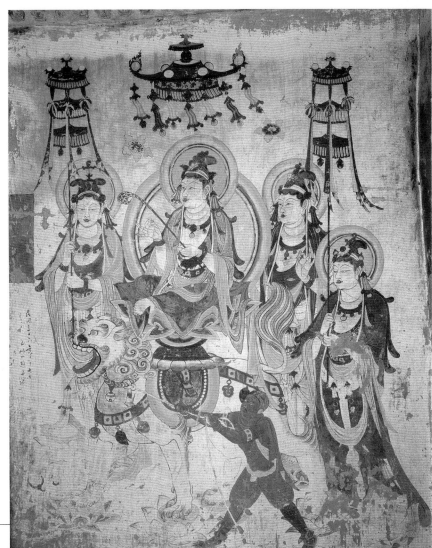

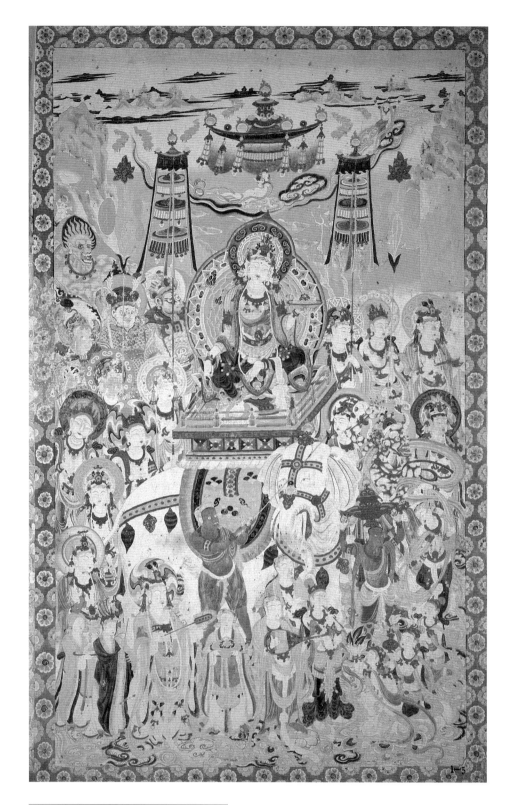

169 普賢圖

普賢菩薩左手托玻璃花鉢，右手持長莖
蓮花，遊戲坐於象背上。崑崙奴持杖驅
象，前方菩薩頭頂供盤，眷屬聖眾圍
繞，其上部描繪有山川景色。此圖與後
圖構成南北呼應。

中唐 莫159 西壁龕外南側

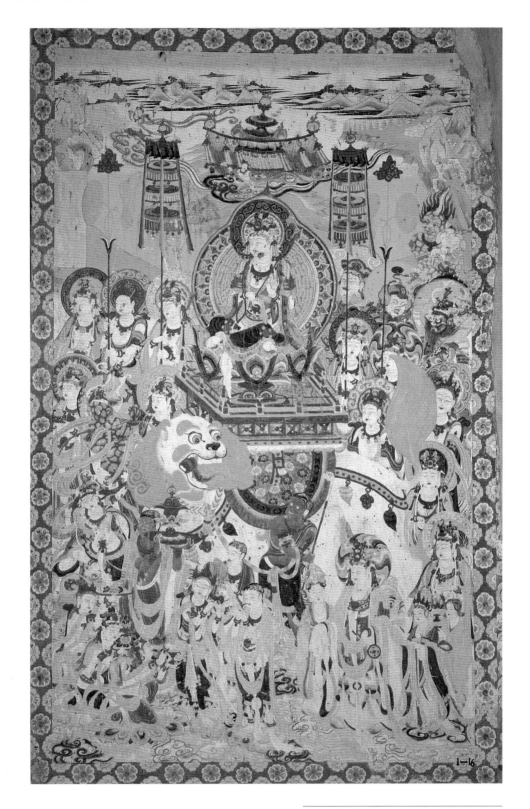

170 文殊圖

文殊菩薩手持如意，結跏趺坐於獅背
上，周圍眷屬、天龍八部、帝釋梵天護
衛，又有天人奏樂，描繪十分生動。其
上部繪有山川美景，吐蕃統治敦煌時期
的中唐，由於吐蕃人對文殊的信仰，曾
派使者到中原唐王朝求取五台山圖。

中唐 莫159 西壁龕外北側

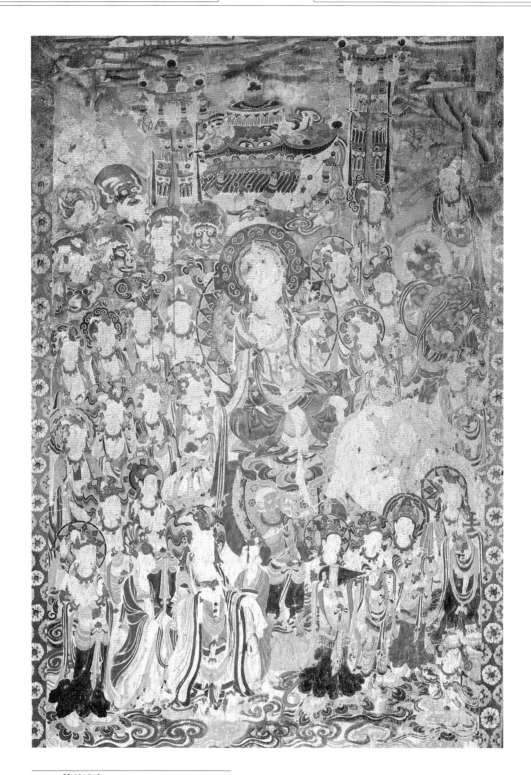

171 普賢圖

普賢菩薩乘六牙白象,白象一側有崑崙
奴揮杖驅駕。諸伎樂菩薩在前為先導,
眾菩薩跟隨其後,帝釋天和侍從以及天
王、藥叉成列行進,整個隊伍氣氛莊
重,毫無擁擠之感。象奴形象刻劃得生
動逼真。此圖與後圖相呼應。

晚唐 莫156 西壁龕外南側

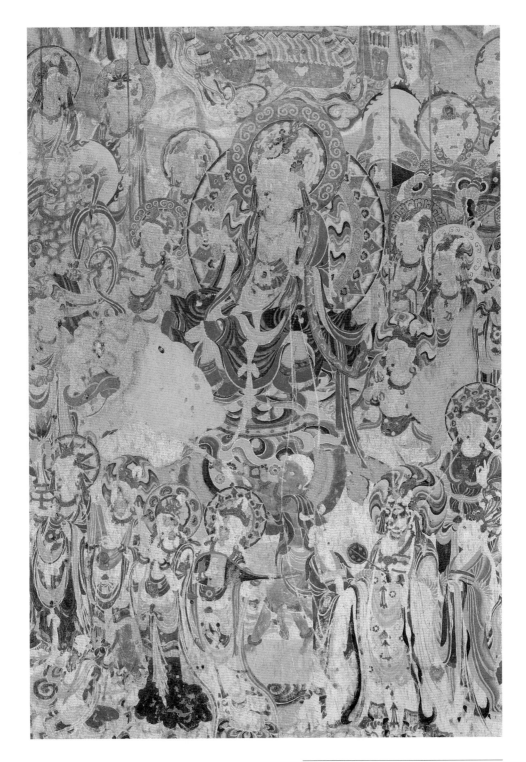

172 文殊圖

文殊菩薩結跏趺坐束蓮座上，青獅馱蓮
座呼吼前行，獅子一側有崑崙奴雙手牽
馭。伎樂菩薩為先導，大梵天及天王、
力士、菩薩簇擁在周圍，浩浩蕩蕩，場
面宏大。

晚唐 莫156 西壁龕外北側

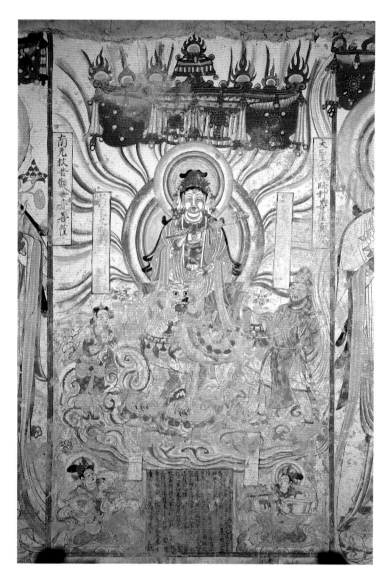

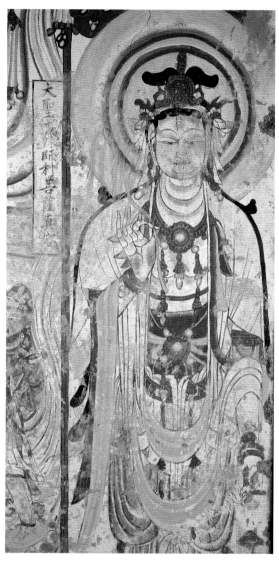

173 榜題新樣文殊

文殊菩薩手執如意，端坐青獅寶座。牽
獅人為于闐國王，頭戴金梁紅錦風帽，
高鼻虬髯，身穿朱紅色圓領袍衫，長勒
氈靴，手持五彩韁繩，其榜題為"普勸
受持供養大聖感得于闐……時"。獅
前有題記"大唐同光三年（公元925
年）……敬畫新樣大聖文殊師利菩薩一
軀"。

五代 莫220 甬道北壁中央

174 文殊菩薩

文殊菩薩頭梳雙髻，戴寶冠，立於蓮花
上，左手下垂提淨瓶，右手勁拈楊柳
枝。從造型上看，與前圖新樣文殊左側
的觀世音像別無二致，但榜題為"大聖
文殊師利菩薩真容"，頗為罕見。

五代 莫220 甬道北壁東側

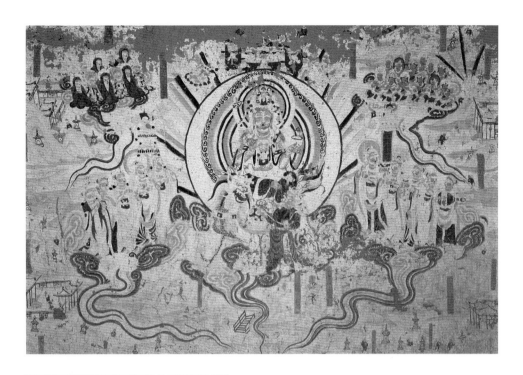

175 新樣文殊圖

文殊菩薩頭戴化佛冠，左手拈蓮花，乘
獅子駕雲升起在空中。牽獅人為于闐國
王，戴毗沙門天冠，穿圓領袍衫。左右
眷屬菩薩分別持幡、擎花、奏樂供養。
此圖亦為五代時出現的新樣文殊。

五代 榆32 東壁南側

176 新樣普賢圖

普賢菩薩乘六牙白象，左手托玻璃花
杯，駕雲而起，化現說法。左右部眾駕
雲、執幡、擎香花、奏音樂供養。畫面
色調淡雅，層次分明，與南側文殊圖一
樣，是一種新樣普賢圖。

五代 榆32 東壁北側

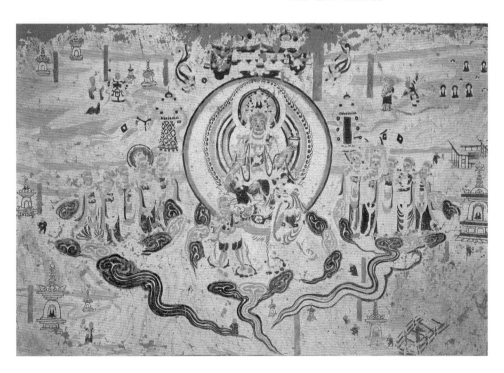

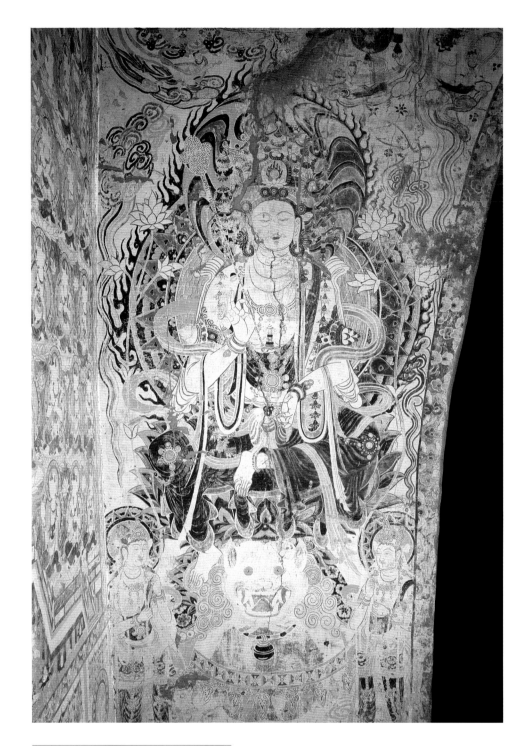

177 文殊菩薩

文殊菩薩頭戴寶珠花冠,珍寶瓔珞嚴飾
其身,右手持長柄如意,乘青獅前行。
文殊與獅子均為正面,構圖別致,氣勢
非凡。此窟原為唐代所開,宋代重修時
繪文殊、普賢像,全高近4米,是敦煌宋
代壁畫中最大的文殊、普賢像。

宋 榆6 二層前室東壁北側

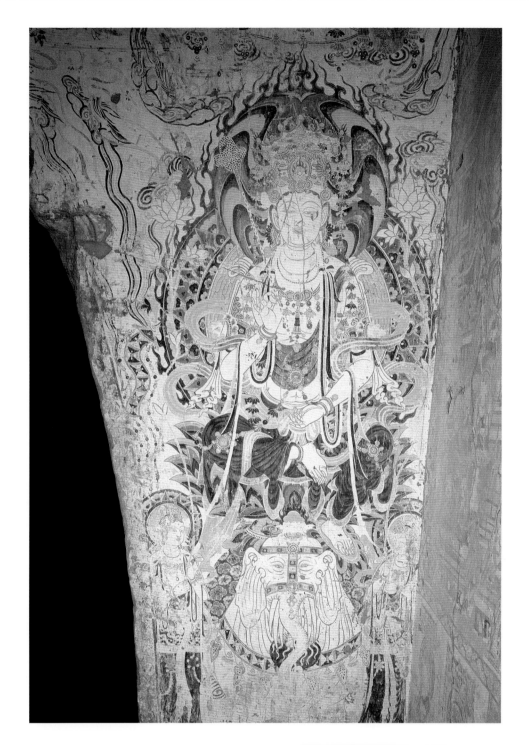

178 普賢菩薩

普賢菩薩頭戴寶珠花冠,右手持長柄如
意,儀態端莊肅穆,乘六牙白象正面前
行,兩旁各有一持花菩薩。從華蓋、圓
光、寶冠、佩飾、蓮座到白象頂上的彩
鈴裝飾均精心繪製,可惜下部已磨蝕不
清,但仍顯示出威嚴宏偉的氣慨。此圖
與前圖構成南北呼應。

宋　榆6　二層前室東壁南側

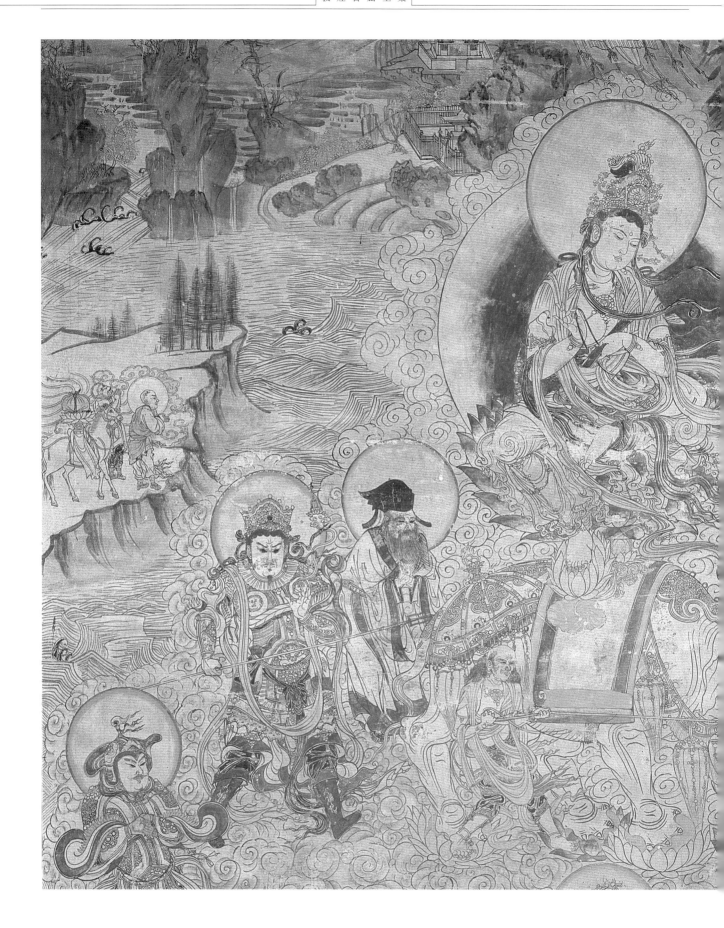

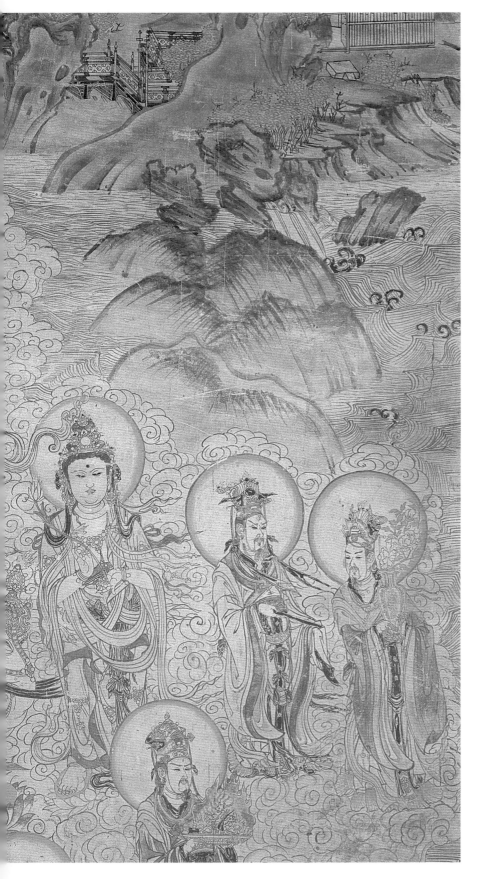

179 普賢圖

普賢菩薩手持梵夾半跏趺坐於六牙白象
背的蓮座上。白象四蹄皆踏蓮花，象奴
緊拽韁繩，周圍梵天、天王、菩薩、羅
漢等護從。人物的冠帶、披巾、衣袖、
裙裾，隨風飄動，腳下雲浪翻滾，使聖
眾駕雲在半空疾行的動勢躍然壁上。此
圖與後圖構成南北呼應，均為西夏時期
的佳作。

西夏 榆3 西壁南側

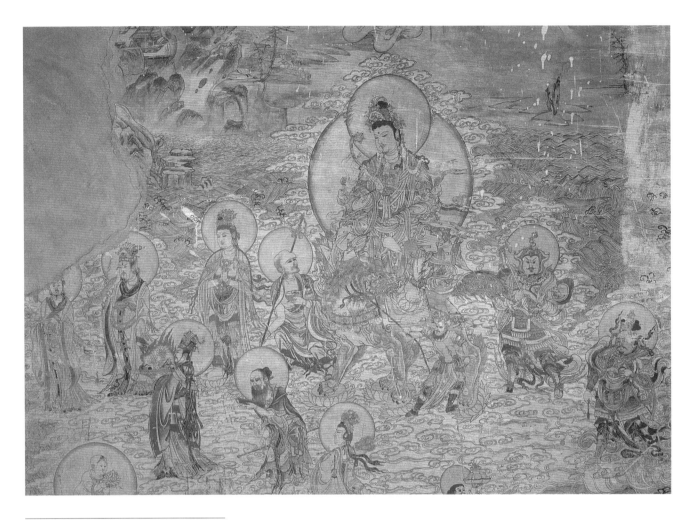

180 文殊圖

文殊菩薩手持如意在青獅背蓮座上半跏
趺坐，神態堅毅、沉靜。象徵智慧威猛
的青獅足踏紅蓮，步伐勁健，獅奴用力
拉着韁繩。文殊和周圍的帝釋、天王、
菩薩、羅漢、童子等聖眾，在雲靄之上
匯成了渡海的行列。

西夏 榆3 西壁北側

第四節　　超生冥界——地藏菩薩

地藏菩薩在中國佛教中久負盛名，與觀世音、文殊、普賢並稱為中國佛教四大菩薩。

地藏（梵文 Ksitigarbha）為意譯，地，住處之意；藏，含藏之意。佛教謂地藏受釋迦牟尼佛的咐囑，在釋迦既滅、彌勒菩薩未生成佛之間的無佛時代，自誓度盡六道眾生，拯救諸種苦難煩惱，"眾生度盡，方證菩提，地獄未空，誓不成佛"。唐玄奘譯《地藏十輪經》謂其"安忍不動猶如大地，靜慮深密猶如祕藏"，故稱地藏。猶如大地藏有救濟眾生的偉大功能，信眾若頌唸地藏菩薩之名，一心皈依，就得從苦解脫，安住涅槃得樂。

地藏雖為菩薩，但其儀相有別於其他菩薩。地藏菩薩是剃髮圓頂光頭，身着袈裟的聲聞形或比丘形，這和日常生活中所見的僧人形象相同。敦煌尊像中的地藏菩薩像，初盛唐地藏菩薩多持寶珠和結印，後隨着地藏信仰的深入，造型上有所變化，出現被帽像，手持寶珠和錫杖的形象。持摩尼寶珠，表示滿足眾生之願望；持錫杖，表示愛護眾生，也表示戒修精嚴，這種形象的地藏菩薩，猶如一個雲遊四方的僧人，以救濟世人之苦為己任，給人以親切感。

敦煌尊像畫中的地藏菩薩像，最早出現在初唐，均為尊像式獨立成幅（23身），其形象特徵為圓頂光頭，身覆袈裟，手托摩尼寶珠，正面或側身立姿像。其中第333窟的地藏菩薩像，身後或所托寶珠上放射出六條光帶，用以表示法界天人六道，表現地藏菩薩自誓盡度六道眾生的大願，部分有榜題"南無地藏菩薩"。

中晚唐的地藏菩薩像（35身），在洞窟內無固定的位置，還有部分補繪於前代洞窟內，其中以第196窟內繪製最多（9身）。這些地藏菩薩像以立姿像為主，兼有少數半跏趺坐姿像。此外，在第9窟和340窟中有兩身被帽地藏菩薩像，頭戴絲巾圍成的帷帽，這種造型的地藏菩薩像，唐以後得到了廣泛流行。

五代、宋敦煌壁畫中的地藏菩薩像，由於有關地藏與地府十王組合的地藏十王廳變相的興起，獨尊的地藏菩薩像數量減少（10身），其中有半數為被帽地藏菩薩像。此後，壁畫中的地藏菩薩像已很少見，僅在第154窟有一幅西夏時的被帽地藏像遺存。

在大乘佛教中有許多以教化六道、尤以人間為本願的佛和菩薩，如阿彌陀佛和藥師佛，以及觀世音菩薩等。與觀世音菩薩的信仰相比，崇拜觀音的目的，大多為了利益現世，或往生淨土，而地藏菩薩信仰，雖也有利益現世的一面，如代眾生受苦，祛除疾病，滿足眾生需求等等，但是更多的則認作是維繫六道，連結生死，是為超度亡靈的罪障而解脫六道輪回苦厄的菩薩。為超度亡魂，解救墜落地獄的亡者，人們祈禱地藏菩薩給予救濟幫助，使亡者得以解脫。似乎生者將亡者托付給地藏菩薩後，可以減輕生者的不安和煩惱，得到安寧和慰藉。在敦煌藏經洞所出的《地藏菩薩經》中，又把地藏菩薩案查地獄閻羅王審判聯繫到一起，地藏菩薩居住南方琉璃世界，以天眼看到冥界眾生身受地獄之苦，於心不忍，遂發慈悲心懷，身到地獄，案查監督閻羅王判斷是否有錯、是否公正。而對於那些造地藏菩薩像、唸地藏菩薩經、唱地藏菩薩名者，臨死前地藏則親自往迎，免入地獄，即令墜入地獄，亦能加護，並使之拔脫罪苦，往生極樂世界。這樣，地藏菩薩就以解救亡者、連結生死兩界而贏得了世人的普遍信仰。

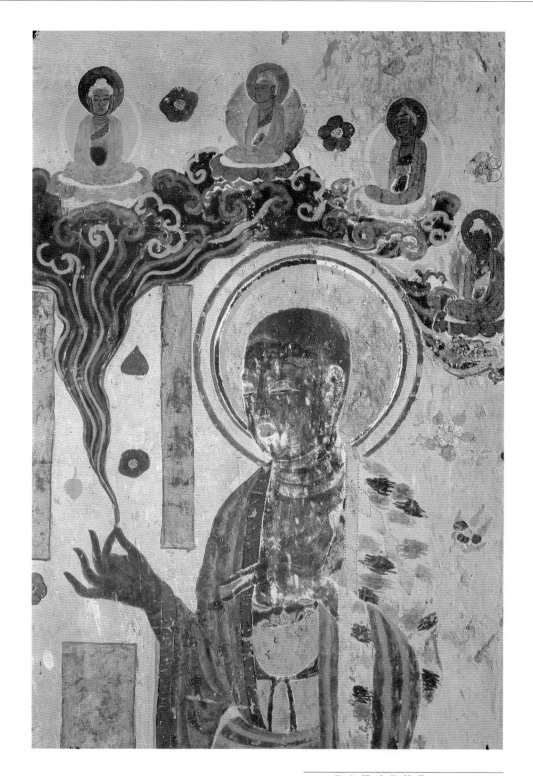

181 化七佛地藏菩薩

地藏是中國佛教四大菩薩之一。這身地
藏菩薩，圓頂光頭，身着雲水紋袈裟，
左手托摩尼寶珠，右手拇食指相捻結
印，指端生出一屢雲煙，雲端化現七
佛。

盛唐 莫166 東壁南側

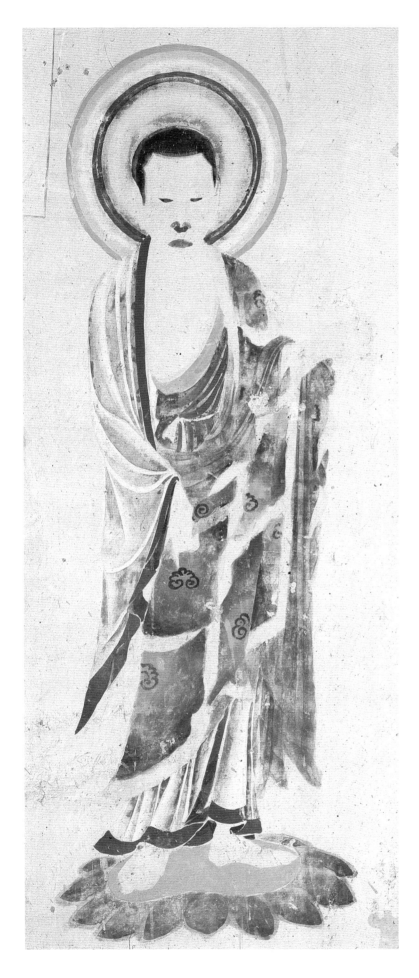

182 地藏菩薩

地藏菩薩正面立於蓮花上，面相豐圓，
垂目若有所思，身着錦繡團花田相袈
裟，恬靜慈祥。

盛唐 莫172 東壁北側上部

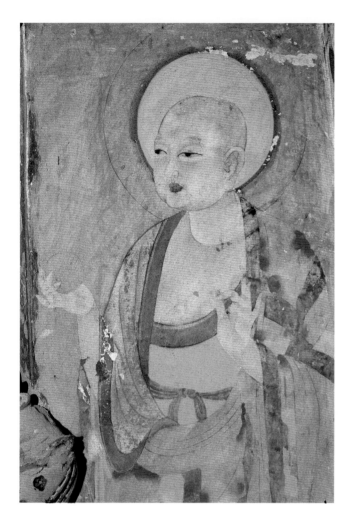

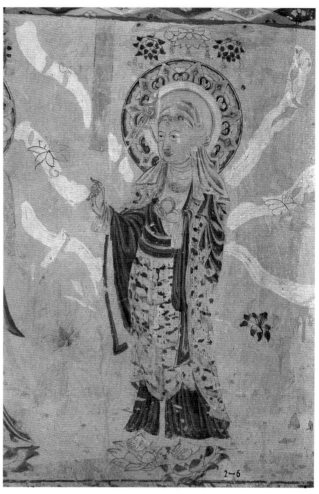

183 托珠地藏菩薩

地藏菩薩慈眉善目，左手當胸拇食指相
捻結印，右手托寶珠，清雅俊秀，恬靜
慈祥，如不是其特殊的身份，外形上與
佛弟子像別無二致。

中唐 莫45 西壁龕外北側

184 幃帽地藏菩薩

地藏菩薩像立於蓮花上，頭戴幃帽，身
着錦繡袈裟，衣飾華美，左手托寶珠，
右手擎錫杖，從地藏身上散出六條彩
雲，天花散落，表現地藏菩薩解救六道
眾生的宏大誓願。

中唐 莫154 前室東壁南側

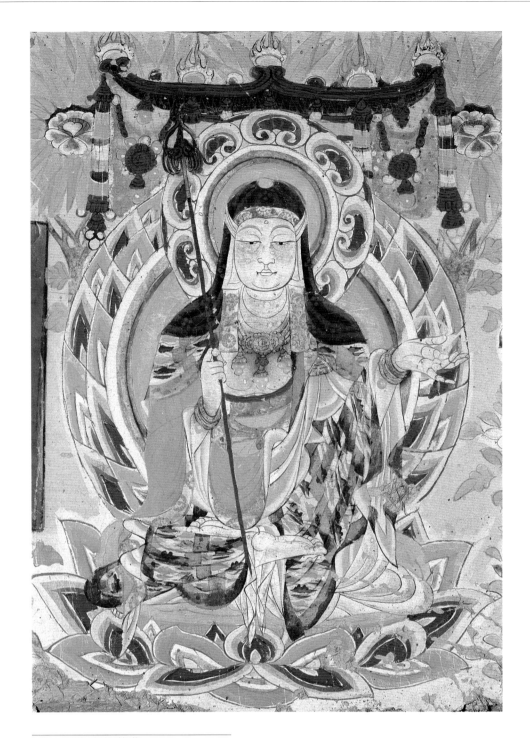

185 托珠地藏菩薩

地藏菩薩結跏趺坐於蓮花座上，面相莊
嚴肅穆，頭戴絲巾圍的帷帽，絲巾兩側
披覆肩上，身着雲水紋田相袈裟，左手
托透明寶珠，右手握九環錫杖。線描流
暢，面部微施暈染，色調柔和，是此時
期地藏菩薩像的代表之作。

五代　榆12　西壁門上

世態風貌──羅漢與弟子

　　羅漢是極受人們喜愛的供養對象，他們是佛的弟子，同時也包括後世有修
養的聖者。羅漢在小乘佛教中是指已完成修行的修行者，而在大乘佛教中則是
指在進達菩薩之前，正處在修行過程的修行者，而在此過程中的修行者，亦包
括通常所稱的佛弟子，有許多佛陀生前的弟子，在後世都被尊為羅漢。羅漢和
弟子，都是佛典記載的"真實"人物，其造型不太受佛教儀規的約束，藝術家
在創作時多憑自己的生活感受，充分發揮其藝術想像力，創造出眾多栩栩如
生、為信眾喜聞樂見、有相當藝術水平和思想深度的藝術形象。

第一節　　護法尊者——羅漢

羅漢，是音譯阿羅漢（梵文 Arhan）的簡稱，意為應受供養、尊敬的人。在佛教興起的時代，是印度各宗教對受尊敬的修行者的稱呼。在小乘佛教中，最初的佛陀也稱為阿羅漢，後來將佛陀與阿羅漢分開，特指修行所能達到的最高成就，即阿羅漢果位，達到這種境界的修行者，可破除一切煩惱，得以解脫生死輪回而進入涅槃。大乘佛教主張一切有情成佛，以佛法成就眾生，小乘佛教那種以自我解脫為理想的羅漢，在大乘佛教中成為已得到解脫，但不進入涅槃，在現實世界護法，等待彌勒出世，除去災難，祈福眾人的修行者，也是“以佛道聲，令一切聞”的護法弘法使者，所以又稱為聲聞。

羅漢作為佛教信仰對象，見於記載最初登場的是賓頭盧尊者，但要擔負起護法弘法之重任，僅有一個羅漢是不夠的，於是在《彌勒當來下生經》中出現了賓頭盧、大迦葉、君屠鉢嘆、羅雲等四大羅漢，後又有十六羅漢之數。早在北涼道泰譯《入大乘論》中說提到十六羅漢：“尊者賓頭盧、尊者羅睺羅，如是等十六人，諸大聲聞，散有諸法……皆於佛前取籌護法，住壽於世界……守護佛法”。全面介紹十六羅漢的名號、住處、功德、作用的是唐玄奘譯《大阿羅漢難提蜜多羅所記法住記》，賓度羅跋羅惰闍即賓頭盧被列為第一尊者。《法住記》中所載的護法弘法十六羅漢，在佛涅槃時，“以無上法咐囑十六大阿羅漢並眷屬等，令其護持，使不滅沒。……如是十六大阿羅漢，一切皆具三明、六通、八解脫等無量功德，離三界染，誦持三藏，博通外典……護持正法，饒益有情”。自玄奘譯出後，繪製十六羅漢像流行畫壇。特別是唐末五代時禪月大師貫休所繪的十六羅漢像更是廣為人知，其“胡貌梵相”的造型對以後羅漢像影響甚大。敦煌沙州回鶻時期的羅漢像即受此風之影響，呈胡貌梵相。雖形象怪異，但仍為世間常見的高僧形象，即表現出“世態之相”。後來，隨着佛教在中國的傳播，發展為十八羅漢、五百羅漢等，遂成為信仰的對象。中國羅漢像顯然遠比印度豐富。

敦煌尊像畫中的羅漢像，數量較少，且出現時代較晚。最早見於西千佛洞五代時期第 19 窟中，窟內三壁繪羅漢像（164 身），尊數眾多，佈局規整劃一，整個洞窟有如後世所稱的“羅漢堂”。沙州回鶻時期，壁畫中表現的羅漢像，主要是根據唐玄奘譯《法住記》繪製的十六羅漢像，在莫高窟第 97 窟和榆林窟第 39 窟內繪有此題材。莫高窟第 97 窟的十六羅漢像，榜題清晰，內容抄錄《法住記》記載，這十六羅漢是：

(1) 賓度羅跋羅惰闍，住西瞿陀尼洲。
(2) 迦諾迦伐蹉，住北方加濕彌羅國。

（3） 迦諾迦跋厘墮闍，住東勝身洲。

（4） 蘇頻陀，住北俱盧洲。

（5） 諾矩羅，住南贍部洲。

（6） 跋陀羅，住耽沒羅洲。

（7） 迦理迦，住僧伽荼洲。

（8） 伐闍羅弗多羅，住鉢剌挐洲。

（9） 戍博迦，住香醉山。

（10） 半託迦，住三十三天。

（11） 羅怙羅，住畢利揚瞿洲。

（12） 那伽犀那，住半度波山。

（13） 因揭陀，住廣脅山。

（14） 伐那婆斯，住可住山。

（15） 阿氏多，住鷲峯山。

（16） 注荼半吒迦，住持軸山。

在元代莫高窟第95窟中也繪有十六羅漢像（存11身）。

羅漢“世態之相”的造型，消除了羅漢與世人之間的距離感，使世人感知到羅漢與世間的僧人別無兩樣，和藹可親，而其獨特的相貌，又令世人產生敬仰之心。這些平凡而又超凡的形象更適於表現羅漢受佛咐囑，不入涅槃，常住世間，受世人供養而為眾生造福田，護持正法，饒益有情的主題思想。

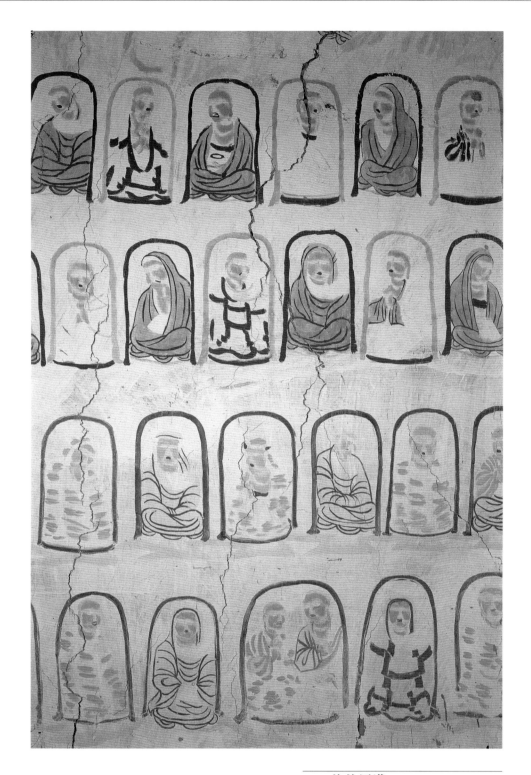

186 修持羅漢

羅漢像在敦煌是五代時尊像畫的新題
材。此窟繪羅漢像一百六十四身,塑羅
漢十六身,共計一百八十身。圖中羅漢
坐於圓圈形龕內禪定修行,畫幅雖小,
但表現的相貌、衣着卻各不相同。

五代 西19 西壁

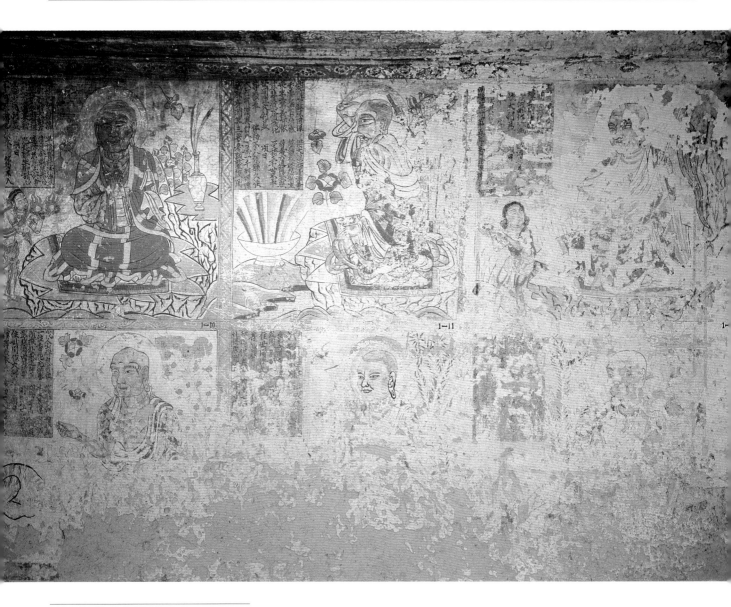

187 榜題十六羅漢圖

此窟東、南、北三壁繪十六羅漢像,為
沙州回鶻時期的佳作。圖中六身羅漢分
別為第一至第六位尊者,均有榜題頌
詞。人物造型頗為怪異,畫史上所載五
代著名繪畫大師貫休作十六羅漢像即為
奇形詭狀之西域梵相,此圖正是追尋貫
休畫風所致。

沙州回鶻 莫97 北壁

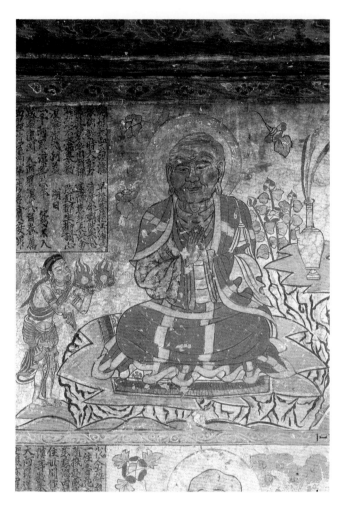

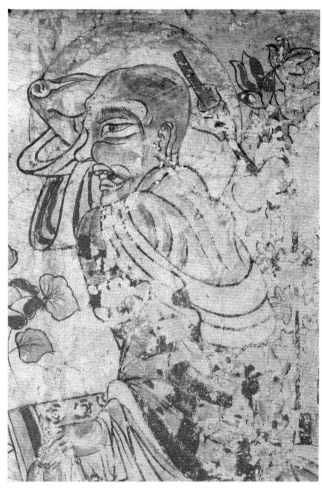

188 榜題賓度羅跋羅惰闍羅漢

十六羅漢圖中之第一尊者，為西瞿陀尼
洲賓度羅跋羅惰闍大阿羅漢。此尊者結
跏趺坐於斷崖上，方面寬額，廣頤高
顴，倒掛眉，筋骨棱角清晰，雙手合
什，潛心修道誦經。身旁一侍者托寶
珠，向尊者作禮拜供養。一側岩石上置
淨瓶，瓶口放射出彩色光芒。

沙州回鶻　莫97　北壁西側

189 榜題跋厘墮闍羅漢

十六羅漢圖中之第三尊者，為東勝身洲
跋厘墮闍大阿羅漢，此尊者長眉大鼻闊
嘴，身體瘦骨嶙峋，側身盤坐於山石
上，左手撫膝，右手舉錘敲擊背骨，尊
者坐石下有小河，雙鹿在河邊飲水。

沙州回鶻　莫97　北壁東側

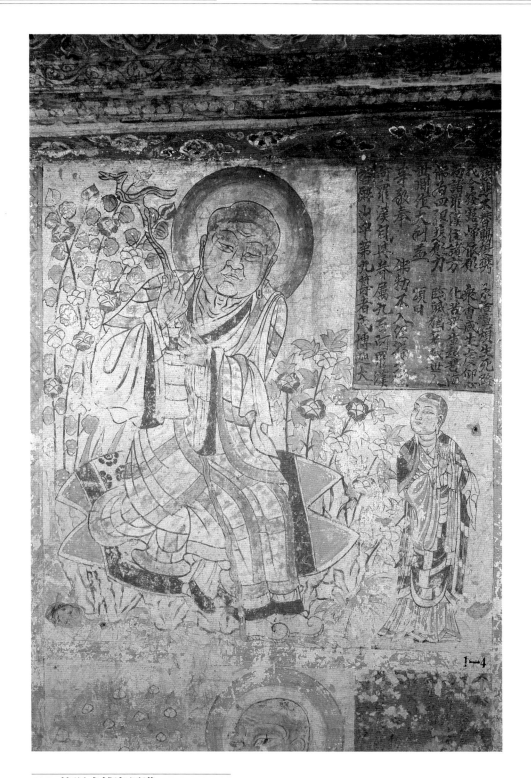

190 榜題戌博迦羅漢

十六羅漢圖中的第九尊者，為香醉山戌
博迦羅漢，雙手拄杖坐於斷崖上，頭頂
凸起，長眉毛，略顯瘦削蒼老之態，身
着田相袈裟，足登雲頭鞋，神情沉靜持
重。旁有侍者弟子，合什禮拜供養。

沙州回鶻　莫97　南壁西側

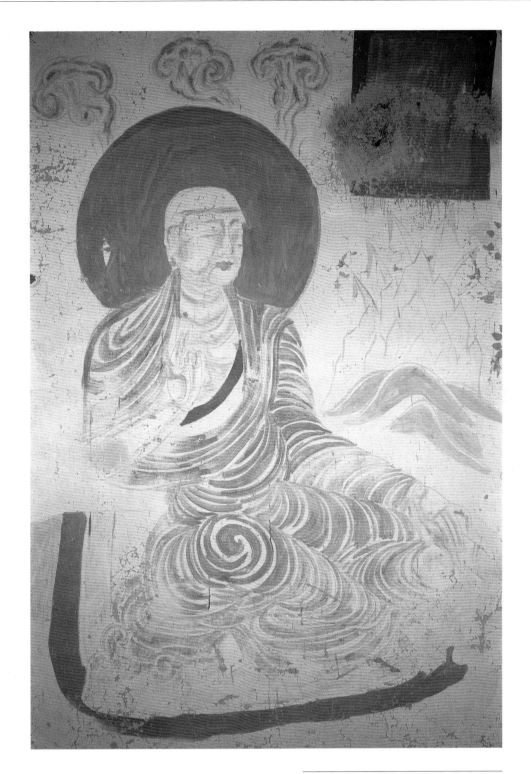

191　白眉羅漢

羅漢和顏悅色坐於氈毯上，白眉，身裹
白僧衣，衣紋繁複如行雲流水，表現出
羅漢超凡脫俗的境界。此窟南北壁上共
繪五身羅漢像，為沙州回鶻時期的作
品，形象高大。

沙州回鶻　榆39　北壁西側

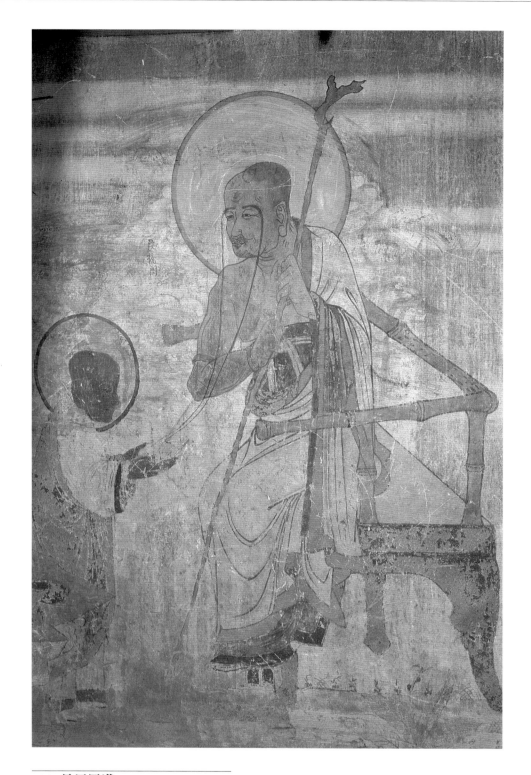

192 長眉羅漢

羅漢長眉過膝，神態慈祥，袈裟右袒，
雙手扶長杖坐竹椅上，弟子恭敬地用雙
手托長眉，正在接受尊者的教誨。一筆
而成的長眉，急轉的折蘆描衣紋，長
杖、竹椅的線描都體現出了不同的質
感。此窟原繪十六羅漢像，今殘存十一
身。

元 莫95 南壁西側

第二節　　衣鉢傳人──弟子

　　佛教的創始人釋迦牟尼在傳教過程中吸收了許多信徒，這些信徒就成為最早的一批佛弟子，後來凡是信仰佛教的人，都把自己稱為佛弟子，在中國出家的僧尼，更以"釋"為姓，都看作是佛的弟子，在許多歷史時期，多達數萬之眾。在佛弟子中最具代表性的是十大弟子，他們是釋迦佛在世時的著名門徒，合稱為"釋迦十聖"。他們協助佛陀弘揚佛法，在體悟佛法的十個方面，顯示出各自在某一方面的獨特修持和行為，據《佛本行集經》、《增一阿含經》、《大智度論》等記載，釋迦十大弟子是：

(1) 舍利弗，智慧猛利，能解決諸疑，故稱"智慧第一"。

(2) 目犍連，神足輕舉，能飛遍十方，故稱"神足第一"。

(3) 迦葉，行十二頭陀，能堪苦行，故稱"頭陀第一"。

(4) 須菩提，恆好空定，能通達空義，故稱"解空第一"。

(5) 富樓那，能廣說法，分別義理，故稱"說法第一"。

(6) 迦旃延，能分別深義，敷演道教，故稱"論議第一"。

(7) 阿那律，得天眼，能見十方世界，故稱"天眼第一"。

(8) 優波離，奉持戒律，無絲毫觸犯，故稱"持律第一"。

(9) 羅睺羅，不壞禁戒，能誦讀不懈，故稱"密行第一"。

(10) 阿難，能知明物，所至無障疑，多聞憶持不忘，堪忍奉上，故稱"多聞第一"。

　　這十大弟子各執一法，隨其樂欲，各一法門，自有偏長，故稱第一，成為弘揚佛法，繼承釋迦衣鉢的重要傳人。

　　敦煌尊像畫中的佛弟子像，集中表現在龕內為佛之脅侍，與龕內的佛、菩薩、天王等塑像，共同組成等級分明、神人共存的神佛世界，成為主要膜拜的對象。這些佛弟子像，為僧人裝束。迦葉和阿難像常侍釋迦佛左右而位佔冠亞，名列上首。在釋迦佛的十大弟子中，上首弟子原本是舍利弗和目犍連，迦葉位居第三，阿難則屈居末位，但在敦煌石窟中則多以迦葉和阿難同侍釋迦左右而躍為上首弟子，強調苦修和靈智，這就更突出了佛陀的智慧和神通。

　　敦煌尊像畫中的佛弟子像，北朝時期，主要作為佛的脅侍出現在佛說法圖中，到北周，在佛龕內開始繪製佛弟子像，並與龕內佛弟子塑像組合成十弟子像或單繪十弟子像，表現釋迦十聖。

　　隋代的佛弟子像，更多繪於龕內為佛脅侍，釋迦十大弟子是最常見的題材，它主要有兩種形式，一是繪十弟子像（9窟），一是繪塑組合十弟子像（26窟），此外，部分窟內還繪有數量不等的佛弟子像（12窟）。

初盛唐的佛弟子像，承襲隋代形成的佈局特點，在洞窟龕內繪數量不等的佛弟子像，最常見的仍是繪塑組合十弟子像（47窟），在另外有的窟內繪有數量不等的弟子像（25窟），最多的窟內達十二身。部分存有十弟子的題名。中晚唐的佛弟子像，均繪於龕內屏風畫幀上（13窟），其數量不等，部分存有榜題。

五代、宋時期龕內繪有佛弟子像的有24窟。沙州回鶻和西夏時在10窟內繪有佛弟子像，數量不等，表現十大弟子的逐漸減少，至元代，不再繪製佛弟子。

佛弟子像於此作為連接天國神佛與人間的中介，使虛幻的神與現實的人得以接近，神人得以溝通。佛弟子像能躋身於佛、菩薩行列中去，體現了人間的世俗情感在神佛格局裏的昇華。同時，也寓意着人間社會以皇權為中心的等級制度在佛國世界的體現。

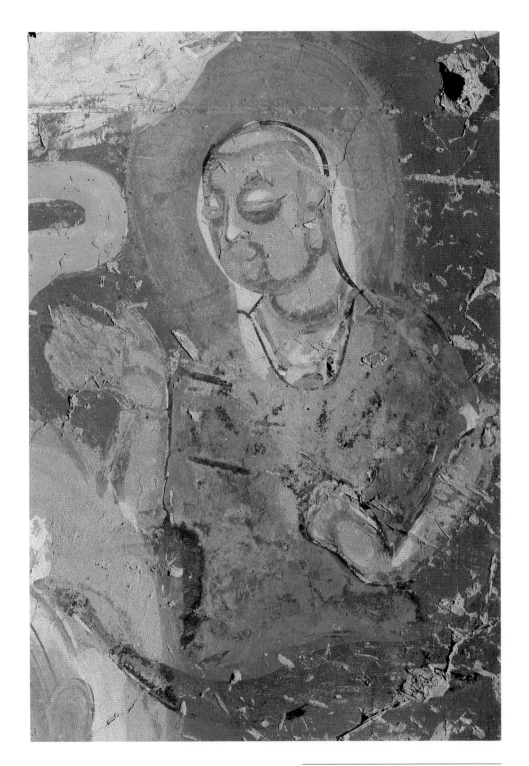

193 聽法弟子

說法圖中釋迦佛的左脅侍弟子，圓頂光
頭，身着通肩袈裟，靜心聽法，神情專
注而虔誠。
北涼　莫272　北壁中

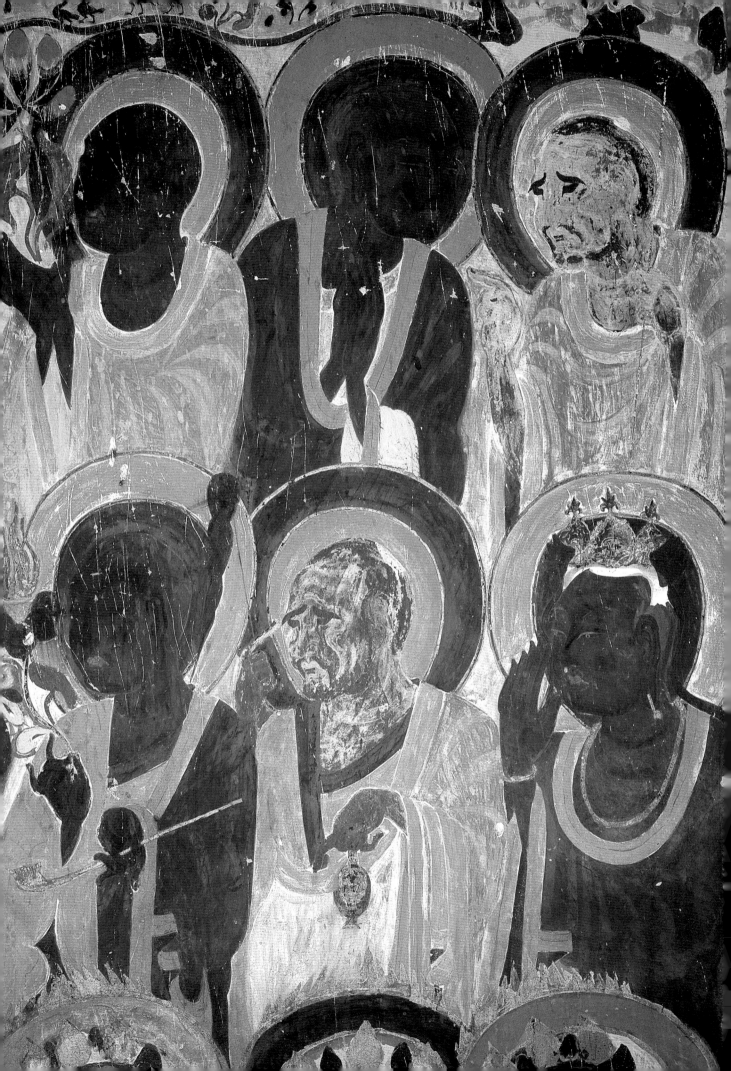

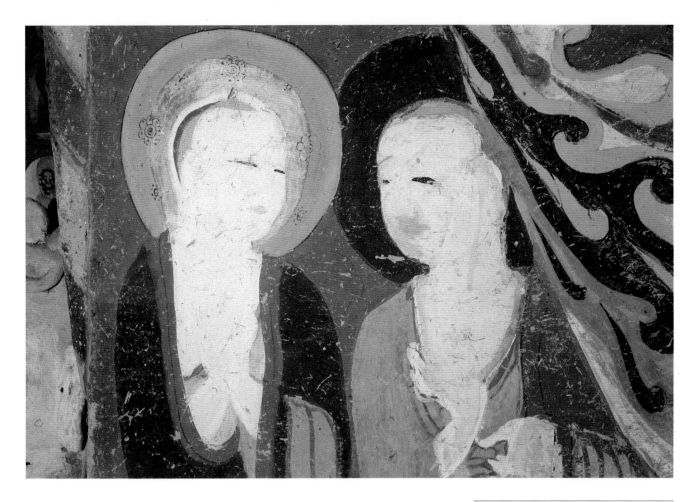

195 相顧弟子

兩身弟子圓頂光頭，相顧無言，只流露出會心的微笑，情感的交流盡在無聲之中，有很強的生活氣息。賦彩上以單線平塗為主，只在某些部位微加點染。

隋 莫266 西壁龕內南側

194 聽法弟子

弟子側身向釋迦佛侍立，手持蓮花、如意、淨瓶等供物禮敬，虔誠地用心聽法。年長弟子面帶苦相，年少弟子若有所得，有的仿佛在交流妙法心得，生動有趣。

隋 莫420 西壁龕外北側

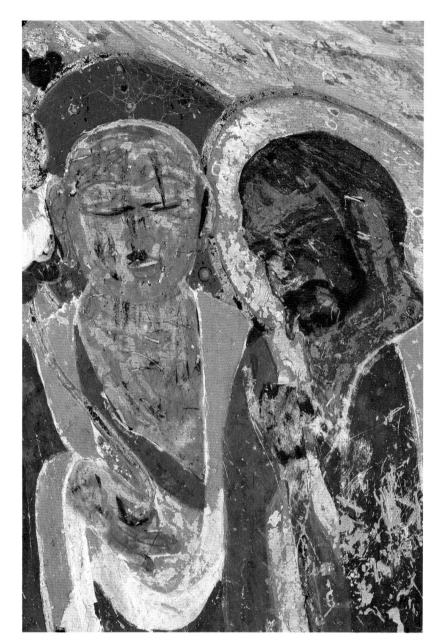

196 拈花弟子

兩身佛弟子圓頂光頭，身着袈裟，年少
弟子手拈蓮花，低頭沉思；年長弟子掐
指強記，潛心學習，弟子苦學之心被表
現得入木三分。

隋 莫402 西壁龕內南側

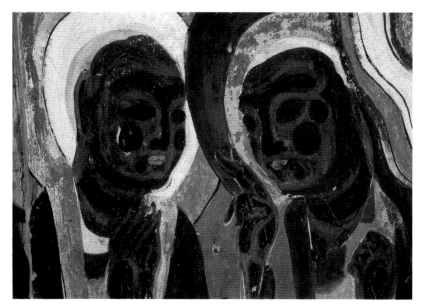

197 交談弟子

兩身佛弟子聚首交談，一身揮手教誨，
一身合掌傾聽，面相和善，神情關注。
表現手法細膩，人物的鼻樑、顴骨、眉
弓和手掌上的凸出部位均用重色暈染。

隋 莫304 西壁龕內南側

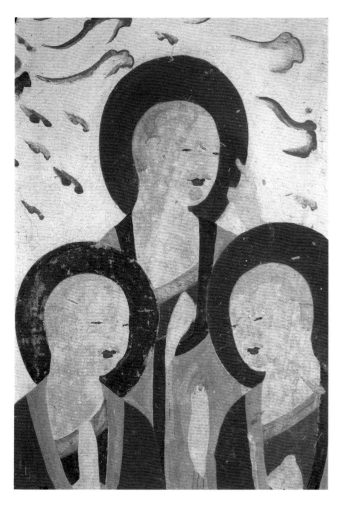

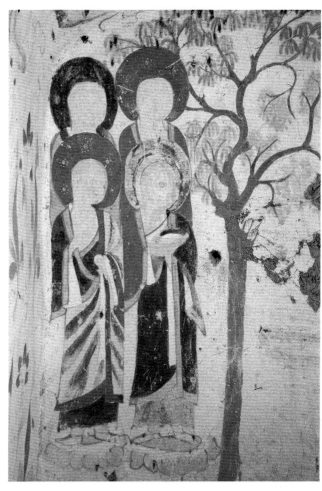

198 弟子

此窟龕內塑佛像和阿難、迦葉塑像,與
兩側壁畫的八弟子像合為繪塑釋迦十大
弟子像。弟子多作青年僧人形,圓頭細
目,生有微鬚,雙手合十作諸般供養,
神態誠摯憨直,表現佛弟子虔恭的性格
特徵。

隋 莫280 西壁南側

199 樹下聽法弟子

說法圖中的脅侍弟子立於菩薩樹下,足
踏蓮花,虔誠供養。人物畫法簡潔,樹
幹樹枝主次分明,樹葉濃淡相間,意在
顯示空間感。

隋 莫284 西壁南側

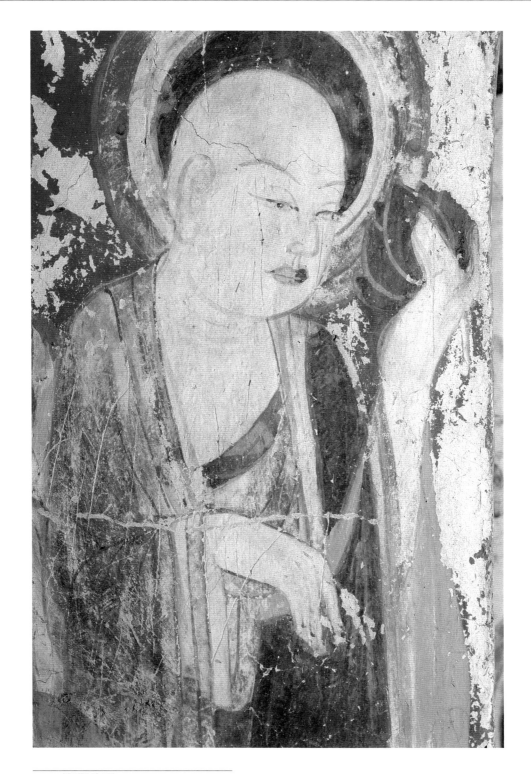

200 持蓮弟子

少年弟子圓頂光頭，雙手持蓮，白淨憨
厚。人物線描簡練、清晰、準確，表現
肌膚柔軟而有彈性，具有女性美。

隋 莫278 西壁龕內北側

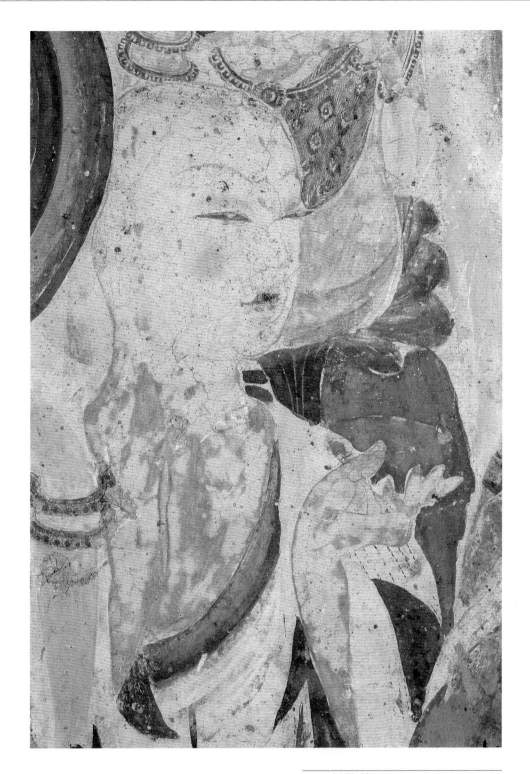

201 托鉢弟子

阿彌陀佛說法圖中的弟子，年少英俊，
面部紅潤的色澤顯示了充沛的內在生命
力，神情莊嚴沉靜，手托水晶鉢，身着
田相袈裟，默默佇立。
初唐 莫57 北壁

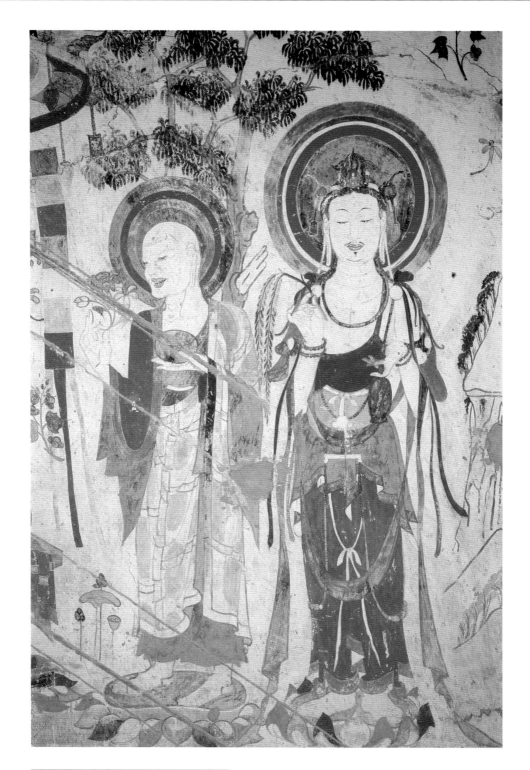

202 弟子與菩薩

佛弟子面帶微笑，老成持重，一手托
鉢，一手拈花，身着田相袈裟，足踏蓮
花。他身旁立有觀世音菩薩，神態莊
重。人物造型寫實，色彩清麗鮮明。

初唐 莫322 東壁門上

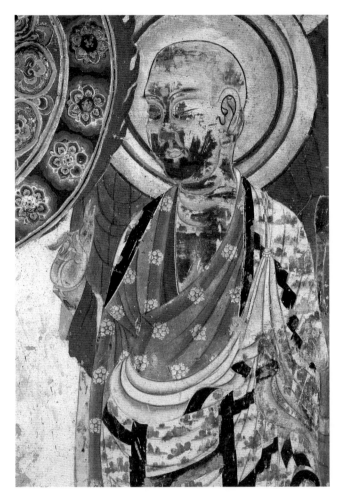

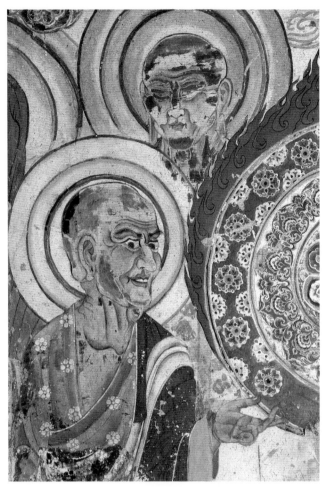

203 少年弟子

少年弟子的造像，以赭石暈染，突出顴
骨、眉輪、鼻梁、下頜，再於顱頂兩頰
染以淺青，表現剛剃削光淨的鬚髮。加
之剛勁而純熟的線描，使一位神采奕奕
的梵僧形象躍然壁上。

盛唐 莫217 西壁龕內北壁

204 弟子

二身弟子，上者僅露出頭部，下者內着
繡花僧祇支，外穿華富鮮麗的雲水紋田
相袈裟，靜默佇立於蓮花上。人物描繪
精湛入微，用筆純熟準確，賦色厚重鮮
明。

盛唐 莫217 西壁龕內南側

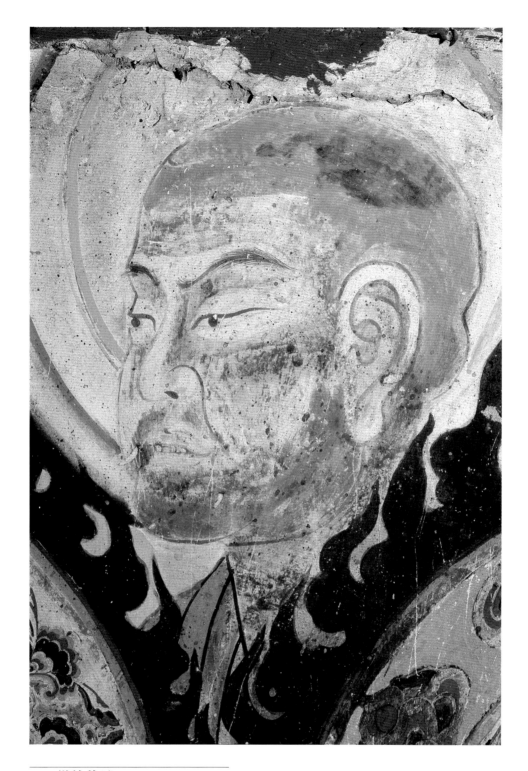

205 辯論弟子

立於龕內菩薩頭光間的弟子，揚眉銳
目，微啟嘴唇，其激昂的神情好像隨時
都在準備與人辯論。
盛唐　莫444　西壁龕內北側

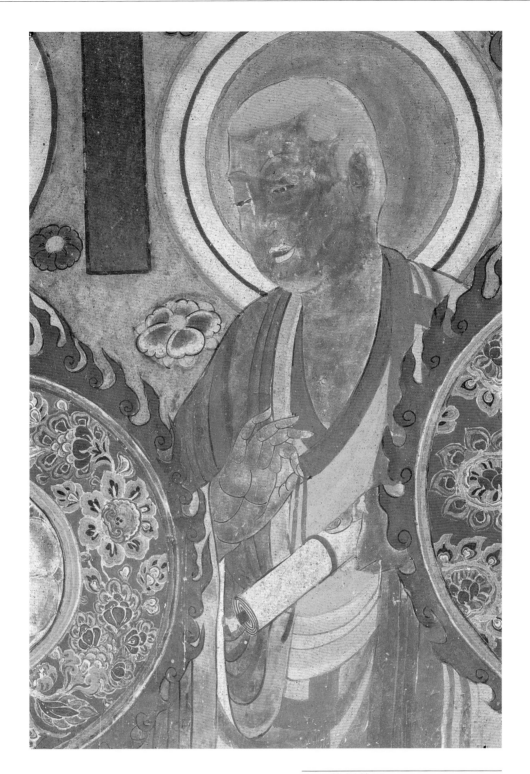

206 持經弟子

弟子手執束帶經卷,似乎誦讀完畢,正
準備送還。經卷露出軸桿,軸上裝有白
色的骨石軸頭,這同莫高窟藏經洞所藏
經卷完全相同。雖然人物面部已變色,
但仍可看出勾勒十分精細。
盛唐 莫225 南龕內東側

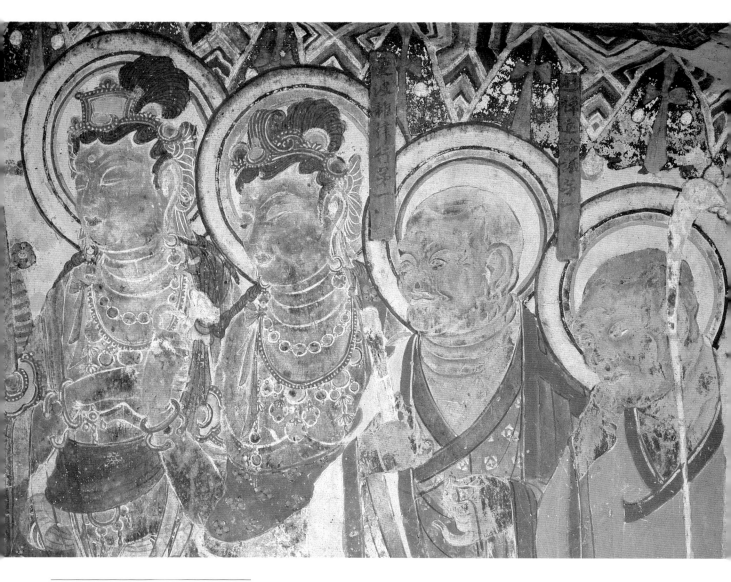

207 榜題聽法弟子

聽法弟子立於菩薩身側,內穿僧祇支,
外着各色田相袈裟,一身手持經卷,數
念珠,榜題為“憂波離律行第一”;另
一身執如意,支頤聽法,榜題為“迦旃
延論義第一”。

盛唐 莫74 西壁龕內北壁

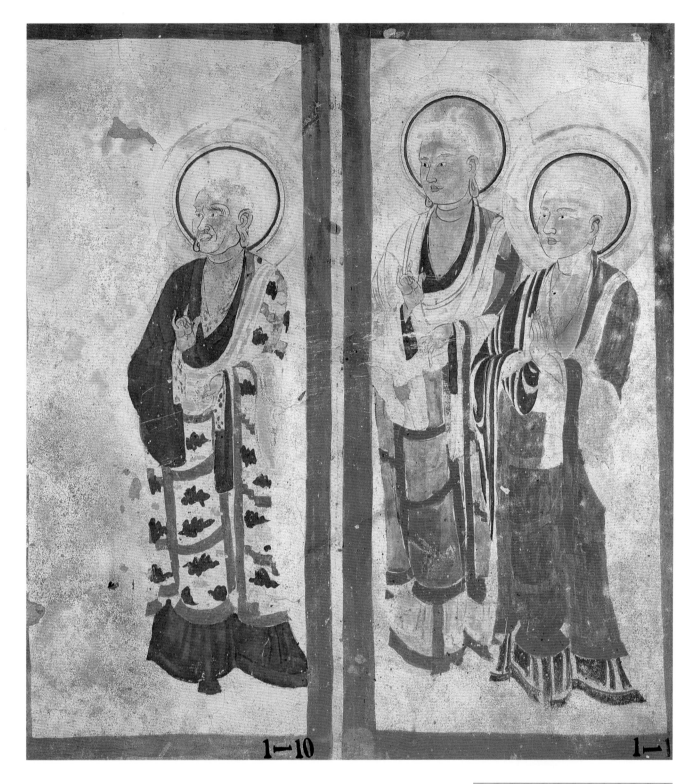

1—10

1—1

208 迦葉及青年弟子

弟子像繪於屏風畫幀上，年長的迦葉，
身着雲水田相袈裟，足登赭色僧鞋，濃
眉大眼，高鼻厚脣，額骨突起，一副老
成持重的神情，身後兩個年少弟子，清
秀俊雅，神情謙恭。

晚唐 莫107 西壁龕內北側

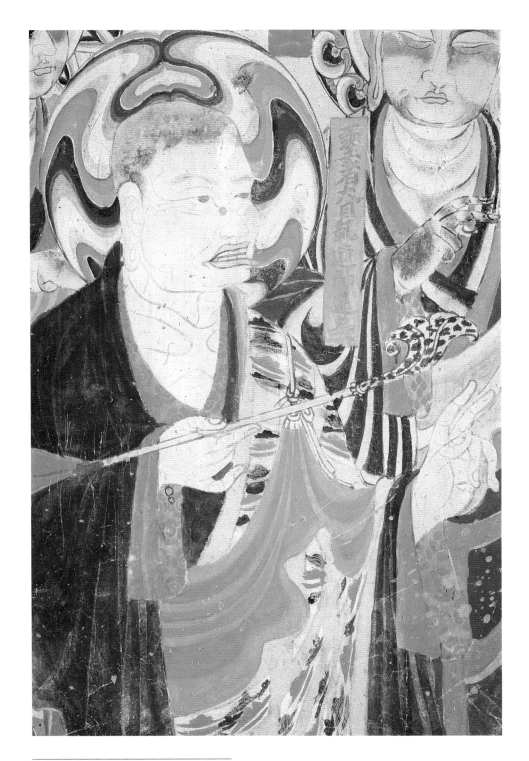

209 榜題釋迦十聖之一

說法圖中繪釋迦十聖，此身弟子圓頂光
頭，手持如意，正在嚴肅地談論佛法。
榜題為"聖者大目乾連神通第一"。

五代 榆12 主室東壁北側

佛土衛士——護法神眾

　　在佛國世界中，不僅有光明大智，香花供養，還有餓鬼惡怪和種種妖魔。
為了抵禦惡怪妖魔侵擾，維護佛國世界的安寧祥和，於是就出現了護衛佛國世
界的各種護法神，即護法的天部諸神。這些護法天神，並非出自佛教，其來源
大都是古印度神話傳說和婆羅門教中的神祇，其成立的時代遠早於釋迦牟尼。
佛教創立後，在"佛法廣大，無所不包"的思想指導下，把這些神話傳說和異
教神祇吸收為佛教的守護神，而這些異教神祇在經典記載中則是聽聞釋迦說法
後被教化的，立誓擁護佛法，出現在佛說法的場所和佛國世界護持佛法，於是
組成了龐大的護法神系統。

第一節　　神威剛勁——金剛力士

敦煌尊像畫中諸護法神，最早出現的是金剛神系的藥叉像。藥叉、力士、夜叉皆為梵文 Yaksa 的音譯。金剛，又稱金剛力士，原意即金剛手（梵文 Vajrapani）或持金剛者（梵文 Vajradhara），因其手執金剛杵而得名。金剛力士原是一位藥叉，皈依佛教後成為護法神之一，統領五百藥叉隨從護衛佛法，在佛教密宗裏被稱作金剛藥叉明王或密迹金剛。印度公元 7 至 13 世紀金剛力士被尊為金剛菩薩。阿旃陀石窟第 1 窟壁畫上繪有《執金剛菩薩》，其形象是一位王子，據傳說他出身於富有的商人家庭。佛經中記載金剛力士降魔伏鬼時，"手奮金杵，揮大利劍，髭如劍辣，眼如電光，以金剛杵，擬鬼王額，攘臂大叫，聲振天地，鬼王驚怖"。金剛力士的五百藥叉隨從，據稱是個個輕捷、勇健、能噉，佛説法時隨侍護衛。

敦煌尊像畫中的藥叉像，主要繪於北朝時期洞窟四壁下部接近地面處，以及中心塔柱下部接近地面處，畫成排的藥叉像，形象詭異，張牙舞爪，或摔跤角鬥，或孔武有力，或彈奏樂器，或騰空起舞，在北朝的洞窟中都有繪製，表現的即是金剛力士或其隨從眾地行藥叉。

隋唐以來，金剛力士像由早期那種具有外來風格的藥叉演變成為新的護法力士，與印度阿旃陀石窟的壁畫形象較為接近。位置從洞窟的下部上升到佛龕兩側或前室門側，或出現在佛説法圖中，成為鎮守佛國的衛士。造型上也發生了較大的變化，多為裸上身、腰圍戰裙、赤足而立的形象，突出表現金剛力士魁梧的體格，強健的筋肉，憤怒的面部表情，如虎嘯獅吼一般，手中執金剛杵，以喻牢固、銳利、無堅不摧之意。金剛力士通常表現為左像怒顏張口作大吼狀，稱之為"啊形"；右像忿顏閉脣，似有鼻音自胸腔噴出，稱之為"吽形"。這二字的音被認為是一切言語聲音之根木，即梵語的"唵（Aum）"是象徵宇宙精神的神祕符號。後來由於中國神話的附會，演變為門神哼哈二將。在隋唐時期，敦煌石窟中的金剛力士像，多為塑像，或表現在説法圖中，獨尊式的壁畫極少，僅在晚唐的第 9 窟有一鋪。就其造型所顯示的性格內涵，趨向於威嚴與力量的表現，都作激烈而可怖的忿怒相，以筋肉的緊張與姿態的躍動，展示其潛在的充沛能量和源源不斷的外射張力。這種造型的金剛力士像，給人以威嚴感，造成肅穆甚至令人畏懼的環境氣氛。

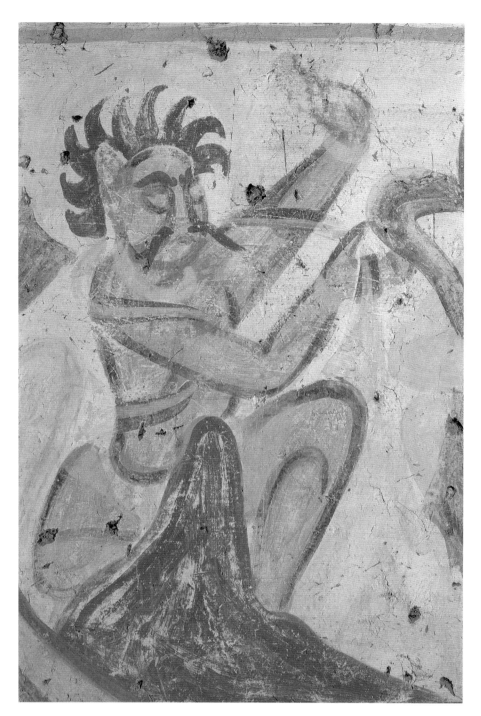

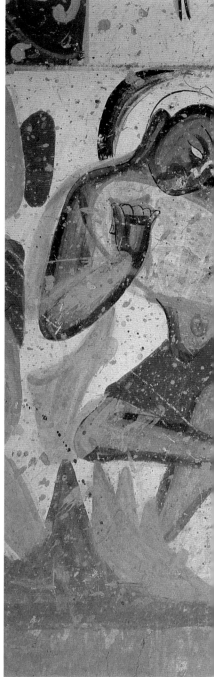

210 赤髮藥叉

藥叉即力士,是佛教的護法神之一,其
形象怪異,神武剛勁,勇健輕捷,傳說
能吃鬼。這時期的藥叉像,多畫在洞窟
四壁下部和中心柱塔基四周,以表示鎮
守佛國土之意。

北魏 莫251 西壁南側

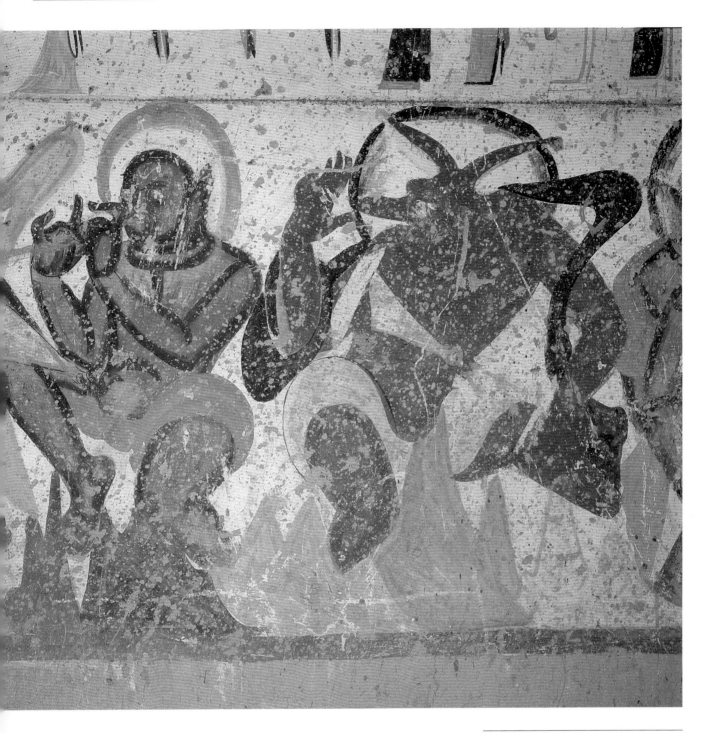

211 伎樂藥叉

伎樂藥叉，一邊演奏一邊舞蹈，動感強
烈，其中獸頭人身的藥叉，且歌且舞；
彈琵琶的藥叉，手撥弦，提右腿，正在
邊彈邊舞，生動風趣。

西魏 莫249 北壁下部

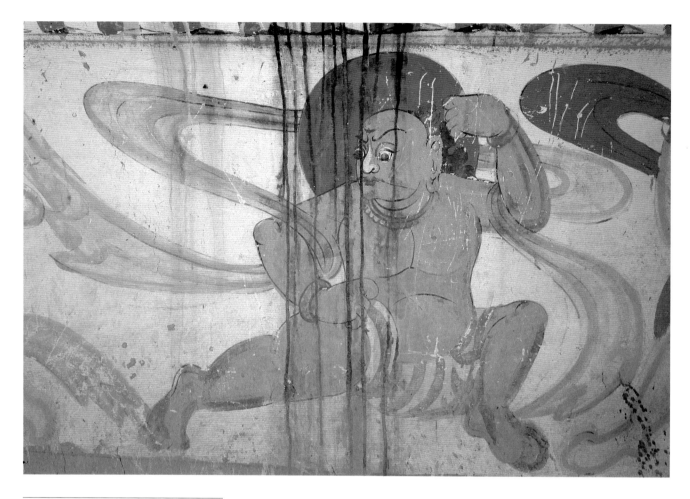

212 **怒目藥叉**

藥叉頭圓體健，曲髮垂肩，怒目圓睜，
虎虎有生氣，赤身裸腿，顯得粗獷豪
放。線描純熟圓潤，

西魏 莫288 中心柱西龕下部

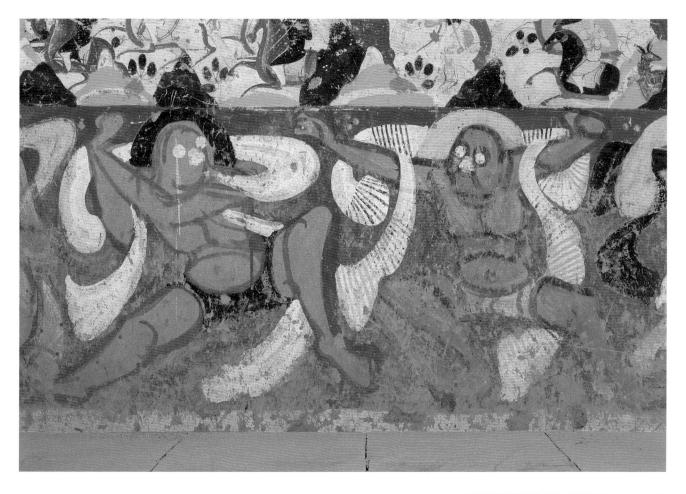

213 藥叉

兩身藥叉赤身露體,奮力起舞。用線概
括流暢,色彩簡單鮮明,表現了藥叉強
健的肌肉和巨大的力量,使人感受到一
種爆發出來的內在活力。

北周 莫296 南壁下部

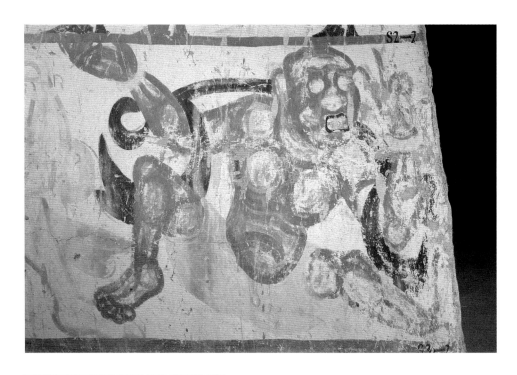

214 力士

力士兩眼暴突，張口大吼，赤身露體，
筋肉粗壯，伸出二指，奮力向上。肉體
用赭色暈染，強調凹凸效果以表現發達
有力的肌肉，突出護法者的神威。

隋 莫303 中心柱南龕下部

215 力士

力士裸體披巾，形體強健壯碩，一手上
托，一手握拳。粉白底上用土紅線起
稿，然後平塗肉色，再用粗壯的淡墨線
勾勒肌肉起伏處，畫法粗放簡略。

隋 莫393 西壁南側下部

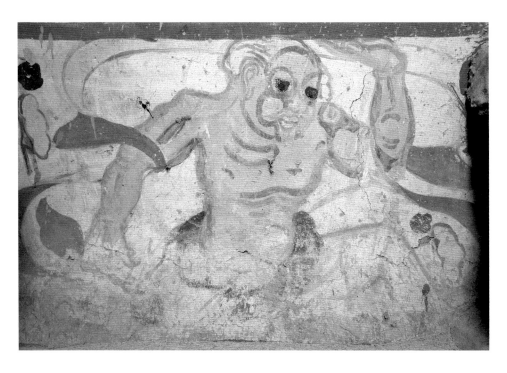

216 金剛力士

力士有火燄形頭光，兩目圓睜，緊閉雙唇成"吽"形，作嗔怒狀。全身肌肉隆起，披長巾，着短裙，一手緊握拳頭，一手勁伸五指，赤腳立於山巖上。人物用赭石色暈染面部和肌肉，強調明暗對比，突出了肌肉的立體感。

晚唐 莫9 中心柱東龕南側

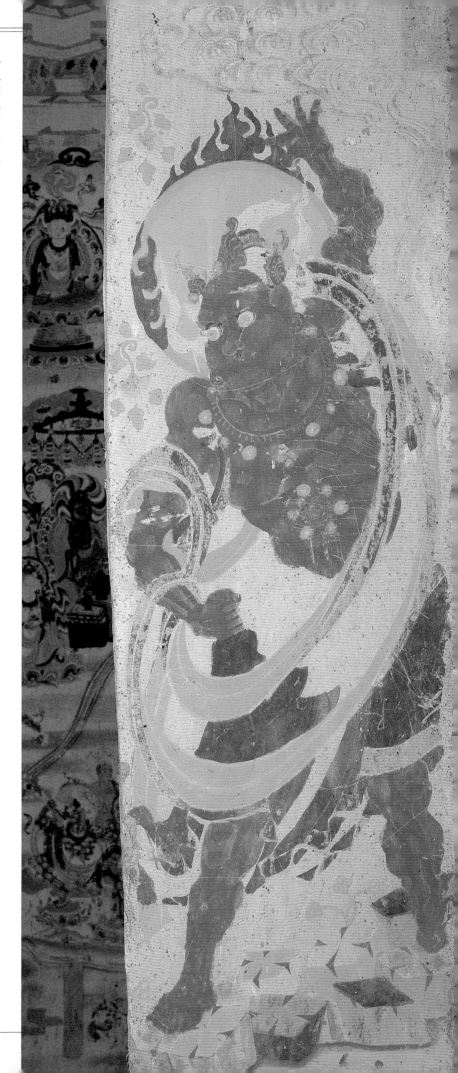

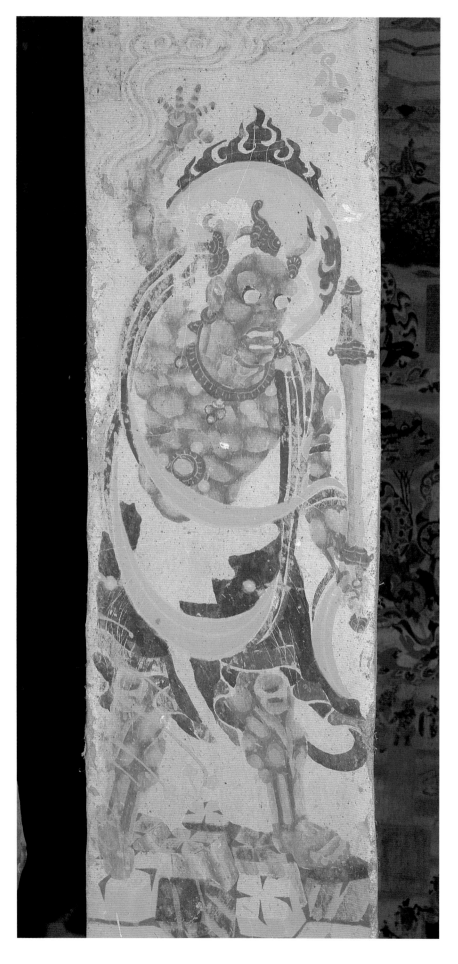

217 金剛力士

力士有火燄形頭光,兩目圓睜,張口怒
號成"啊"形,手持金剛杵,披長巾,
着短裙,赤腳立於山岩上。人物造型誇
張,刻意強調肌肉隆起和表情的緊張,
令人感到力士身體的雄健和無窮的力
量。此身力士像與前圖分別在龕外兩側
相對而立。

晚唐 莫9 中心柱東龕北側

第二節　　鎮定堅毅——天王

在佛教護法神系統中，最為著名的護法神當是護世四天王，又稱四大金剛。四天王在佛教創立前就是印度民間宗教信仰的神祇，佛教創立後收為佛教的護法神，為世界中心聖山須彌山上三十三天主帝釋的外將。

據佛經說，四天王及其眷屬居須彌山腰犍陀羅山四峯上，護持佛法，護持須彌山下四大部洲，各自鎮守一方佛土。東方持國天提頭賴吒（梵文 Dhvtarastra），護國安民，鎮守佛國東勝身洲；南方增長天毗琉璃（梵文 Virudhaka），因其本誓為增長自他之威德，助萬物能生之德分得名增長，鎮守佛國南贍部洲；西方廣目天毗樓博叉（梵文 Virupakasa），本誓為懲罰罪人，使之遇到辛苦後，能起道心，鎮守佛國西牛賀洲；北方多聞天毗沙門（梵文 Vaisravana），亦即藥叉首領、財神俱比羅（Kubera），因其常護如來道場並聞法故名多聞，鎮守佛國北俱羅洲。

護世四天王的形象，現存最早的是公元前2世紀中葉印度巴爾胡特大塔周圍石垣欄楯和塔門上雕刻的守護神，但此處的四天王像為貴族裝束，立於邪鬼身上。在犍陀羅佛教雕刻中的四天王像，已是身着甲胄的武士形象。敦煌尊像畫中的四天王像，最早繪於西魏時期，四天王的特徵是身着甲胄，持武器的武士形象。北周時，在洞窟東壁門兩側壁上繪二天王像，表現南、北二天王，其用以鎮窟的意圖非常明顯。這種格局對以後各時期洞窟的天王像產生深遠的影響。

隋代的天王像有兩種，一種是繪南、北二天王像（6窟）；一種是繪四天王像（2窟），均繪於洞窟東壁門兩側。天王像均頭戴寶盔，披甲掛帛，足踏魔鬼或立於蓮花上，莊嚴威武，全然是當時現實生活中的武將形象。

初盛唐的天王像，在繼承隋代佈局的基礎上，又有發展，除繪於窟門側壁外，還繪於甬道壁上，但現存數量較少（17窟），許多繪於甬道兩壁上的天王像，由於後代重修重繪，不復得見，在部分洞窟從表層壁畫殘損處，可見底層唐畫天王像遺迹。表現仍為二天王和四天王像兩種，其中二天王像（12窟）天王身姿除立像外，還有坐於魔鬼身上的坐姿像。四天王像（5窟），二身一組，侍立於窟門兩側，護衛洞窟。天王手中所持武器，除北方天王手托寶塔不變外，其他天王持物較為自由。

中晚唐的天王像，由於洞窟內四壁多畫成鋪的經變畫，天王像由窟內移向窟外，繪於窟前室兩側壁，更具有守護門神的意趣。這時，四天王中的北方毗沙門即財神俱比羅的信仰勃然興起，由原來守護佛法之神，再復原為民眾祈願財富的財神，並演變成王城的守護神。

這時期，繪二天王像的有二十三窟，繪四天王像的有三窟，有的單獨繪北方毗沙門天王像（11幅）。有的天王像身旁已出現其眷屬部眾。

五代、宋的天王像遺存較多，繪於前室的南、北二天王像佈局的是主流（40窟）。這時的四天王像佈局有了新的變化，流行在窟頂四角開鑿淺龕，上繪天王像，各據一角，天王身旁多有眷屬脅侍，部分榜題至今仍很清晰，可知四天王的眷屬是八部鬼眾，東方天王領乾闥婆、毗舍闍；南方天王領鳩槃荼、薛荔；西方天王領龍眾、富單那；北方天王領藥叉、羅剎（10窟）。

沙州回鶻時期天王像銳減，僅在三窟內繪有二天王像，一窟內有四天王像，至此以後，洞窟中不再有天王像。

敦煌尊像畫中的天王形象，從面容、衣飾、甲冑等看，基本是中國化的人物造型，這種在造型上極自由的服裝和持物的無定，只要能表現守護佛法，護衛佛土即可。同時，面部表情的刻劃也有了較多的自由和變化，有的深感護衛佛土責任重大而深鎖眉頭，表情嚴肅；有的時刻提高警惕，作嚴防魔怪入侵的威嚇狀，或裂目怒吼的忿怒狀，因而他們的性格更接近人性，其形貌亦與世人相近，給人以親切感。加上無嚴格的儀軌規定，造型自由，所以比起佛的莊嚴相、菩薩的慈悲相來，顯得豐富、自由、活潑得多，更易於表達畫家的感情，能更多地體現時代的世俗的情感和願望。

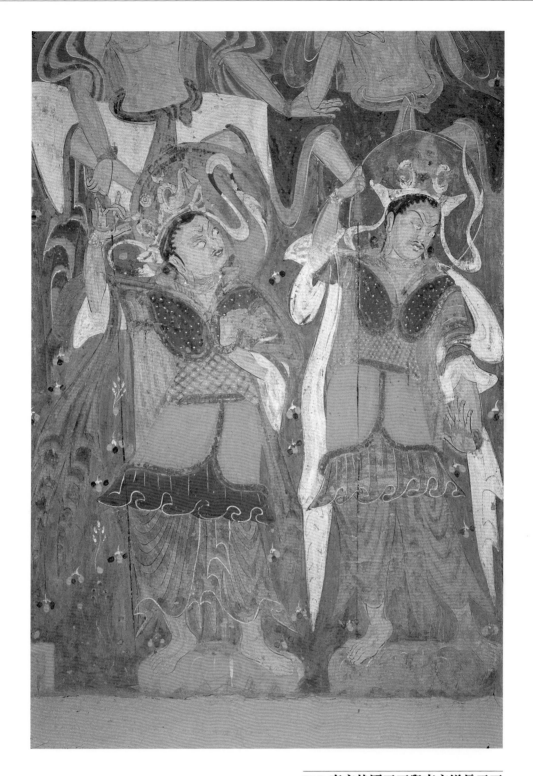

218 東方持國天王與南方增長天王

天王是佛教鎮護四方佛土的神將。圖中
二天王赤足立於蓮花上，頭戴花冠，身
穿鑲金鎧甲，腰束戰裙。東方持國天王
微笑露齒，右手執戟，南方增長天王右
手執矛着地，護衛於佛旁。

西魏 莫285 西壁龕外南側

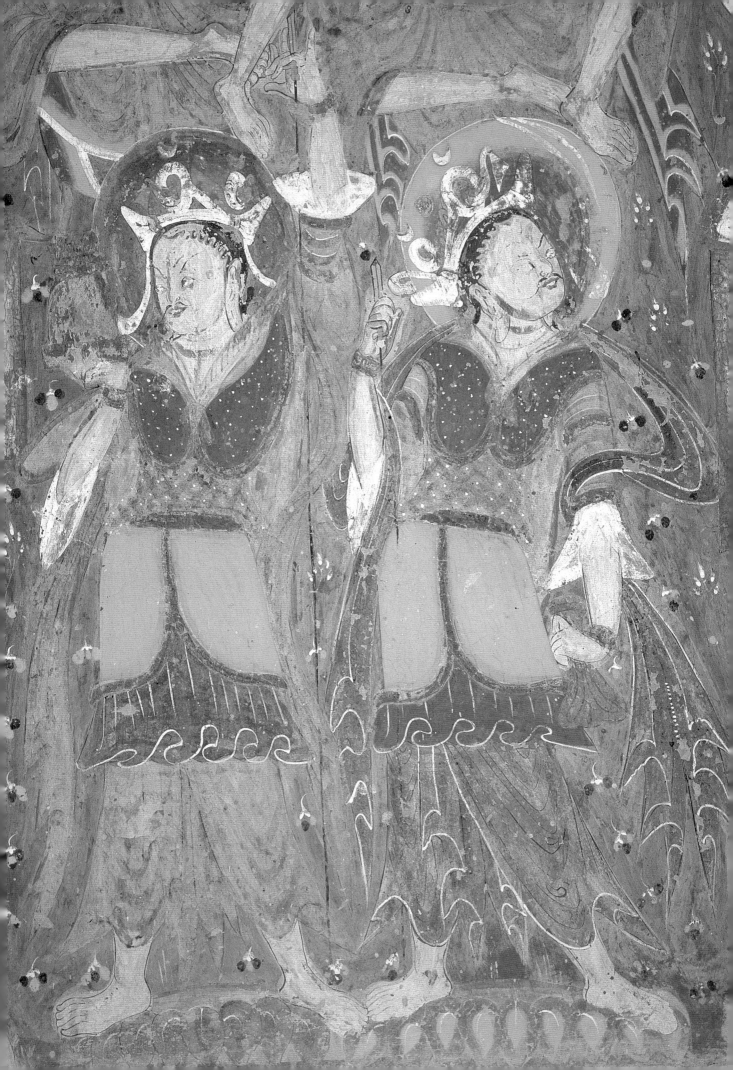

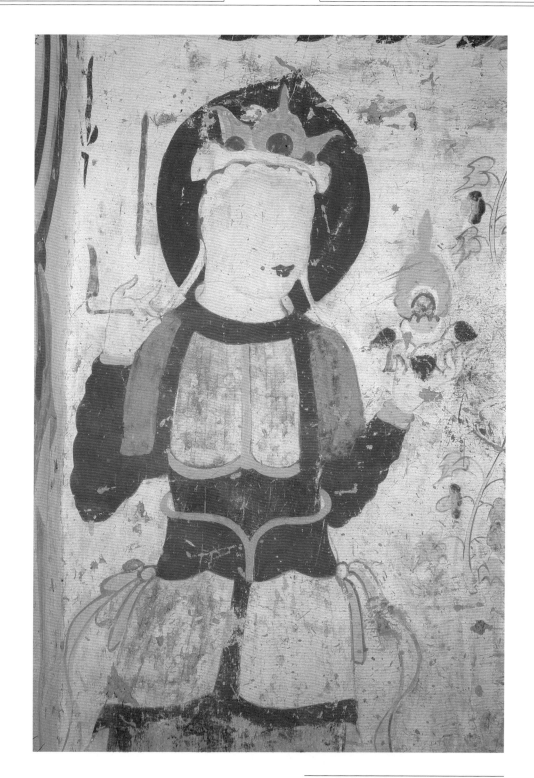

220 北方多聞天王

隋代洞窟多在東壁門兩側畫王天像。圖為門北側所繪北方多聞天王,頭戴三珠冠,身着戎裝,右手執戟,左手托蓮花寶珠,呈塔形。其形象是當時武士的寫照。

隋　莫313　東壁北側

219 北方多聞天王與西方廣目天王

二身天王頭戴花冠,身穿鑲金鎧甲,腰束戰裙,立於蓮花上。北方多聞天王一手托金色寶塔,一手執戟;西方廣目天王一手握袋,一手執矛着地,神武雄健。此圖與前圖相呼應。

西魏　莫285　西壁龕外北側

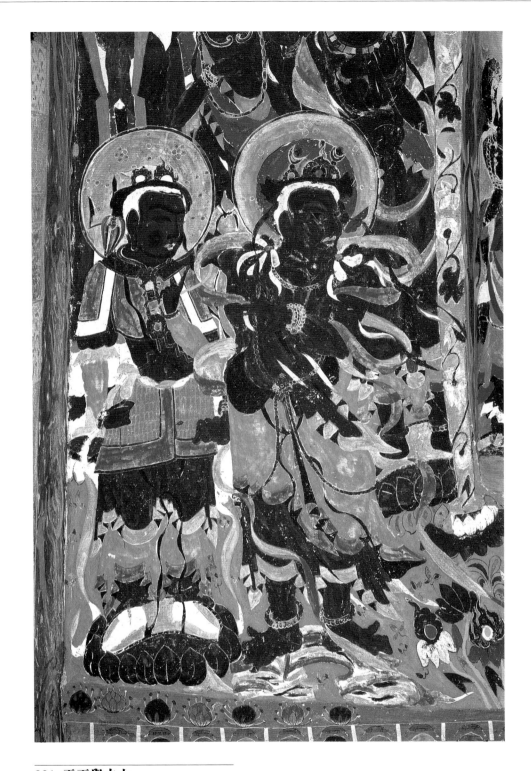

221 天王與力士

天王頭戴三珠冠，身披鎧甲，手執長
戟，足蹬戰靴，面目俊秀，姿態雄健。
力士裸上身，腰下束裙，身材粗壯，孔
武有力。

隋 莫292 人字坡龕外南側

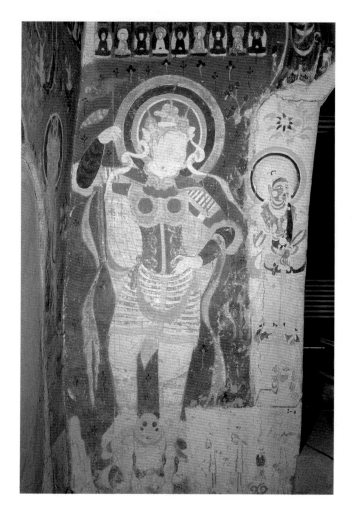

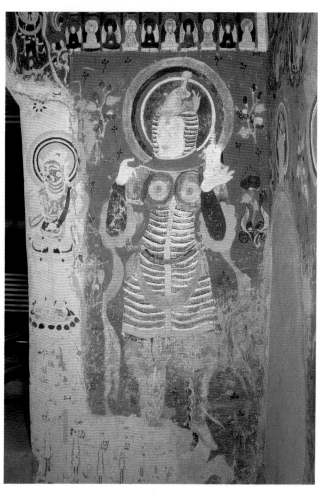

222 南方增長天王

南方增長天王頭戴寶冠，右手持矛，左
手叉腰，足踏小鬼，頂盔披甲，威風凜
凜，深紅色的底色與淺淡的人物形象對
比強烈。此圖與後圖構成南北呼應。

隋代 莫380 東壁北側

223 北方多聞天王

北方多聞天王頭戴雙翼兜鍪，身着鎧
甲，披帛巾，足蹬戰靴，踏在小鬼身
上，左手托塔，右手持矛着地，神武勇
健，全然是現實中武士的形象。

隋 莫380 東壁南側

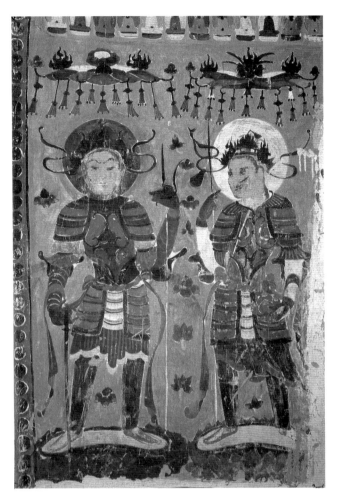

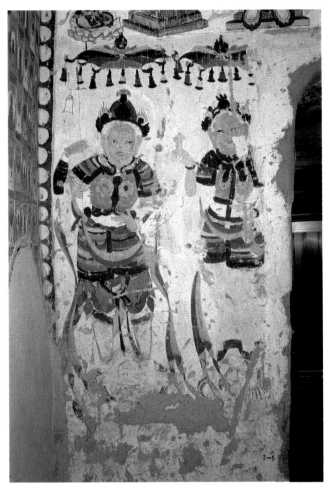

224 南方增長天王與東方持國天王

二身天王頭戴有翼三珠冠，身着犀甲，
腰束戰裙，足蹬長靴，身軀強健。南方
增長天王一手執戟着地，一手按劍；東
方持國天王一手執戟，一手托蓮花傲然
挺立，以示守衛四隅之意。

初唐 莫375 東壁北側

225 北方多聞天王與西方廣目天王

天王頭戴寶珠雙翼冠，身披犀甲，腰束
戰裙。北方多聞天王叉腰托塔，西方廣
目天王叉腰持戟。此圖與後圖天王像分
別繪於窟門兩側，保留着隋代餘風。

初唐 莫373 東壁北側

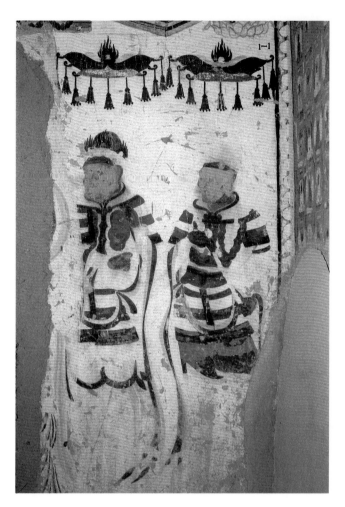

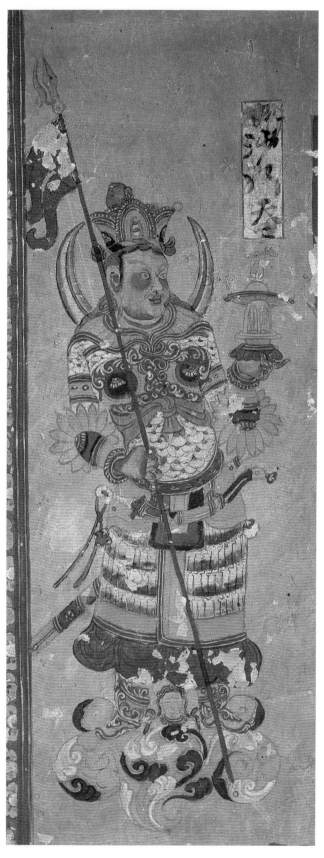

226 南方增長天王與東方持國天王

天王頭戴寶珠雙翼冠，身披犀甲，腰束
戰裙。南方增長天王雙手撫劍，東方持
國天王雙手執矛。上有華蓋。色彩雖已
褪變而風格爽朗古雅。

初唐 莫373 東壁南側

227 榜題毗沙門天王

北方多聞天王頭戴佛冠，手托寶塔，持
戟挺立，腰佩寶劍懸刀，身着吐蕃武士
常穿的長身甲冑，足蹬戰靴，踏彩雲。
此天王在敦煌壁畫榜題中多稱其梵名毗
沙門，據《大唐西域記》載，毗沙門為
于闐國護國神，于闐鄰近敦煌，其傳說
和信仰在敦煌多有反映。

中唐 莫154 南壁西側

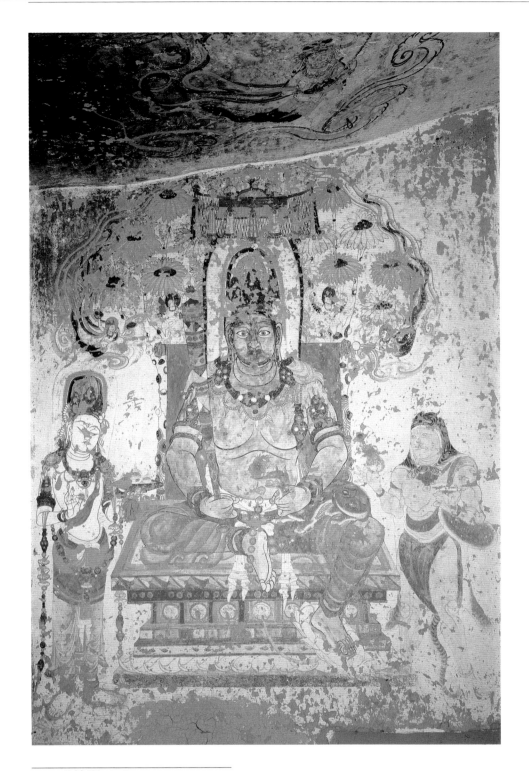

228 毗沙門天王

北方毗沙門天王坐天衣靠背須彌座，上
身裸露，下着甲冑，瓔珞臂釧嚴飾，雙
目怒視，威風凜凜，右手執杵，左手握
吐寶珠貂鼠。身後菩提樹，枝繁葉茂，
飛天散華。右側天女撫寶盤，左側力士
持寶袋，身披虎皮。造型獨特，較為罕
見。

中唐 榆15 前室北壁

229 毗琉璃天王

南方增長天王，梵名毗琉璃，頭戴戰
盔，身披鎧甲，左腕拷弓，雙手持箭仔
細端詳，舒坐於兩小鬼身上，座下二鬼
肌肉爆起，形貌醜惡，表情痛苦，似奮
力支撐。天王身後夜叉，右手抱箭囊，
左手作眺望狀，頭髮捲曲，銳齒外露，
獸面人身，相貌恐怖。

中唐 榆15 前室南壁

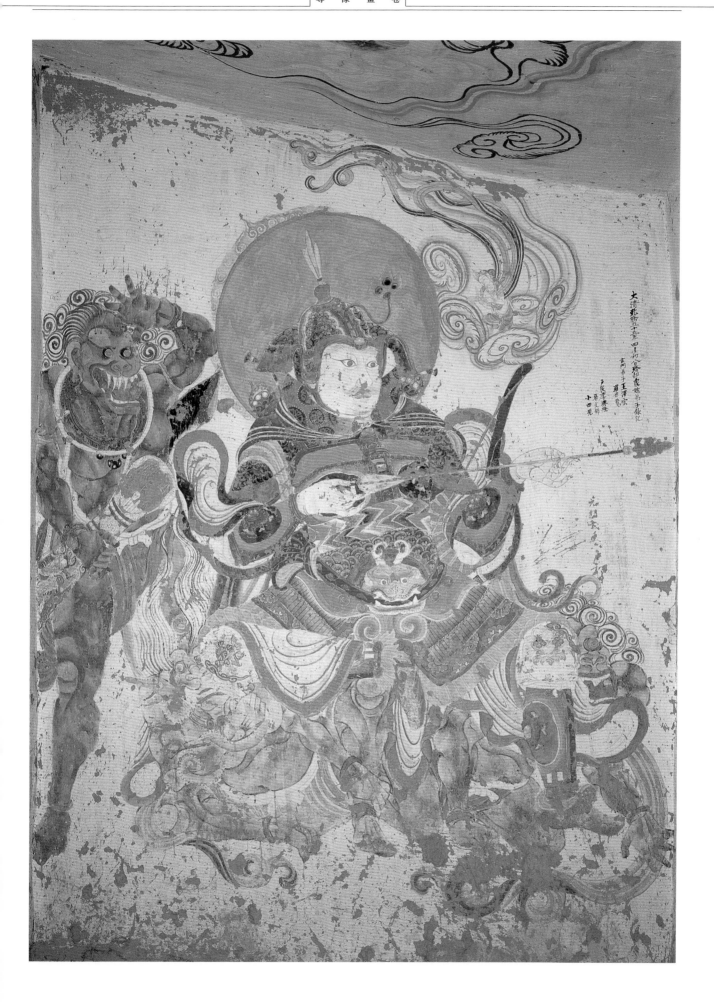

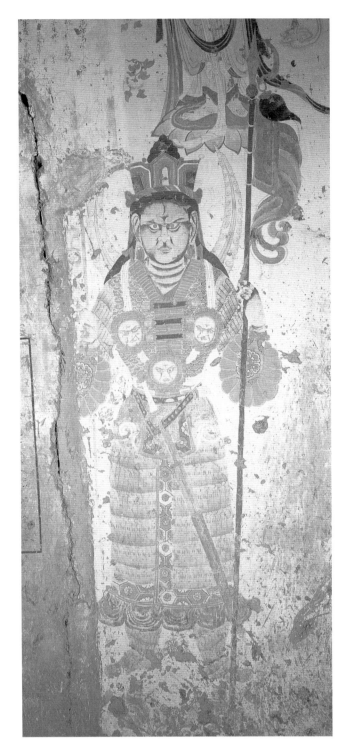

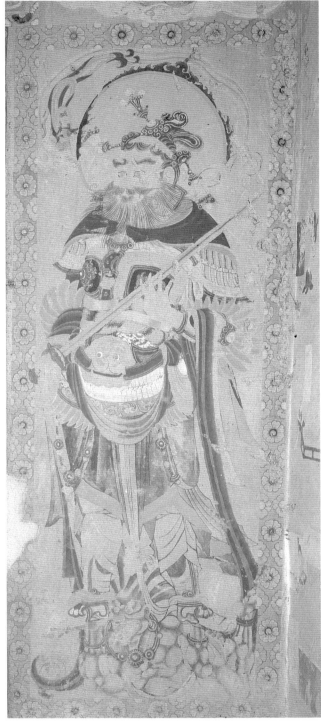

230 毗沙門天王

北方毗沙門天王，頭戴寶冠，身穿長
甲，腰懸長劍，胸掛人面護心鏡，身後
翼形圓光，左手持戟着地，戟上懸掛旗
幟，右手略殘毀，可能原托有寶塔。

中唐 榆15 前室東壁南側

231 毗琉璃天王

南方毗琉璃天王，頭束髻戴寶冠，紅髮
碧眼，甲冑嚴身，右手握劍，斜靠肩
上，左手撫劍身，氣勢猛勇，立於小鬼
身上。小鬼爬於地上，雙掌承托天王，
身上肌肉爆突。

中唐 莫92 西壁龕外北側

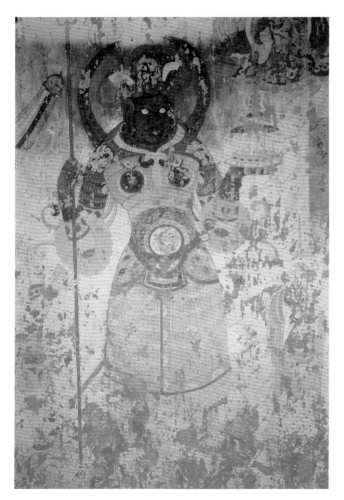

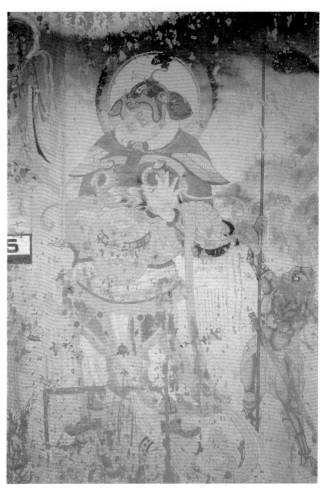

232 榜題毗沙門天王

北方毗沙門天王頭戴寶冠，面龐黝黑，
碧眼捲鬚，身披甲冑，腰懸長劍，左手
托金剛舍利寶塔，右手持三叉戟着地，
踏小鬼，二眷屬扶足。

中唐 榆25 前室東壁北側

233 毗琉璃天王

南方毗琉璃天王，頭戴戰盔，身穿甲
冑，手持長劍，凝視前方，踏小鬼，威
武雄健。身後眷屬鳩盤荼鬼，赤身裸
體，腰圍短裙，肌肉隆起，頭髮張揚，
肩挎劍鞘，手執長矛，緊隨天王，線描
熟練，遒勁有力。

中唐 榆25 前室東壁南側

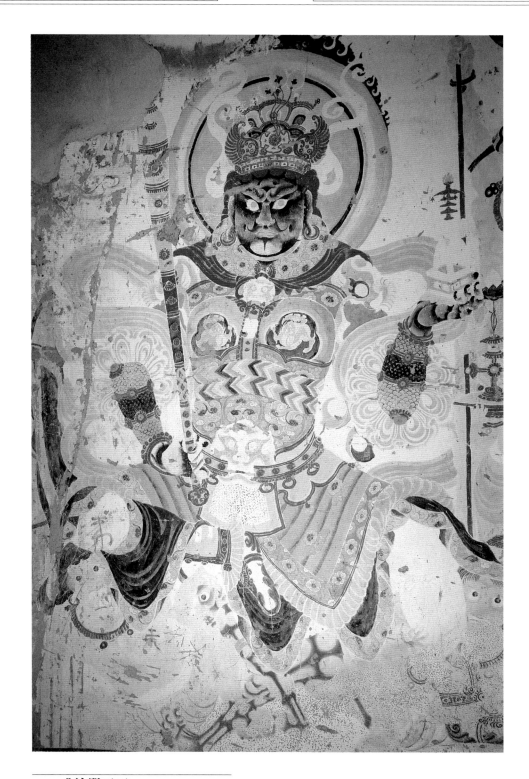

234 毗沙門天王

北方毗沙門天王，頭戴雙翼寶冠，赤髮
碧眼，鬍鬚上捲，飾身鎧，身着甲冑，
滿飾團花、狻猊等圖案，左手托塔，右
手持杵，鎖眉瞪眼，作"惡眼視一切鬼
神之勢"，體魄雄健，威風八面，為晚
唐天王像的代表之作。

晚唐 莫12 前室西壁北側

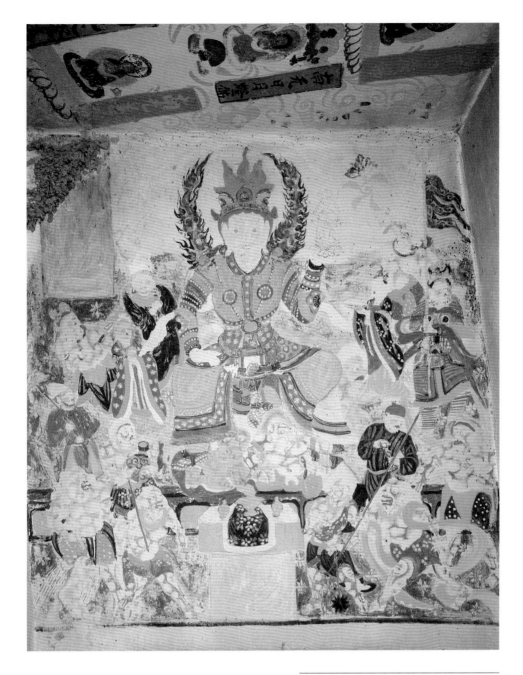

235 毗沙門天王及眷屬

北方毗沙門天王及眷屬的畫像。毗沙門
天王高踞中央,頭戴雙翼冠,兩肩寶珠
放射出火光,左手托塔,右手叉腰,身
披鎧甲,足踏小鬼。周圍是夜叉、羅刹
鬼眾等眷屬。畫面天王突出,描繪精
緻。

晚唐 莫9 中心柱西側

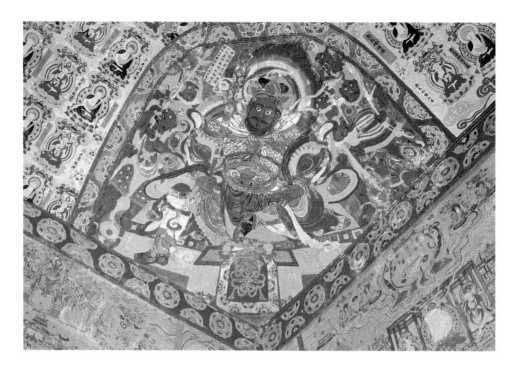

236 榜題東方提頭賴吒天王

東方天王,梵名提頭賴吒,濃眉大眼,
鬚髭濃黑,戴寶冠,着金甲,遊戲坐於
胡牀上,執金剛杵,氣概威嚴神勇。榜
題:"謹請東方提頭賴吒天王領一切乾
闥婆神毗舍離鬼並眷屬來降此窟"。此
窟窟頂的四角開鑿淺龕,繪四天王像,
用以鎮窟。現存東面角和東北角二身。

五代 莫98 窟頂東南角

237 榜題北方毗沙門天王

北方毗沙門天王,戴金冠,着金甲,手
托寶塔,怒目圓瞪,炯炯有神,遊戲坐
於胡牀上。兩側為部屬夜叉和羅剎鬼,
男羅剎黑身赤髮綠眼,相貌醜陋,女羅
剎則俏麗非常,攝人心魄。一側書有榜
題。

五代 莫98 窟頂東北角

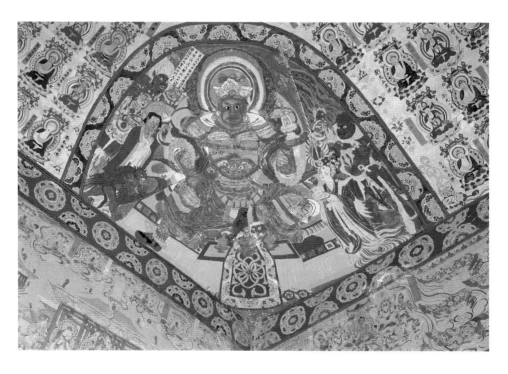

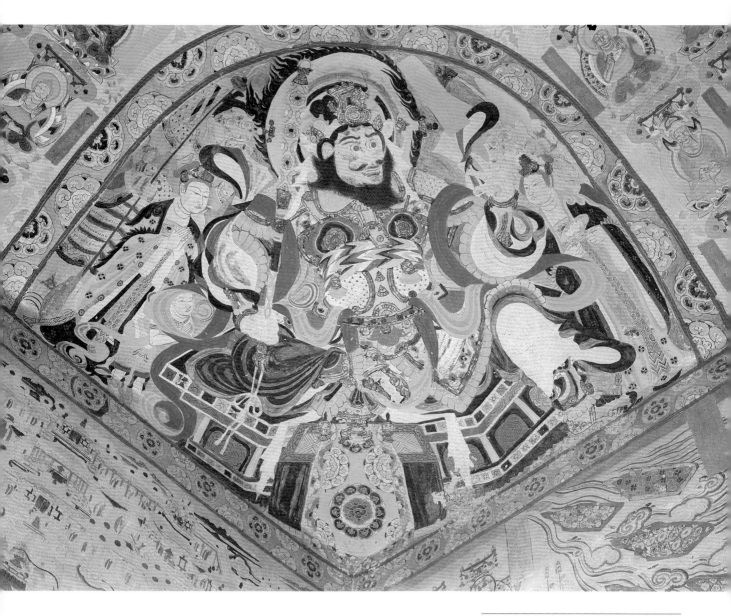

238 東方天王

東方提頭賴吒天王，頭戴寶冠，濃眉大
眼，身披鎧甲，手持金剛杵，威嚴雄
健，領部屬乾闥婆及毗舍毗闍神將，護
衛東大洲弗婆提人。

五代 莫100 窟頂東北角

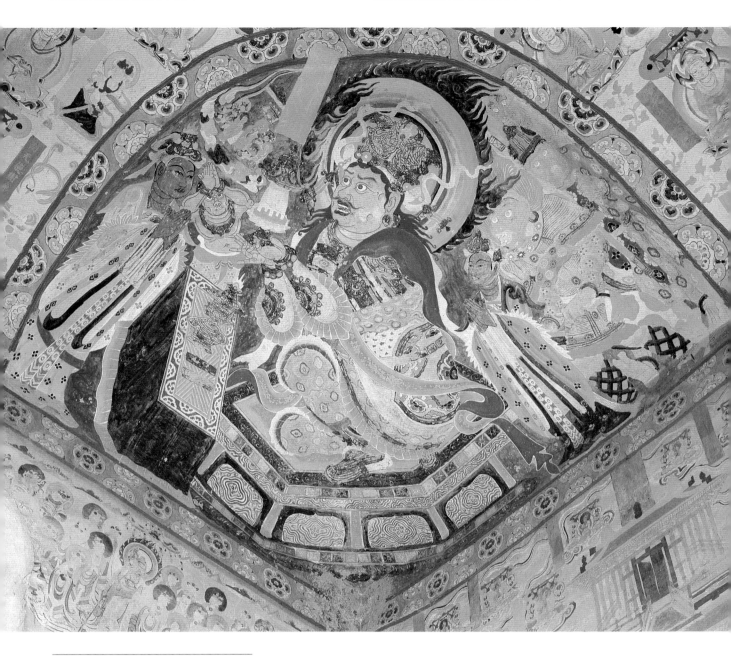

239 北方天王

北方毗沙門天王，頭戴金冠，身着甲
冑，赤髮披肩，紅眉、紅眼、紅鬍鬚，
雙手捧寶塔，側身胡跪，兩旁有夜叉、
羅剎將及天人等部屬，護衛北大洲鬱單
越人。

五代 莫100 窟頂西北角

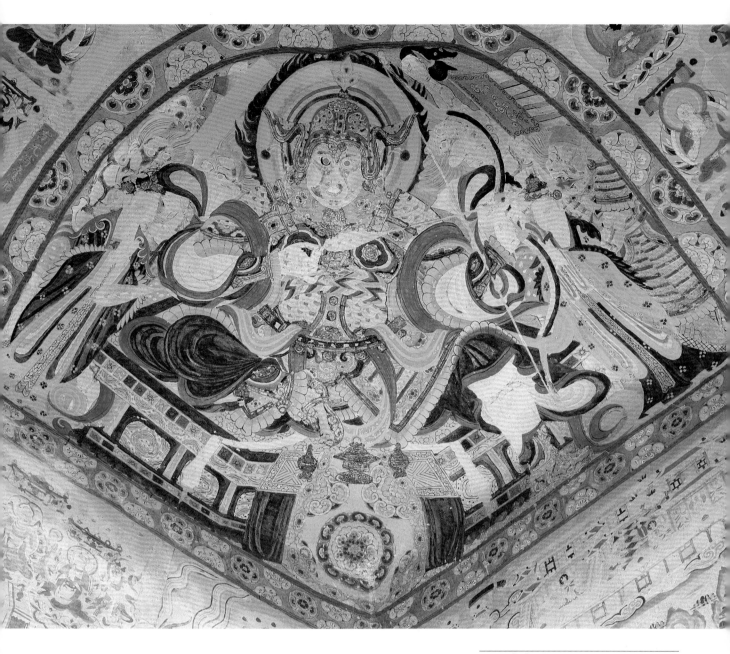

240 南方天王

南方毗琉璃天王，身着甲胄，紅眉綠
眼，雙目圓睜，張嘴欲吼，氣勢威猛，
手持弓箭，屈膝而坐。身旁有天女及諸
鬼神等部屬，護衛南大洲閻浮提人。

五代 莫100 窟頂東南角

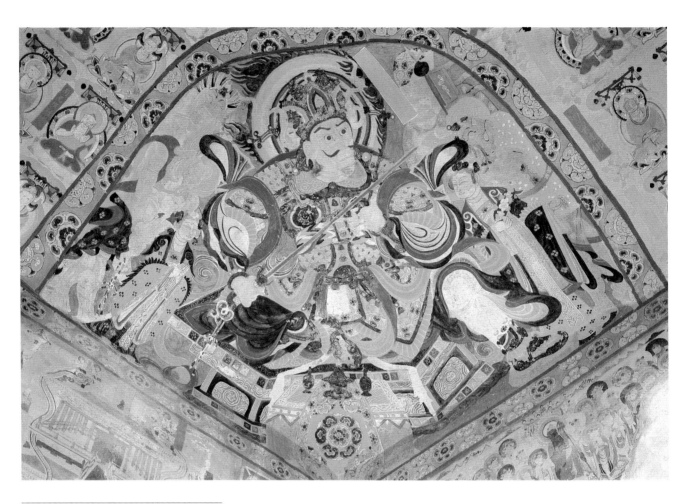

241 西方天王

西方廣目天王，梵名毗留博叉，頭戴寶
冠，身穿鎧甲，藍色鬚髮，揚眉怒目注
視前方，右手握劍，左手托劍身。身旁
有諸龍王、富單那（餓鬼）等部屬，護
衛西大洲瞿耶尼人。

五代 莫100 窟頂西南角

第三節　　八部聖眾——天龍八部

敦煌尊像畫護法神系統中，最晚出現的是繪於佛龕內作釋迦佛脅侍護衛的天龍八部像。這天龍八部又稱為龍天八部或八部眾，它們是天眾、龍眾、藥叉、阿修羅、乾闥婆、緊那羅、伽樓羅、摩睺羅迦。

在佛教的概念中，一日月照臨的世界被稱為一須彌世界。這個須彌世界，形如一個大圓輪，主要由九山八海、四大部洲等組成。須彌世界的中心是須彌山，山頂是帝釋天居住的忉利天，山腰四面為四天王天，此為地居二天，加上空居的四天（夜摩天、兜率天、化樂天、他化自在天），統稱為慾界六天，亦稱慾界天。慾界是三界中最低的一界，除六天神外，人道、畜生道、地獄道、餓鬼道均屬欲界，居此世界者都有慾望。慾界上方為色界，共有十八天，色界上方為無色界，共有四天，合為三界二十八天。

一、天眾

天龍八部中首位的天眾（梵文Deva），音譯為提婆，意譯為神或天，是天部尊神的總稱。這些天神，原係印度雅利安人的聖典《吠陀》中自然崇拜的對象，在婆羅門教盛行的時代成為祈禱信奉的對象，其成立的時代遠早於釋迦牟尼，後為佛教引入作為佛教的護法神和護世神，其中著名的有梵天（梵文Brahma）、帝釋天（梵文Indra，音譯為因陀羅）、四天王天眾等。佛教認為他們雖身列神位，享受勝樂，但乃難免得苦，未能擺脫六道輪回，唯有信仰佛法，多作佛門益事，才能保全神位。在犍陀羅雕刻中，梵天與帝釋天經常作為佛陀的脅侍出現。在阿旃陀石窟壁畫中，也出現有帝釋天與天女飛翔雲間禮佛的畫面。

二、龍眾

龍眾（梵文Naga），音譯為那伽，意譯為蛇，由於中國人對龍具有特別的偏愛，所以漢譯佛經中譯作龍。佛經記載中有眾多的龍神，釋迦誕生時有九龍灌頂；《法華經》中有難陀、跋難陀等八大龍王前來聽法；《華嚴經》中有無量諸大龍王毗樓博叉、沙竭羅等行雲佈雨，令眾生熱惱頓消。這些龍神，時在天上，時在海中，時為龍身，時為人首龍尾，擔負着護持佛法，保佑眾生的重任。在印度巴爾胡特雕刻中有《伊羅鉢蛇王禮佛圖》，在阿旃陀石窟有蛇王與蛇公主的壁畫。印度蛇神的造型與人類似，但頭後通常畫着三、五、七個眼鏡蛇頭兜，標明蛇神的身份。

三、藥叉

藥叉（梵文Yaksa），亦譯作夜叉、力士。源自古印度民間的自然崇拜，是山林水澤的精靈，男藥叉即力士和財神，守護大地和寶藏；藥叉女多為樹神和水神，主萬物的生育繁衍。因此，藥又在印度是土地和建築的守護神。佛教吸收為八部護法之一，又為毗沙門天王的眷屬部眾，護衛忉利天。在印度巴爾胡特和桑奇大塔塔門兩側，雕刻着貴族和貴婦形象的藥叉和藥叉女，作為門神守護着佛教聖地。藥叉傳入中國後，可能因其形象勇健強悍，逐漸演變為兇暴可怖的樣子，所以後來多與羅剎鬼並提。在敦煌壁畫中大致可以看出這個演變過程，北朝時藥叉的形象是碧眼赤髮，手托大地，至唐代時則成為鋸齒獠牙、青面豎髮的形象。

四、乾闥婆

乾闥婆（梵文 Gandharva），意譯為香音神、香神等。原為古印度神話吠陀時代伺候帝釋天的音樂之神，被佛教吸收後常作伎樂供養之神，演奏音樂。在阿旃陀石窟第 17 窟壁畫中，有天國樂師乾闥婆和天國舞女相伴飛舞的形象。傳入中國後，依然是翱遊於虛空中的飛天形象，而在護法八部眾中，其像容多為戴虎冠之武裝天部形。

五、阿修羅

阿修羅（梵文 Asura），意譯是“未喝”，又稱“非天”。傳說阿修羅原屬天神，後來阿修羅與天神提波合作攪動乳海。提波施展騙術使阿修羅未能喝到不死的甘露，遂從天神淪為魔鬼，居住在須彌山北大海底宮中，曾與帝釋交戰，吞食日月，但終被佛法征服，釋放日月，改惡從善，皈依佛門。在敦煌壁畫中其形多為三面六臂，上舉二手擎日月，其餘持物不定。

六、緊那羅

緊那羅（梵文 Kimnara），意譯為歌神、歌樂神，在俱比羅的天國充當舞者、樂師和歌手。此神形象通常為馬頭人身或半人半鳥，具有美妙的音聲，能歌善舞，持物多與樂器有關。在阿旃陀石窟壁畫中緊那羅往往與緊那麗女神成雙成對出現，奏樂歌唱。

七、伽樓羅

伽樓羅（梵文 Garuda），或作伽魯達，譯通稱為金翅鳥，源於印度神話中的鳥王，本是婆羅門教大神毗濕奴的乘騎。其大無比，長着鷹頭、鷹翅、人身，以蛇（龍）為常食，後受八關齋法，皈依佛門。在敦煌壁畫中其形為戴金翅鳥冠之武裝天部形。

八、摩睺羅迦

摩睺羅迦（梵文 Mahoraga），意為大蟒神，無足腹行，屬樂神之類，其為頭戴蛇冠，作歌唱狀。

在敦煌壁畫中，繪天龍八部護法神像由來已久，在唐代眾多的經變畫中，許多佛說法場面就繪有天龍八部形象。但作為尊像畫題材之一的天龍八部護法神像，則集中出現在五代、宋時期，多繪於洞窟正壁龕內壁上為佛的護衛脅侍（10窟）。其形象除阿修羅為六臂擎日月像和藥叉為惡鬼像外，其餘諸眾，全為頭戴寶盔，甲冑嚴身的武士形。不同的是這些武將像的頭盔上飾有各種獸類標誌，以此區別其不同的身份，一般龍王為龍，乾闥婆為虎，緊那羅為鹿，伽樓羅為金翅鳥，摩睺羅伽為蟒蛇，而天部像則以四天王像表現。這八部護法，皆雙目圓瞪，張口怒吼，鬚髯飛揚，多持兵器，表現出赳赳武夫的威猛之勢。

在這一時期，除表現天龍八部眾外，還流行一種單獨表現龍王禮佛的圖像（22窟），多繪於前室窟門兩側壁上，相對而畫，畫面上龍王人身龍尾，手托供物，漫遊海空，作赴會禮拜供養佛尊的行進狀，從榜題可見，畫中的八大龍王是《金光明經序品》中記載的龍王。

佛教中的各類護法神像，其創造多源於地域、民族的民間信仰和原始宗教，因此它們本身就蘊含有地域的、民族的思想、情感、願望和要求，也因此縮短了人與神的距離。在敦煌壁畫的創作中，這些護法神眾以接近世人的造型出現在莊嚴肅穆的佛和菩薩行列中，他們世俗的表情與佛、菩薩的端莊、持重、慈悲的儀態形成了鮮明的對比，打破了佛國世界靜謐冷清的氣氛。

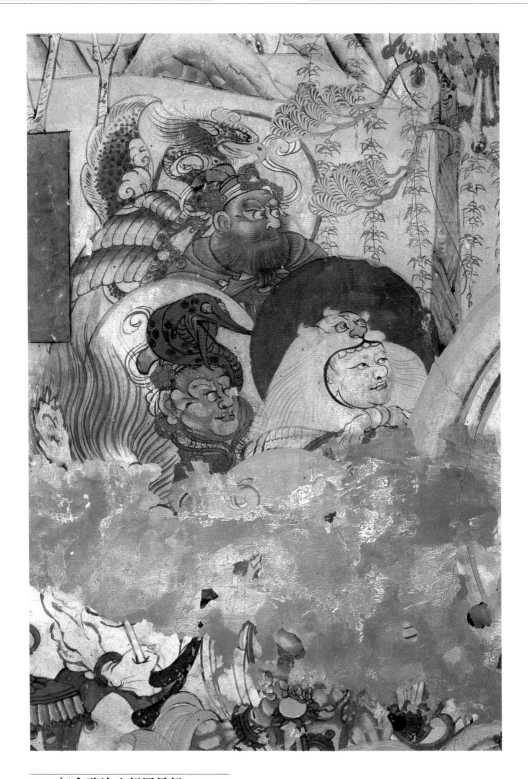

242 初會聽法八部眾局部

彌勒初會中前來勸請並聽法的有八部
眾，此為其中三個，皆武士形象，分別
以金翅鳥、雄獅、蟒蛇等頭飾為標識，
表示迦樓羅是取龍為食的金翅鳥王，摩
淹羅迦是大蟒神。

中唐 榆25 北壁

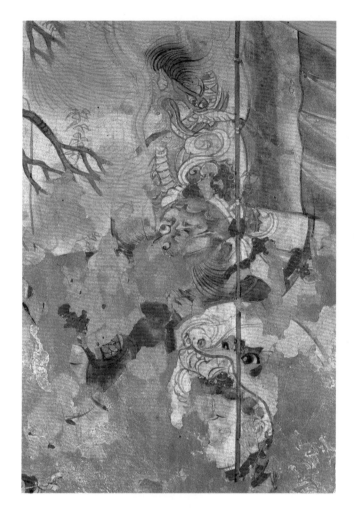

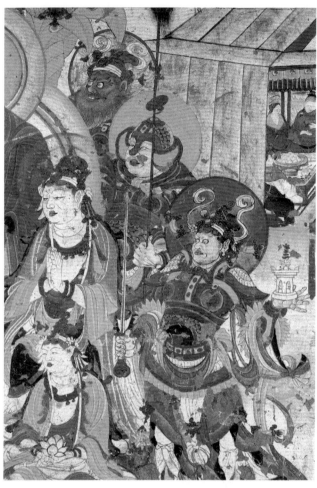

243 初會聽法八部眾之龍王

彌勒初會中前來勸請並聽法的龍王，頭
上有龍的標識，蒼龍回首咆哮，松風乍
起，戰旗獵獵。龍王為胡人相，碧眼鷹
鼻，鬚髮飛揚，畫面雖殘損，仍可看出
其威武雄壯的氣概。

中唐 榆25 北壁

244 二會聽法八部眾之天王

彌勒二會中之聽法天王代表八部眾的天
部。天王皆為武士形象，身披甲冑，手
握兵器，托寶塔，威武雄壯，虎虎有生
氣。人物勾線流暢，色彩鮮明，造型繼
承盛唐遺風。

中唐 榆25 北壁

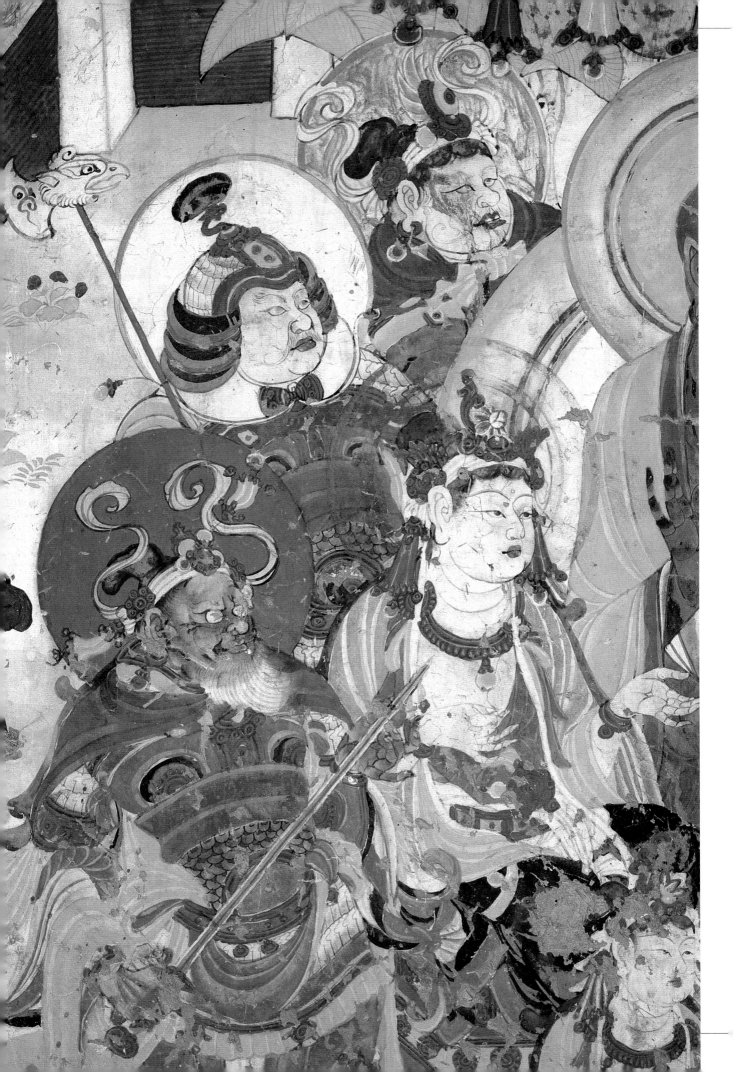

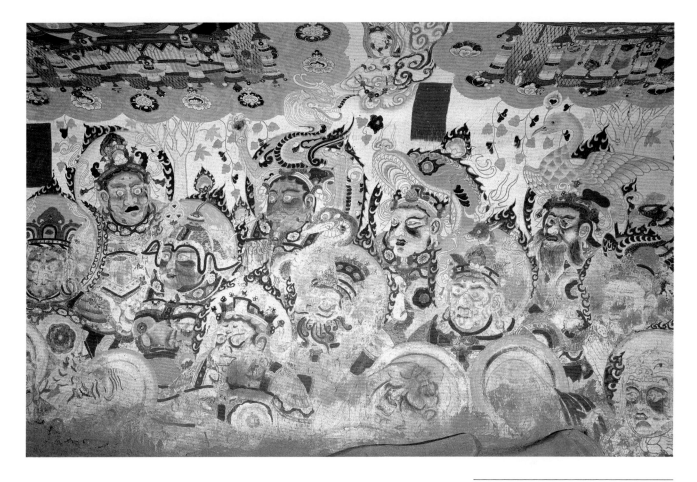

246　舉哀八部眾

釋迦涅槃時，以四天王為首的天龍八部
前往拘屍城悲哀供養，護法神眾多為武
士裝束，身披鎧甲，四天王頭戴花冠或
兜鍪，其他神眾各以不同的頭飾為標
識，有蟒、龍、魚、鹿、獅、孔雀、金
翅鳥等。
中唐　莫158　西壁北側

245　三會聽法八部眾之天王

彌勒三會中之聽法天王，頭戴寶冠或兜
鍪，身着鎧甲，手執利劍、鳳首鉞，怒
眼圓睜、虬髯飛動，氣概豪邁。
中唐　榆25　北壁

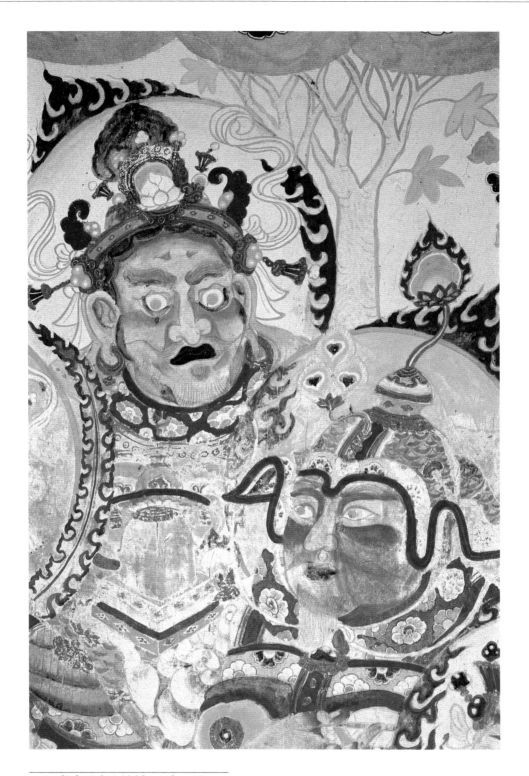

247 舉哀八部眾局部（之一）

為釋迦涅槃時供養的天王，面帶哀悼之
色，西方廣目天王頭戴白蓮花冠，怒目
圓睜，嘴角下撇；南方增長天王頭戴白
蓮纓兜鍪，圓睜鳳眼，手捏箭羽，表現
出震驚和意外的神情。

中唐 莫158 西壁北側

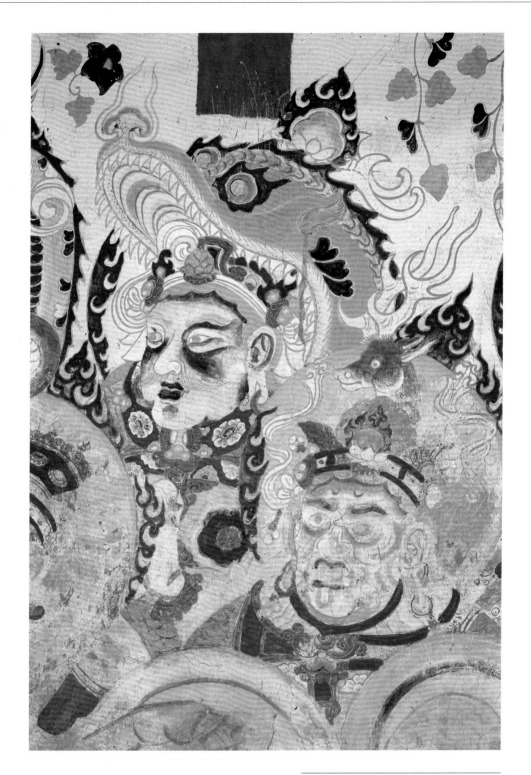

248 舉哀八部眾局部（之二）

為釋迦涅槃供養的魚神，緊隨龍王之
後，其頭飾為一長有鋸齒的鰲魚，魚頭
生耳，火珠眼，頂有雙角。鹿神相貌頗
兇，但頭飾上的雄鹿卻顯得溫文爾雅。
中唐 莫158 西壁北側

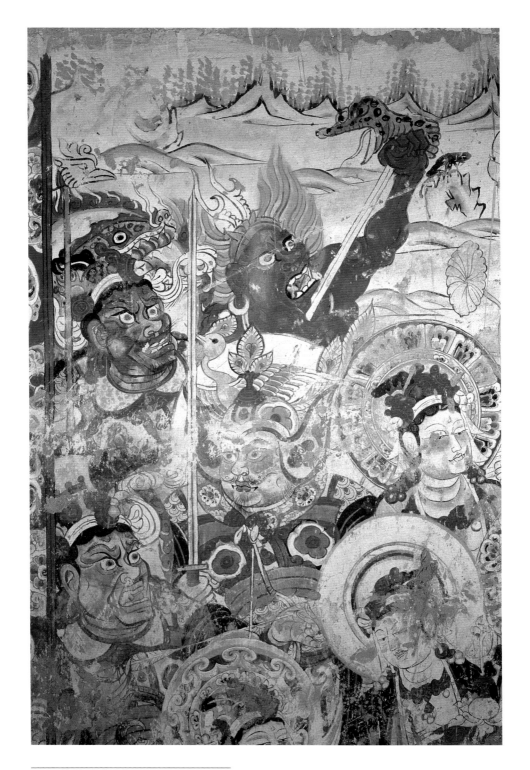

249 普賢八部眾

跟隨普賢菩薩的天龍八部,有手拿弓箭
的大蟒神及怒號的夜叉、鼇魚神、沉穩
的孔雀神。人物表情刻畫生動,色彩鮮
明。

五代 莫36 北壁

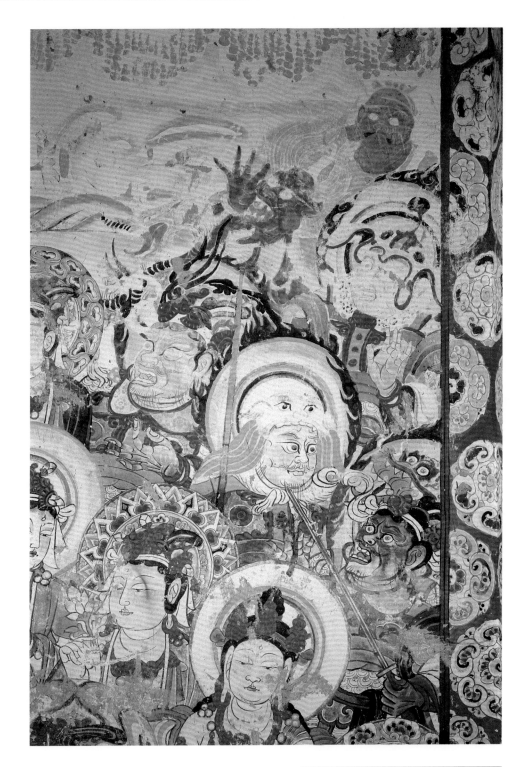

250 文殊八部眾

跟隨文殊菩薩天龍八部,有手握利劍的
鰲魚神、執鉞的青獅神以及龍王、夜
叉。此圖與前圖形成南北呼應。
五代 莫36 南壁

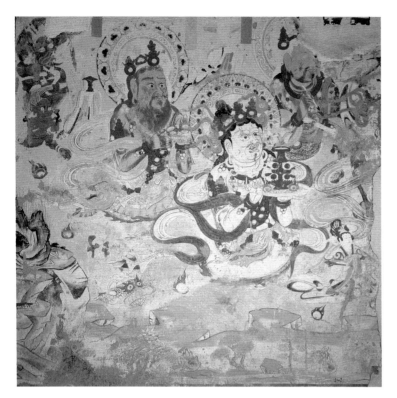

251 龍王禮佛圖

四身龍王皆為人身龍尾菩薩裝束，頭戴寶冠，束髻，長髮披肩，瓔珞飾身，手捧寶瓶、珍珠、寫經等供物遊行海面，參拜禮佛。隨行有龍女，夜叉等。龍女頭梳雙鬟望仙髻，戴花冠，修眉秀眼，手持香爐，宛如一位天真無邪的少女。海面波濤隱約可見，岸上山峯峭壁，危崖聳峙。

五代 莫36 西壁南側

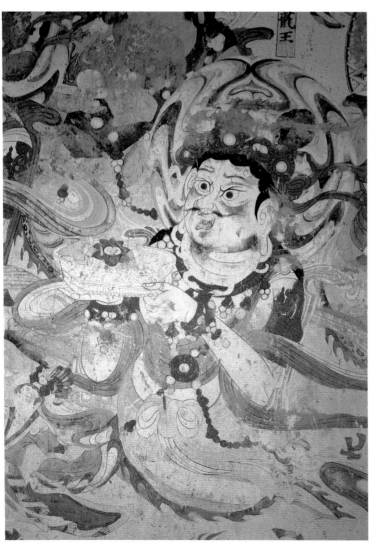

252 榜題龍王禮佛圖

龍王頭戴花冠，裸上身，飾以瓔珞、臂釧，巾帶隨風飄舞。兩眼炯炯有神，張口大呼，獠牙外露，雙手托刻花盆，內盛紅蓮。榜題尚可見有"大力龍王"、"大吼龍王"、"持香龍女"。龍王巡行的海岸，景色怡人，曲徑溪流，花樹成蔭。行筆勁健有力，線描流暢。

五代 莫36 西壁北側

253 榜題八部眾

八部眾身着甲冑，大部分形象與天王相
同，威猛雄壯，頭飾有標誌各自身份的
獸類寶冠，手持弓箭、鉞、劍、叉等兵
器。殘存榜題有"迦樓羅王"、"阿修
羅王"、"揭路荼王"等。敦煌尊像畫
獨立繪八部眾像，出現時間較晚。

五代 莫6 西壁龕內

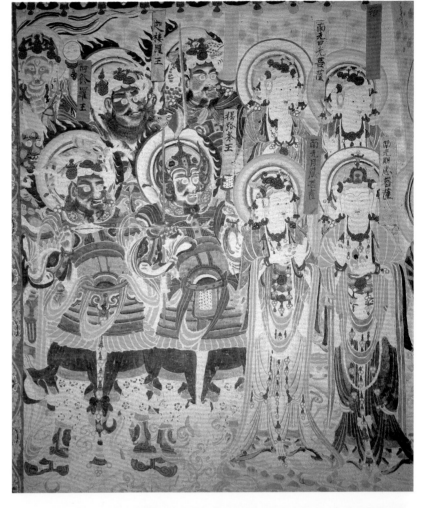

254 榜題八部眾

八部眾為武士裝束，頭戴標明各自身份
的獸冠，有獅、鹿、龍、蟒等，手持
刀、劍鉞等兵器，雄健勇武。殘存榜題
有"緊那羅王"。

五代 莫6 西壁龕內北壁

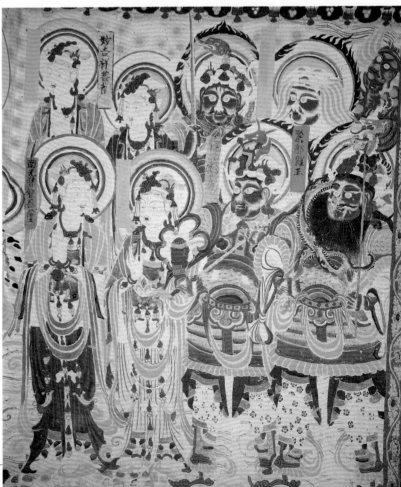

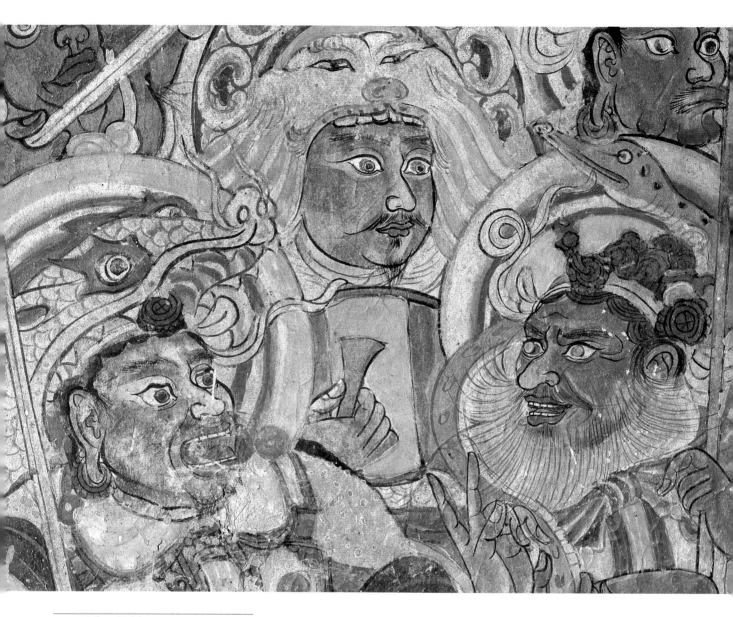

255 八部眾局部

八部眾怒目圓睜，張口怒吼，表現出起
起武夫的威猛雄壯的氣慨。大蟒神摩睺
羅迦生得鷹鼻鵠眼，碧眼赤髮；鰲魚神
雖生得大眼長鼻，卻是黑色鬚髮；獅神
面相圓平，反映了當時敦煌地區的不同
民族。

五代　莫99　西壁龕內北側

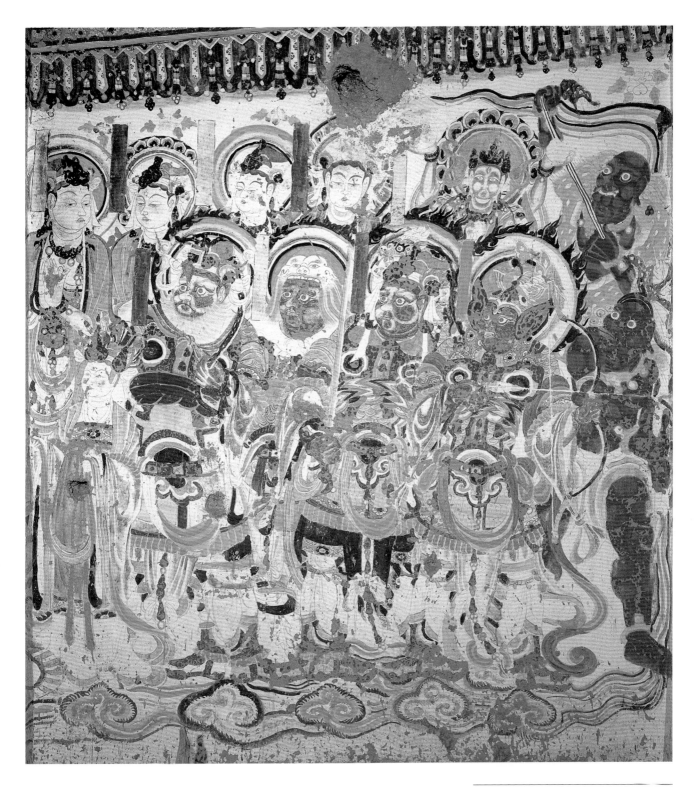

256 聽法八部眾

佛說法時，四大菩薩和蟒神摩睺羅迦、
獅神、龍王、迦樓羅、阿修羅及諸夜叉
鬼眾等，護衛左右。八部眾也是各種經
典的主要聽眾，因此也出現在其他佛及
菩薩的說法場面。

五代 榆16 甬道北壁

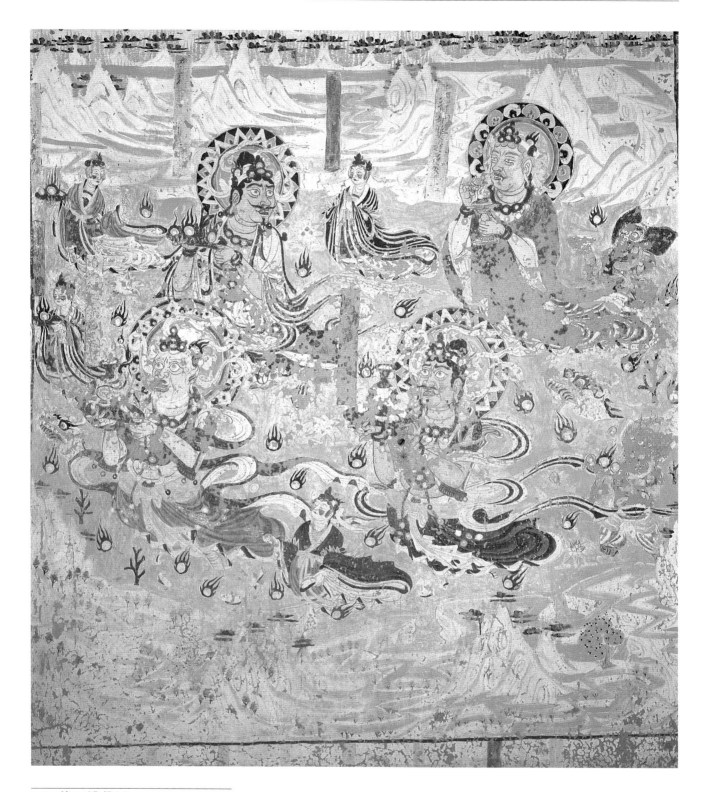

257 龍王禮佛圖

四身龍王在海面巡遊，手托寶瓶、寶
珠，後有龍女、鰲魚、夜叉隨行，前呼
後應，浩浩蕩蕩。山巒環抱大海，河流
小徑迂迴曲折，漸漸消失在遙遠的地平
線，顯得山河無比壯闊。

宋　榆38　東壁南側

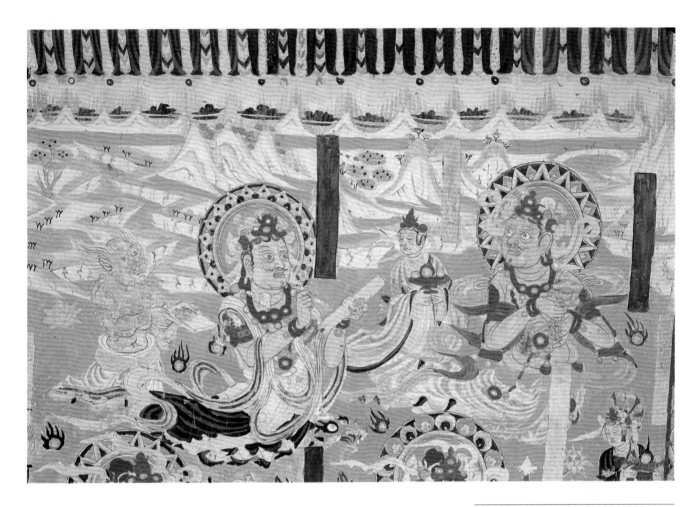

258 龍王禮佛圖

兩身龍王皆為菩薩裝,巡遊海面。一身
提筆寫經,夜叉雙手捧硯緊隨其後;前
一身龍王手托海棠式花口杯,回首交
談,小龍女手捧寶珠凝眸回望。人物間
構成呼應關繫,突出中心。這兩幅龍王
禮佛圖佈局與五代大致相同。此圖與前
圖形成南北呼應。

宋 榆38 東壁北側

圖版索引

敦煌石窟分佈圖

本全集所用洞窟簡稱：莫即莫高窟，榆即榆林窟，東即東千佛洞，西即西千佛洞，五即五個廟石窟。

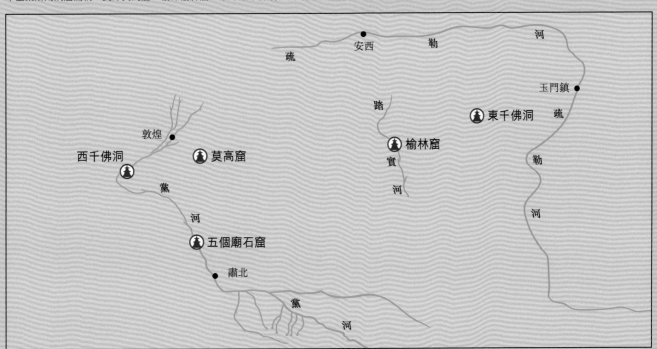

敦煌歷史年表

歷史時代	起止年代	統治王朝及年代	行政建置	備　注
漢	公元前 111 ~ 公元 219	西漢 公元前 111 ~ 公元 8 新 公元 9 ~ 23 東漢 公元 23 ~ 219	敦煌郡敦煌縣 敦德郡敦德亭 敦煌郡	公元前 111 年敦煌始設郡 公元 23 年隗囂反新莽；公元 25 年竇融據河西復敦煌郡名
三國	公元 220 ~ 265	曹魏 公元 220 ~ 265	敦煌郡	
西晉	公元 266 ~ 316	西晉 公元 266 ~ 316	敦煌郡	
十六國	公元 317 ~ 439	前涼 公元 317 ~ 376 前秦 公元 376 ~ 385 後涼 公元 386 ~ 400 西涼 公元 400 ~ 421 北涼 公元 421 ~ 439	沙州、敦煌郡 敦煌郡 敦煌郡 敦煌郡 敦煌郡	公元 336 年始置沙州； 公元 366 年敦煌莫高窟始建窟 公元 400 至 405 年為西涼國都
北朝	公元 439 ~ 581	北魏 公元 439 ~ 535 西魏 公元 535 ~ 557 北周 公元 557 ~ 581	沙州、敦煌鎮、 義州、瓜州 瓜州 沙州鳴沙縣	公元 444 年置鎮，公元 516 年 罷，為義州；公元 524 年復瓜州 公元 563 年改鳴沙縣，至北周末
隋	公元 581 ~ 618	隋 公元 581 ~ 618	瓜州敦煌郡	
唐	公元 619 ~ 781	唐 公元 619 ~ 781	沙州、敦煌郡	公元 622 年設西沙州，公元 633 年改沙州；公元 740 年改郡， 公元 758 年復為沙洲
吐蕃	公元 781 ~ 848	吐蕃 公元 781 ~ 848	沙州敦煌縣	
張氏歸義軍	公元 848 ~ 910	唐 公元 848 ~ 907	沙州敦煌縣	公元 907 年唐亡後，張氏 歸義軍仍奉唐正朔
西漢金山國	公元 910 ~ 914		國都	
曹氏歸義軍	公元 914 ~ 1036	後梁 公元 914 ~ 923 後唐 公元 923 ~ 936 後晉 公元 936 ~ 946 後漢 公元 947 ~ 950 後周 公元 951 ~ 960 宋 公元 960 ~ 1036	沙州敦煌縣 沙州敦煌縣 沙州敦煌縣 沙州敦煌縣 沙州敦煌縣 沙州敦煌縣	
西夏	公元 1036 ~ 1227	西夏 公元 1036 ~ 1227 蒙古 公元 1227 ~ 1271	沙州 沙州路	
蒙元	公元 1227 ~ 1402	元 公元 1271 ~ 1368 北元 公元 1368 ~ 1402	沙州路 沙州路	
明	公元 1402 ~ 1644	明 公元 1404 ~ 1524	沙州衛、罕東街	公元 1516 年吐魯番佔；公元 1524 年關閉嘉峪關後，敦煌凋零
清	公元 1644 ~ 1911	清 公元 1715 ~ 1911	敦煌縣	公元 1715 年清兵出嘉峪關收 復敦煌一帶；公元 1724 年 築城置縣

資料來源：史葦湘《敦煌歷史大事年表》等；製表：《敦煌石窟全集》編輯委員會（馬德執筆）